上海城市轨道交通网络化运营管理体系

应名洪　俞光耀　等著

中国铁道出版社

2013年·北京

内容简介

本书是对上海城市轨道交通网络化运营管理实践和经验的提炼总结，基于网络化运营的需求特点与管理策略，系统阐述了网络化运营管理体系的构建思路及关键内容。本书思路清晰、结构严密、内容翔实，可作为实践轨道交通网络化运营管理的参考用书，适用于国内城市轨道交通行业的企业领导、运营管理人员、研究人员，以及对城市轨道交通运营管理感兴趣的各类读者。

图书在版编目(CIP)数据

上海城市轨道交通网络化运营管理体系 / 应名洪，俞光耀等著. —北京 ：中国铁道出版社，2013.5
ISBN 978-7-113-16130-9

Ⅰ. ①上… Ⅱ. ①应… ②俞… Ⅲ. ①城市铁路—交通网—运营管理—上海市 Ⅳ. ①F532.851

中国版本图书馆 CIP 数据核字(2013)第 035036 号

书　　名：上海城市轨道交通网络化运营管理体系
作　　者：应名洪　俞光耀　等

责任编辑：徐　艳　　**电话：**010－51873193
封面设计：郑春鹏
责任校对：龚长江
责任印制：郭向伟

出版发行：中国铁道出版社（100054，北京市西城区右安门西街 8 号）
网　　址：http://www.tdpress.com
印　　刷：中煤涿州制图印刷厂北京分厂
版　　次：2013 年 5 月第 1 版　2013 年 5 月第 1 次印刷
开　　本：787 mm×1 092 mm　1/16　**印张：**16.5　**字数：**315 千字
书　　号：ISBN 978-7-113-16130-9
定　　价：85.00 元

前言

在城市人口和经济快速增长以及优先发展公共交通政策的有力推动下，我国城市轨道交通正在进入一个快速发展的新阶段，部分城市已率先进入网络化运营阶段。截止2012年底，国内（除港澳台）已有16座城市拥有城市轨道交通，其中6座城市运营线路总里程超过100公里。随着网络运营规模的不断扩大，逐渐呈现出与单线运营阶段显著不同的特征，如客流量激增、社会影响更大、设施设备更多、系统集成度更高、线路关联性更强等，这些特征对运营管理的统筹性、联动性、适应性和高效性等方面提出了更为苛刻的要求，使得运营管理的幅度与难度也与日俱增。如何从运营管理的角度适应新时期轨道交通网络化发展的需求，以期实现安全、可靠和高效的运营，成为当前上海市和我国城市轨道交通行业共同面临的挑战。

早在2007年网络大规模建设时期，上海地铁已经开始思考网络化阶段的管理问题，启动了网络运营管理体系的相关研究。2008年起逐步对运营管理架构进行了优化调整；2010年为应对世博交通需求，上海地铁在网络大客流组织、安全管理与应急、服务品牌建设、运营维护资源配置等方面进行了精心筹划，承担了世博会期间公共客运总量约50%的客流，成功经受了考验；2012年面对日益复杂的网络化运营挑战，上海地铁明确"抓基础、促管理、保安全"的工作主线，以"人性化服务、标准化建设、精细化管理"为指导展开各项工作，着力推进网络标准体系建设，以技术和管理等创新手段，加快转型发展，提升网络建设和运营品质。

本书以上海城市轨道交通网络化运营转型发展的实践和经验为背景，系统阐述上海城市轨道交通网络化运营管理体系，并展望了未来发展。全书共分8篇，第1篇为总论，简要回顾了上海网络化发展历程，分析网络化运营特征、管理目标和策略，在此基础上提出了上海网络化运营管理体系总体框架。第2篇阐述网络化运营组织和维护保障的管理模式。第3篇至第5篇就运营安全这一核心内容，按照"以人为本、预防为先、防御为主、处置迅速"的理念，分别从安全监控体系、应急机制和安全管理系统展开论述。第6、第7篇分别就服务品牌和运营管理标准体系进行阐述。最后在第8篇，鉴于科技引领和创新发展在运营管理全过程中的重要推动作用，提炼和总结了上海城市轨道交通的运营管理创新体系。

在撰写过程中，得到了上海申通地铁集团有限公司其他领导和多位同事的大力支持，使本书得以顺利出版。集团领导徐建群、钱耀忠、顾伟华、白廷辉、葛世平、邵伟中和毕湘利等同志参与了本书的审核并提出了诸多宝贵意见；宋键、刘加华、陈菁菁、张琦、张知青、胡少峰、卫秋华、吴昕毅、葛晓琴、徐浩、杨耀、邱培培、任红波等同志参加了文字整理工作；陈彬、吴晓红、毕艳祥、张凌翔、周俊龙、朱效洁、殷峻、朱建强、周庆灏、应建国、伍敏、陆彬、瞿展瑜、陈丰宇、艾文伟、朱利敏、李瑜芬、陆峥嵘、葛伊亭、周峰、陈熙等同志参与了过程研讨，提供了丰富翔实的基础资料。此外，中国铁道出版社的徐艳、郑春鹏为本书的版面设计与文字校对作了大量细致的工作，在此一并致谢。

城市轨道交通的网络化运营管理，直接关乎城市运行安全、社会秩序稳定和百姓出行品质，对于践行人本理念、提高城市人民生活水平具有十分重要的保障作用。本书既是对上海城市轨道交通运营管理实践的系统思考和探索，以提升和完善管理，也恰逢我国诸多城市轨道交通网络化转型发展时机，以期为全国轨道交通的运营管理提供有益借鉴。限于诸多因素，文章难免挂一漏万，不足之处请批评指正。上海将在城市轨道交通网络化运营管理方面继续探索实践，并积极汲取国内外同行的先进经验，共同为促进我国城市轨道交通的运营管理水平持续提升做出贡献。

作　者

2013 年 3 月

目录

第1篇　总　　论

第2篇　运营管理模式

第3篇 安全监控体系

第4篇 应急机制

第5篇 安全管理体系

第6篇 服务品牌

第 7 篇 标准体系

第 8 篇 创新体系

第 1 篇　总　　论

第1章 上海城市轨道交通运营管理发展概况

1.1 网络发展概况

1958 年，上海提出了修建城市轨道交通的设想，历经 50 余年的探索与发展，城市轨道交通实现了“从无到有、由少到多、由线到网”的转变。

1. 零的突破

1993 年 5 月，1 号线一期南段（锦江乐园—徐家汇）投入试运营，上海城市轨道交通实现零的突破。

2. 网络雏形

2005 年底，随着 1 号线南北延伸段、2 号线、3 号线、4 号线、5 号线的陆续建成投入运营，到 2005 年底，上海城市轨道交通运营线路达到 5 条，运营线路长度约 123 km，形成了“申”字型网络基本骨架。

3. 网络初成

2007 年底，随着交通 6 号线、8 号线一期、9 号线一期以及 1 号线北北延伸段、4 号线环通段的“三线两段”开通试运营，上海城市轨道交通运营线路达到 8 条，运营线路长度约 234 km，形成了“一环七射九换乘”的网络形态。

2010 年，为满足世博会的客运需求，上海城市轨道交通投运线路达到 11 条，运营线路长度约 420 km，承担了世博期间约 50%客流的运输任务，为世博会的顺利举行提供了有力保障。

4. 现状网络

截止 2012 年底，上海城市轨道交通运营线路达到 12 条，运营长度约 440 km，运营车站 291 座，日均客流量约 621 万乘次，占公共交通客运量比例达到 36%，在公共交通中的骨干作用愈发明显。

上海城市轨道交通网络运营线路图

1.2 运营管理的发展

在轨道交通发展过程中，随着网络结构与形态的变化，带来了运营管理需求的持续提升，管理体制也需要不断优化并与之相匹配。上海城市轨道交通运营管理可分为线路式运营管理阶段和网络化运营管理阶段。

1. 线路式运营管理

自 1993 年 1 号线开通试运营，由上海市地铁总公司负责运营，上海城市轨道交通开始进入了线路式运营管理阶段。2000 年，上海地铁运营有限公司和上海现代轨道交通股份有限公司先后成立，负责建成投运线路的运营管理。2004 年，为应对与日俱增的城市交通压力和满足 2010 世博会交通保障的迫切需求，上海市政府成立了上海城市轨道交通建设指挥部，按照“投资、建设、运营”一体化的方式组建了上海申通地铁集团有限公司，实现了资源的有效统筹，在大力推进城市轨道交通快速建设的同时，也使运营管理逐步呈现出统筹管理的特点。

上海城市轨道交通在运营初期，线路之间关联程度相对较弱，运营管理主要关注各线路运营效能的充分发挥，努力提升线路运输能力、管理效率和服务质量。随着线路的增加，由于换乘车站的衔接以及专业系统的功能整合，线路之间关联程度不断增强，运营管理更为关注线路之间的协调与配合，这对多条路运营效能的整体发挥提出了更高要求。

2. 网络化运营管理

2007 年，上海启动网络运营管理体系的相关研究，在探索网络系统内涵与本质的基础上，致力于推动网络系统的高效运转。2008 年开始，先后成立了运营管理中心、维护保障中心以及四家运营公司和五家维护保障专业公司等运营管理机构，逐步完善各类管理平台和管理机构相互配合协调的机制，上海城市轨道交通进入了网络化运营阶段。

这一时期，在完成线路内部不同专业系统串联组合，以及不同线路相同专业系统互联互通与整合共享的基础上，上海城市轨道交通进一步从体系高度、网络层面，利用信息化的网络管理平台系统完成与各专业系统的上联下通与集中统一，使线路具有网络化属性，实现了“线、面、体”的结合，更有利于线路本身和网络整体运营效率的提升。

根据网络化运营管理的特点，上海开始立足于网络，强调线路之间、专业系统之间、轨道交通网络系统与外部相关系统之间的统一协调与联动，确保整个网络运营管理效能的最大化发挥，为城市发展、社会秩序与综合交通系统的运转提供有力保障。

第2章 网络化运营特征

经过近20年的建设与运营，上海城市轨道交通进入了业务网络化运营管理阶段，在形态布局、网络规模、网络客流、运行系统、安全风险、管理业务五个方面，呈现出不同于线路式运营管理阶段的特征。

2.1 物理布局呈现网络形态，网络规模体量持续增加

至2012年底，上海城市轨道交通已形成了“一环四横七纵”的网络形态布局和枢纽型的网络结构，网络规模也将随着新线的陆续建设呈现出持续增加的发展态势，相比线路式运营阶段，具有“规模体量大、线路分布广、枢纽数量多、站点布局密”的特征。

2.1.1 规模体量大

上海城市轨道交通网络规模体量随着线路数量的增多而呈现出逐步增加的特点，主要表现为线路里程长、车站数量多、车辆数量多、备品备件数量多以及车辆基地、控制中心、变电所等大型设施多。截止2012年底，运营线路长度已达440 km，至远景年预计将超过1 000 km。投运车站287座，至远景年预计将达到600座左右。配属车辆已经超过3 000辆，至远景年预计将超过5 000辆。车辆基地和控制中心分别建成18处和9座，变电站已投运609处，至远景年规模与数量将进一步增加。

2.1.2 线路分布广

在线路走向上，上海城市轨道交通早期线路以覆盖中心城区重要客运走廊为主，后续线路则开始逐步引入至中心城外围区域的郊区新城、重点开发区以及大型居住基地等客流集聚区域，形成了基本覆盖整个上海市域范围的网络分布形态。同时，线路之间的功能定位呈现出差异化的特征，使得不同线路的客流出行距离、出行目的、结构构成有所不同，客流出行需求多样化特征明显。

2.1.3 枢纽数量多

在枢纽设置上，上海城市轨道交通网络主要通过设置多处换乘车站，对稳定网络进行有效锚固，在网络结构上呈现出"枢纽型"特征，进一步加强了线路之间的联系，也提升了换乘枢纽的客流吸引力与辐射范围，换乘客流量以及客运效益快速增加。此外，多处换乘车站为乘客出行提供了多路径选择，增强了网络的可达性。但网络换乘车站多、汇集线路多、换乘客流大、出行路径多的特点，也同时带来了换乘车站的客运组织难、运营协调难以及线路之间票务清分难等问题。

2.1.4 站点布局密

在站点布局上，随着各条线路的陆续建设并投入运营，上海城市轨道交通网络的站点密度逐步增加，中心城站点密度约 0.33 座/km^2，600 m 半径的面积覆盖率和人口覆盖率分别达到 33%和 71%。随着网络的逐步扩展，站点分布更加密集，车站之间的关联度也更为紧密，从而在物理形态上，由位置接近的站点构成了一个个区域，逐步形成了"站属区域"的格局，改变了线路式运营阶段"站随线走"的布局形态，将一定程度上影响到整个网络的运营管理方式。

2.2 网络客流增长态势迅猛，社会关注程度与日俱增

随着上海城市轨道交通逐步形成网络化运营格局，线路之间通过换乘车站关联程度更加紧密，对客流吸引力进一步增强，逐步产生出线路之间的客流集聚和叠加效应，出现了客流增长的网络化效应，使得网络客流呈现出快速增长的发展态势，主要表现为“骨干作用逐步显现、网络化增长效应凸现、换乘客流明显增加、客流培育周期大幅缩短”四个特征，为网络正常运营以及协调管理带来了巨大压力。同时，城市轨道交通作为上海城市的服务窗口之一，随着客运量的快速增长，受到社会关注程度越来越高，乘客、公众和社会对于城市轨道交通的服务品质提出了更高的要求。

2.2.1 轨道交通占公交客运分担率逐年提升，骨干作用显现

随着网络化运营格局的逐步形成，上海城市轨道交通网络的客流吸引力明显增强，客流总量快速增长。2000 年～2010 年的 10 年间，地面公交的日均客运量始终稳定在 700 万～800 万乘次的范围内，而城市轨道交通的日均客运量则从 2000 年的 37 万乘次逐年增长，到 2005 年增长到 163 万乘次，到 2010 年增长到 500 万乘次，再到 2012 年已达到 621 万乘次，年均增长率超过 20%，呈现出直线上扬的增长态势，承担了 10 多年间公共交通系统的主要增量客流的运输任务。同时，轨道交通占公交客运分担率也由 2000 年的 5% 持续增长，到 2012 年达到 36% 左右，城市轨道交通在公共交通系统中的骨干作用开始显现。

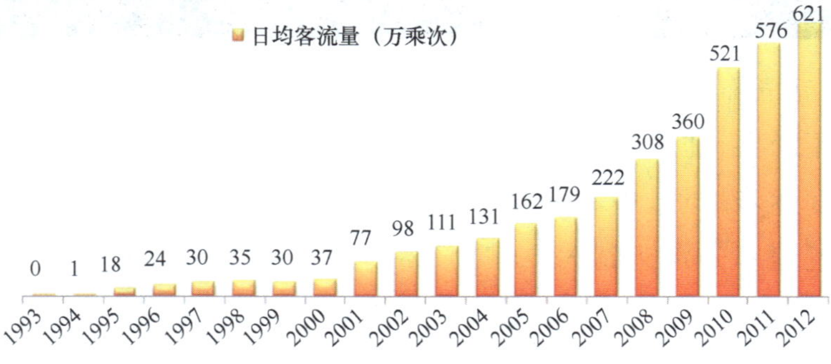

1993～2012 年各条线路日均客运量变化图

2.2.2 网络扩展速度影响到客流变化,网络化增长效应凸现

以轨道交通1号线为例,在1993年至2000年的8年中,轨道交通1号线客流量年均增长率仅为5.3%。进入2000年以后,随着上海城市轨道交通进入网络化发展阶段,2000年至2010年的10年中,轨道交通1号线客流量的年均增长率超过了15%。在由线路式运营向网络化运营转变的过程,客流的网络化增长效应成为网络客流总量快速增长的主要因素。

2.2.3 换乘车站客流吸引能力持续提升,换乘客流明显增加

随着轨道交通网络化进程的不断深入,部分重要换乘车站的客流增长十分迅速。2007年底"三线两段"(轨道交通6号线、8号线、9号线以及1号线北北延伸、4号线环通)的开通试运营,特别是6号线开通和4号线环通及1号线、2号线增能后对世纪大道、人民广场等大型换乘车站的换乘客流影响很大,带动了网络换乘客流的快速增长,乘客从利用单一线路出行逐步转向利用整个网络出行。自2002年至今,全网日均换乘比例持续增长,2012年全网日均换乘客流量达到250万乘次左右,接近全网客流量的40%。

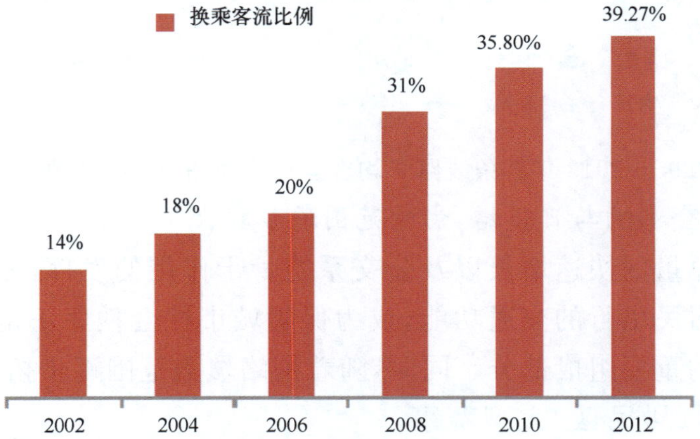

换乘客流持续增长

2.2.4 中心城区线路客流培育周期大幅缩短,初期客流较大

根据已建成开通线路的运营经验,轨道交通初期客流培育期一般为3年,而上海城市轨道交通4号线在环通后第二年客流增长幅度即达到60%,轨道交通8号线运营第一年日均客流量即达到30万乘次,明显超过预测的初期客流量,中心城区线路客流培育周期大幅缩短,带来了这些线路初期运营的客流压力,主要原因是中心城区用地开发速度较快,沿线客流环境在线路开通时已经基本开发成熟。

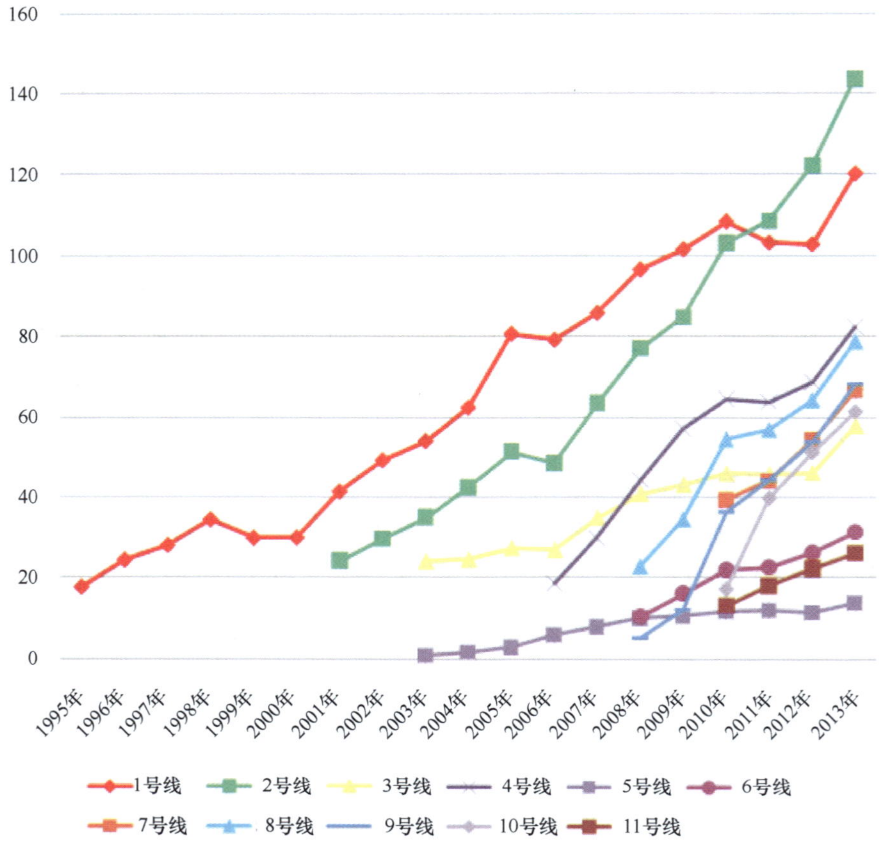

1995～2013 年各条线路日均客运量变化图(单位:万乘次)

2.2.5 社会影响与日俱增,影响范围逐步扩大

网络客流总量的快速增长以及公交系统骨干作用的发挥,显著提升了城市轨道交通服务居民出行的交通功能,成为保障城市社会秩序正常运行以及城市居民正常生活的重要组成部分。同时,随着网络覆盖范围逐步拓展,越来越多的商务区、办公区、居民区、大型赛事的客流采用城市轨道交通作为出行工具,且这种情况呈现出扩大化的发展趋势。此外,未来逐步完善的交通信息资源、管理资源的集约共享将进一步紧密轨道交通与其他交通方式的一体化发展进程,增强轨道交通对城市综合交通系统整体运行质量的影响。

2.2.6 公众服务更趋人性，受关注度日益增加

城市轨道交通作为展示城市形象的服务窗口，社会关注度日益增加。在对外服务方面，上海城市轨道交通始终将乘客感受作为工作重心，围绕打造上海地铁服务品牌的目标，在确保安全、可靠的最基本前提下，提出了“运载温馨，营造和谐”的服务理念，以乘客需求为导向，努力让乘客感受到如家般的温暖，持续提升对乘客与社会公众的人性化服务水平。同时，运营安全与效率、车站人性化服务、社会影响等方面的话题往往成为社会广泛关注并参与讨论的焦点，对城市轨道交通承担的社会责任以及运营服务品质均提出了更高要求。

2.2.7 外部影响持续增强，促进两者相互融合

在网络化运营阶段，外部环境对轨道交通正常运转的影响也日益增强。在自然环境方面，大风、暴雨等恶劣天气以及地震等自然灾害的不利影响都将随着轨道交通覆盖范围的拓展而呈现扩大的趋势。同时，由于乘客安全意识的不足，带来了擅自拉紧急制动拉手、人车冲突、乱扔烟蒂等行为都将直接威胁到轨道交通的正常运营。此外，外物侵限或施工损坏轨道交通结构设施、地表荷变活动等行为也直接影响到运营安全，需要进一步加强宣传教育引导，面向社会开放应急演练，吸收社会群众广泛参与，并与社区、商区、学校等社会组织建立更加紧密的周期性互动合作，提升乘客与全社会各界的安全意识，逐步减少或规避外部环境对轨道交通运营的不利影响，转变为广泛的理解和支持，最终实现轨道交通与外部自然、社会环境的相互融合与和谐发展。

周边工厂爆炸飞出的
锅炉导致9号线桥墩受损

2.3 系统制式复杂类型多样，系统运行关联程度紧密

上海城市轨道交通专业系统设备配置呈现出“制式与型号多样”的特点，使得设备维修工艺也较为复杂。同时，各专业系统的运行方式服务于整个网络系统的良性运转，使得专业系统运行的关联程度更为紧密，主要表现为网络结构、运营模式、系统互通、资源共享等方面。

2.3.1 系统制式的复杂

受线路功能定位不同、系统功能需求各异、分段分期建设、系统供应厂商较多等因素影响，上海城市轨道交通网络呈现出部分专业系统多种制式共存的特征。此外，车辆、信号、通信等专业系统设备的生产制造技术逐步升级，先进技术替代落后技术，造成设备型号繁多，使得不同专业系统设施设备、相同专业系统不同制式以及不同型号的设施设备之间均存在差异，直接造成设施设备的检修维护工艺趋于复杂，维护保障的难度明显提升。

2.3.2 网络结构的关联

上海城市轨道交通网络结构体现“枢纽型”的特点，通过这些换乘车站，网络中的多条线路在同一节点上相互关联，对整个线网规划的稳定起到了锚固作用。同时，网络中一条线路上也具有多个换乘车站，与不同线路相互关联，关联程度进一步紧密。在这样一个“枢纽型”的网络内，各条线路通过换乘车站的关联，在运营组织方面产生了协调配合的问题，促进各专业系统之间通过协同运作，保证高效输送乘客至目标车站。

2.3.3 运营模式的关联

上海城市轨道交通线路间的相关性不仅体现在网络自身的物理结构上，通过共线运营、互通运营等灵活的运营模式，也进一步增强了系统运行的关联度。2004年轨道交通1号线实现大小交路运营，2005年轨道交通3号线与4号线实现了9个车站的共线运营，2007年轨道交通4号线实现环线运营，2010年轨道交通10号、11号线实现“Y”型交路运营，轨道交通16号线将采取快慢车方式组织运营，日趋丰富的运营组织形式，在提高网络连通性和可达性的同时，大大增加了线路以及运行系统之间的关联度。由于上海城市轨道交通线分期建设、逐步延伸的建设特点，系统运行方式通常采用逐步过渡的模式，在不同的运营时期，线路以及运行系统之间的关联方式和关联区域将发生改变，呈现出动态关联的特性。

2.3.4 系统互通的关联

通过网络联络线的建设，为车辆以及大型专用检测维护与应急抢修设备提供了转线运行空间，上海城市轨道交通实现了网络内相同车型组群内连通以及组群间，不同车型（大型车和小型车）组群间连通，网络外与铁路相连“四个层次”的连通，为网络资源的统筹共享、车辆的联通联运和大型专用设备的灵活调度创造了基础条件，也加强了系统运行的关联程度。

2.3.5 资源共享的关联

在网络化运营阶段，由于专业系统设施设备规模的持续增加，为提高设施设备的利用率，上海城市轨道交通普遍采取集约利用方式，实现控制中心、车辆基地、主变电站等大型设施资源，车辆、大型专用检测维护设备、换乘车站机电设备等系统设备资源，以及人员与管理等资源的共享，也进一步加强了不同专业系统、线路之间的关联程度，对专业系统之间的协同运行提出了更高要求。

2.4 风险隐患发生工况复杂，突发事件影响范围广泛

网络化运营阶段，安全风险呈现出“工况复杂”的特征，多专业并发风险逐步成为关注重点，风险监控的难度进一步提升。同时，由于运行系统关联紧密，由安全风险导致的突发事件危害程度明显增加，具体表现为“事件类型多样、影响范围广泛”。

2.4.1 风险工况复杂

上海城市轨道交通因线路分段建设和招标方式等原因，造成了专业系统制式、设备型号、设备新老等差异较大，一定程度上增加了安全风险。同时，运行系统之间关联程度的日趋紧密，使得安全风险具有较强的传导效应，多专业系统安全风险同时发生或连续发生的频率明显增加，造成风险工况更趋复杂。

2.4.2 事件类型多样

突发事件类型更为多样主要表现在两个方面：一方面，由于安全风险隐患趋于复杂，多专业并发风险发生数量明显增多，直接导致突发事件类型的增加。另一方面，由于网络运营协调中心、网络应急指挥中心、信息网络等网络层面物理设施、系统设备的出现，增加了突发事件的发生场所与种类，突发事件呈现出类型多样化的发展趋势。

2.4.3 影响范围广泛

相较于线路式运营阶段突发事件的影响往往局限于局部区段或单条线路明显不同，在网络化运营阶段，由于运行系统关联程度更为紧密，突发事件的影响通过换乘车站、系统设备接口，会产生多点传递、叠加传递，传递效应明显增强，

传递速度更快，往往会影响到局部区域甚至整个网络的正常运营，波及范围更为广泛，重新恢复运营秩序的调整难度明显增加，对应急响应速度和应急处置能力提出了更高要求。

2.5 运营管理业务内容繁多，协调联动渐成关注重点

在网络化运营阶段，随着管理规模扩大、管理对象增多、管理跨度增大，网络层面的运营管理内容比重明显增加，促使运营管理业务呈现出“纵向层次化、横向模块化”的特点。其中，协调联动成为贯穿网络运营管理业务运作始终的关键要素，是纵向层次之间以及横向业务模块之间协同运作的重要保障，将成为影响网络化运营管理绩效的重点。

2.5.1 纵向层次化

在线路式运营阶段，运营管理重点围绕提升线路运营效能进行，主要包括线路(段场)层和车站(现场)层两个层次的业务。

在网络化运营阶段，运营管理重点围绕提升网络运营绩效进行，在纵向上增加了一个层次，即网络管理层。这个层次主要承担线路之间的运营协调、网络运营资源的优化整合、运营标准的统一制定、维修计划的统一协调等业务。管理层次增加对不同层次间的协调联动提出了更高要求，需要对管理方式和组织机构的职能设计进行优化。

2.5.2 横向模块化

从业务类型上看，网络运营管理业务主要由客运管理、行车管理、票务管理、维护检修管理和物资保障管理等五项子业务所构成。网络化运营阶段，随着各项子业务规模明显增加，模块化、专业化管理更显高效。同时，业务模块之间的协调难度加大，由此需要建立更加顺畅的协调联动机制，实现网络运营各项管理业务的协同运作。

第3章 网络化运营管理目标

3.1 网络化运营管理面临的挑战

3.1.1 事故的高危害性对安全管理提出更高要求

由于安全风险工况复杂以及突发事件波及范围广泛，网络化运营阶段的事故故障危害程度明显提高，将影响到局部或者整个网络的正常运营，可能导致更大规模的人员伤亡和财产损失，对安全管理水平提出了更高的要求。其中，日常基础管理、安全监控、应急处置三个方面直接影响到网络整体的安全管理水平，面临着更大的挑战。

对安全状态监控预警能力提出更高要求：根据安全闭环管理理论，“预防为主”成为安全控制的基本原则，通过对安全状态的监控预警将有利于降低风险隐患的发生频率并及时采取有效的控制措施，从而减少突发事件的发生。在网络化运营阶段，由于系统制式的复杂多样以及系统运行的关联紧密，多专业安全风险并发的工况日益增多，对安全监控的针对性与有效性均提出了更高要求，安全状态监控预警难度进一步增加。如何在网络化运营条件下实现对安全状态的有效监控和及时准确预警，将是未来较长时期内必须面对的重大课题。

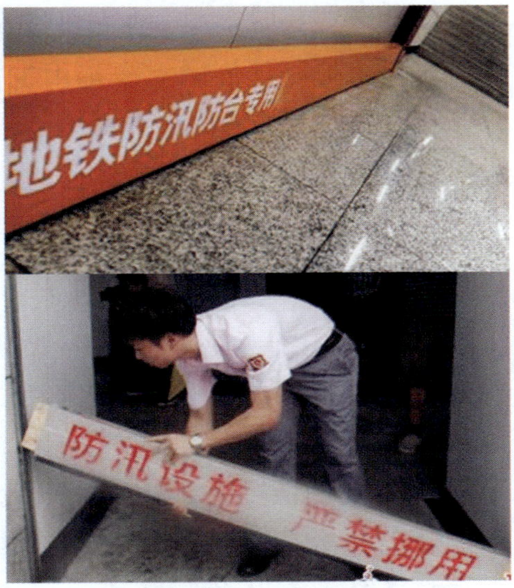

对突发事件应急处置能力提出更高要求：应急处置能力直接影响到突发事件的危害程度。在网络化运营环境下，由于网络结构以及系统运行的关联性，突发事件类型多、传递速度快、影响范围广，对应急响应速度、协调联动效率、应急指挥决策、现场处置能力、信息发布时效性和准确性等均提出了更高要求，应急处置难度明显提升。如何针对网络化运营阶段突发事件的特征，建立高效运转的应急管理体系，将突发事件的危害限制在可控范围内，将成为未来长期所面临的严峻考验。

对日常安全基础管理能力提出更高要求：城市轨道交通目前普遍采用“平战

结合"的方式以同时应对日常运营管理与应急管理两项核心业务。"平"时管理制度的建设、专业技能的培养、监督检查的落实、培训演练的实施将直接影响到"战"时应急处置的效率与效果，成为影响整体安全管理能力的重要支撑与保障。在安全状态监控预警与应急处置要求进一步提高的情况下，为保障监控预警、应急响应、应急处置、恢复运营、协调联动、信息发布等具体日常运营管理与应急管理业务的高效运作，将对日常安全基础管理能力提出更高的要求。

3.1.2 社会的高关注度要求承担更大的社会责任

网络化运营阶段，城市轨道交通网络客流量快速增长，对社会正常运行以及居民便捷出行的保障作用愈发显著，已成为展示上海城市形象的服务窗口，聚焦了社会广泛的关注，城市轨道交通的社会属性进一步得到强化，成为社会公共服务的重要组成部分，运营单位面临着更大的社会责任。

展示窗口形象的责任：上海作为一座国际化大都市，在不断的发展过程中，逐渐形成了"海纳百川、追求卓越、开明睿智、大气谦和"的城市精神，而上海城市轨道交通也在为乘客提供优质运营服务的过程中，持续丰富着自身的文化内涵和精神特质，成为上海城市文化的缩影和城市精神的一个载体，面临着塑造一流城市窗口文明形象的重要责任。如何围绕着"申城地铁，通向都市新生活"的使命，更好地展示上海都市生活的便捷性、开拓性、先进性和人文性，将成为上海城市轨道交通未来长期的重大任务。

贴合乘客需求的责任：在网络化运营阶段，乘客结构更加多样化，乘客出行需求更加复杂，对运营服务的水平和质量提出了更高要求。如何充分发挥不同类型车站的功能；如何满足通勤、通学、公务、商务、旅游等不同出行目的的乘客的需求；如何满足中心区、中心城、郊区新城、重点开发区域等不同区域乘客的需求；如何满足早高峰、晚高峰、平峰等不同时段乘客的需求；如何满足老人、儿童、残疾人等不同特殊人群的需求，提供"安全、便捷、和谐"的人性化服务，紧密贴合各类乘客的需求，赢得广泛的认可度、满意度和美誉度，将成为未来运营服务中的重点和难点。

服务社会公众的责任：随着网络规模的增加以及服务范围的扩展，上海城市轨道交通的社会公共服务功能逐渐凸现出来，要求承担起更多的社会责任。如何减少能源消耗支持可持续发展，降低振动噪声以及其他污染对沿线居民生活的影响，承担倡导节能环保的责任；如何利用社会影响和硬件设施搭建公益关怀平台，承担弘扬社会关爱的责任；如何引诗歌、艺术等多元文化入地铁，承担宣传人文精神的责任；如何根据社会公众的生活、工作需求设置贴心的便民设施设备，承担便捷公众生活的责任；如何号召志愿者服务，开展社区、校园、企业、社会组织共建，倡导文明，服务社会，承担强化社会参与的责任，都将对轨道交通的服务理念、硬件配置、技术手段、业务管理等方面提出全方位的更高要求。

3.1.3 客流的快速增长带来较大的网络运营压力

网络化运营阶段，随着网络化效应的逐步显现，客流增长态势明显，直接对安全、可靠、高效的运营造成了较大冲击，网络、线路、车站三个层面的运营压力显著增加，对上海城市轨道交通的规划、建设与运营提出了新的考验。

网络客流换乘出行带来运营协调的压力：上海城市轨道交通网络换乘系数从2002年的1.17上升到2012年的1.65，呈现出稳步提高的发展态势，换乘客流量占网络客流总量的比例也同步由14%上升到39%左右。大规模的换乘客流直接导致通过换乘车站关联的线路之间必须采取更为紧密的运营协调，以保证客流的快速换乘流通，为网络营造一个通畅、安全的内在环境。随着网络规模的扩大，换乘车站的增多，网络可达性进一步提高的同时，由于换乘出行造成的运营协调量将越来越多，难度也将越来越大。

线路客流快速增长带来行车组织的压力：随着运营线路数量的增多，网络形态逐步完善，客流增长的网络化效应愈发明显，既有线路与关联程度紧密的新线由于客流的集聚与叠加效应，呈现出客流同步快速增长的态势。而车辆往往依据既有设计规范和建设标准进行配置，使得运能增长速度相对较慢，且增购车辆受采购程序制约，周期较长，造成高峰时段运能与客流的不匹配，部分线路运营效率受到影响和限制，对正常行车组织造成了巨大压力。

车站客流高峰集中带来客运组织的压力：网络化运营阶段，线路客流的快速增长也带动了车站客流的增加，尤其是周边居民区、体育场馆、商务楼或商场等大型设施聚集的车站以及大型换乘车站，早晚高峰时段客流集中进出站，由于自动售检票机、楼扶梯、站厅与站台等车站设施设备的配置标准难以适应阶段性大规模客流的使用需求，可能会在出入口、站厅、站台以及换乘通道内造成客流的拥堵，产生安全隐患，对车站客运组织管理带来了较大的压力。

3.1.4 管理规模与复杂性影响到运营效率的提升

相比线路式运营阶段，网络化运营阶段更加关注网络的整体运营效率，但受到网络管理规模、管理跨度、管理复杂性等多方面因素的制约，网络运营效率持续提升具有较大难度。

管理规模扩大影响到运营效率的提升：线路之间由于功能定位以及客流需求的不同，运营组织效率存在差异；设施设备之间由于种类、制式、型号以及维修工艺与规程的不同，检修维护效率存在差异；备品备件之间由于所属车辆基地的不同，物资保障效率存在差异，需要对不同线路、设施设备、车辆基地的管理运作进行统筹协调，从而确保网络整体运营效率的最大化。而随着线路数量以及设施设备与备品备件规模的增加，网络管理对象的体量不断增长，对于网络运营组织、检修维护和物资保障的协调难度持续增加，将影响到网络整体运营效率的提升。

管理跨度拓展影响到运营效率的提升：城市轨道交通不同的系统设施设备分散布置在整个网络中，具有的功能作用也存在明显差异。在网络化运营条件下，须克服空间距离的限制以及功能多样化的制约，制定网络统一的运作标准和规范，按照网络集中、区域集中、组群集中等方式进行集中统一管理，才能确保网络高效运转。随着网络化进程的推进，网络覆盖范围更广、设施设备的空间布局更为分散，造成管理跨度不断拓展，直接增加了网络统一管理的难度，也影响到网络运营效率的提升。

管理复杂程度影响到运营效率的提升：城市轨道交通系统是一个复杂巨系统，需要通过多个专业系统之间的协同运作以支撑网络系统的良性运转。在网络化运营阶段，专业系统的种类、制式、数量更多，协同运作的复杂程度更高，直接增加了运营效率提升的难度。同时，专业系统之间通过系统接口产生关联，造成安全风险工况更为复杂，突发事件影响范围更广，运营安全管理更加复杂，一个专业系统的故障可能会影响到相关联专业系统的正常运行，一条线路的运营延误可能会影响到相关联线路的运营秩序，直接影响到整个网络的运营效率。

3.1.5 设施设备的复杂多样增加了维护保障难度

随着网络化进程的不断推进，设施设备规模快速增长，专业系统的制式以及设施设备的型号呈现出多样化的特点，造成故障类型、检修维护工艺更为复杂，维护资源配置更加困难，维护保障的难度明显增加。

设备故障原因诊断难度增加：上海城市轨道交通网络设施设备数量多、种类多、制式多、型号多、接口多，造成设施设备故障类型增多，对于采用新技术的设施设备故障诊断难度相对较大。同时，由于系统运行关联度高，某一系统设施设备的故障通过设备或系统接口就可能引发相关联系统设施设备的故障，这种故障引导的传递效应，也进一步增加了故障原因的诊断难度，直接影响到维护保障的针对性和准确性。

维护工艺统一协调难度增加：网络化运营阶段的维护工艺更趋复杂多样，需要立足于网络，对不同的维护工艺进行统一协调，制定网络统一的维护规程标准，以保证网络整体维修质量和效率。而不同系统之间、相同系统不同制式之间、相同制式不同型号设备之间的维修规程标准均存在着差异，进行统一协调的难度明显增加。同时，大量新设备陆续投入应用，往往造成维护人员对维护技术掌握不到位，难以短时间内准确的制定维护规程，进一步增加了维护工艺统一协调的难度。

维护资源有效配置难度增加：随着网络规模的扩展，网络维护保障工作量快速增长，人力资源、技术资源、设备资源备品备件等维护资源势必遭到摊薄，如何借助社会专业化维护资源实现自主维修与委外维修的平衡分配，如何集约利用维护设施设备资源，提高设施设备的利用率和维护保障的专业化水平，将成为网络化运营阶段长期面对的重要课题。

3.1.6 网络发展环境下的人才队伍培养面临考验

历经近 20 年的快速发展，上海城市轨道交通员工队伍由运营初期的一千余人增加到如今的两万六千人左右。人才队伍的培养与成长直接影响着网络运营效率与质量，在网络发展环境下，随着网络规模的持续增加，将面临着长期的考验。

人才储备面临考验：城市轨道交通系统由于新技术应用较多且系统较为复杂，需要人员具有较高的专业技能，同时要求管理型、技术型、复合型等多元化的人才为网络运营发展提供动力源泉，在规模、类型等方面对人才储备均提出了高要求。网络化运营条件下，随着管理规模的不断增加，既有运营力量将被进一步摊薄。如何根据网络化发展进程合理匹配不同类型的人才，确保源源不断的各类人才能够及时适应不同的岗位要求，将成为未来长期所要面对的重要考验。

人才培养面临考验：城市轨道交通高技术含量、高复杂性的特点，决定了人才成长周期相对较长。现阶段，我国城市轨道交通还普遍呈现出劳动密集型特点，依靠大量的人员投入为代价来确保正常的运营。网络化运营阶段，随着运营管理业务量的快速增长，不同岗位人员往往将主要精力投入到日常高强度工作之中，难以抽出足够的时间和精力进行专业化的技能培训，更多是"临阵磨枪"式的短期培训，培训效果难以令人满意，难以适应网络快速发展的需要。网络快速发展与人才培养周期长的矛盾，将一定程度上制约着网络的可持续健康发展。

队伍结构面临考验：由于网络发展速度较快，而人才成长周期较长，员工队伍结构易形成不均衡结构，即：年轻人员较多，富有经验人员较少；现场操作人员较多，技术管理人员较少。员工队伍的"年轻化"发展态势，易造成运营力量缺乏实践经验，在日常运营生产作业过程中，职业意识、安全意识以及标准化、规范化作业与网络化运营要求存在较大差距。而技术管理人员数量不足，则制约了技术与管理创新的进程，难以推动城市轨道交通从劳动密集型向技术密集型、管理密集型的转变，人力资源的投入产出比难以明显降低。如何在网络快速发展的情况下，使员工队伍结构更趋合理，将是未来一段时期内必须面对的严峻考验。

3.1.7 网络化发展导致技术攻关难度进一步增加

现阶段，对于网络化运营的本质与内涵尚处于逐步探索之中，对未来发展过程中可能出现的新特征、新需求、新趋势、新问题难以做出十分准确的预判。同时，网络化运营阶段要求技术研究更为系统、全面，一系列网络层面、复杂的、新的问题将会越来越多，技术攻关的难度进一步增加。

网络层面问题增多：网络化运营阶段，往往需要立足于网络高度，将网络作为对象，按照系统工程理念开展网络层面的技术研究，包括网络发展战略、网络综合体系、网络化关键技术、网络标准规程体系、网络化管理机制等内容，均具有覆盖面广、涵盖专业多、研究体量大的特点。随着网络化进程的不断推进，此类"网络层面"的问题也将持续增多，对技术研究水平提出了更高要求，技术攻关的难度将进一步增加。

复杂问题增多：网络规模的扩大、系统关联程度的增强、管理跨度的增加等因素使得网络系统的运转更加复杂,运行系统之间也通过系统接口直接影响到关联系统的正常运转,某个原因可能产生多个结果,某个现象也可能是多个原因共同造成的,多因多果的情况越来越多,问题的复杂程度越来越高,需要采取系统化的方式开展技术研究,在分析研究系统自身情况的同时,重点关注接口关系、协同运转等内容,技术攻关的难度也随之进一步增加。

新的问题增多:随着网络化进程的不断推进,一系列新特征、新需求、新问题将会逐步显现出来,需要站在网络发展的高度采用前瞻性视角开展技术研究,提出针对性的新方法、新方案,研究难度明显增加。同时,随着新产品、新技术、新工艺、新材料的"四新"技术发展,网络升级改造方面的新问题也将不断增多,而如何快速准确掌握"四新"技术的适用性,在实际应用中发挥出良好效果,也将进一步增加技术攻关的难度。

3.2 网络化运营管理目标

网络化运营管理的目标是通过对网络化运营特征的全面分析,围绕网络化运营管理的主要挑战,采用系统化方式,构建网络化运营管理体系,有效支撑网络系统的良性运转,为乘客、公众和社会提供安全、可靠、高效的人性化服务。

安全运营:主要表现为保证乘客乘车的安全,车辆运行的安全和网络系统运转的安全。乘客乘车的安全,强调以人为本,以保障乘客人身安全为第一要务。车辆运行的安全,强调运输产品的安全,确保城市轨道交通能够将乘客安全运送到目标车站,也是实现乘客乘车安全的基本保障。网络系统运转的安全,强调运行系统与运营设施保持良好的运行状态,将突发事故故障限制在可控范围内,为乘客提供一个安全的轨道交通出行环境。

可靠运营:主要表现为保证整个网络运转平衡和网络运转系统的稳态。网络运转平衡,强调线路之间、运营设施之间、系统设备之间没有瓶颈部分,能够协同运作,保持网络平衡稳定的运转。网络运转系统的稳态,强调设施设备具有良好的可靠性,故障发生频率能够控制在可接受范围内,实现长时间无故障的运行。

高效运营:主要表现为网络管理界面分明、层次清晰,网络体系系统科学、流程固化,网络信息交互准确、传递及时,网络运转智能高效、成本合理。重点强调通过科学构建管理体系、清晰划分管理层次、固化关键绩效流程、丰富信息交互方式,实现运营管理的高效率,达到网络系统运转的高效率,能够增加列车的开行密度、提高列车的运行速度、方便乘客的换乘,缩短乘客出行的时间,让乘客出行更加方便快捷。同时，考虑社会效益与经济效益的平衡，确保网络系统运转的高效益。

人性化服务：主要表现为贴身服务充满温馨、设施设备功能完善、环境氛围整洁舒适。贴身服务充满温馨强调“以乘客为中心”，要求服务人员形象亲和、态度热情、服务规范，站在乘客的角度提供心对心服务，塑造“运载温馨，营造和谐”的服务品质。设施设备功能完善强调“以实用为导向”，以方便乘客实际应用为出发点，进行设施设备的设计和布置，要求设施设备状态良好、功能完备、布置合理，导向标志清晰醒目，导乘信息准确及时。环境氛围整洁舒适强调创建秩序井然、文明谦让、和谐舒适的乘车氛围，并提高空间环境质量，保持车站与车厢卫生整洁、温度适宜、空气清新，为乘客打造一流的乘车环境。

第4章 网络化运营管理策略

面临网络化运营管理的七大主要挑战，上海城市轨道交通采用体系化的理念，在运营管理模式、运营安全监控体系、应急机制、运营安全管理体系、运营管理标准体系和运营管理创新体系等方面形成具有针对性的应对策略，确保网络化运营管理的顺畅运行。

4.1 建立具有上海网络特色的先进运营管理模式

面对网络化运营阶段快速增长的运营压力和持续增加的运营管理难度和复杂度，上海城市轨道交通充分根据网络物理形态结构的特色以及网络化运营的特征，积极借鉴国内外轨道交通以及其他行业的先进管理理念和模式，通过对业务流程的梳理以及业务运作模式的提炼与总结，从管理方式、管理架构、业务管理、组织机构等方面建立上海城市轨道交通网络运营管理模式，明确不同管理业务的发展理念和运作模式，指导业务流程的再造与固化，更好地满足网络化运营需求，从而持续提升运营管理效率和运营管理水平。

在模式建立过程中，采用"卓越绩效全面引导、基本模式网络统一、关键流程再造固化、循环提升持续优化"的思路，按照"梳理－优化－固化－完善"的方式，确保上海城市轨道交通网络运营管理模式保持行业先进性、具有上海特色。

卓越绩效全面引导：从全面提升运营效率、运营效益、运营质量、运营水平的角度，推行卓越绩效管理理念，形成先进的管理模式，引领上海城市轨道交通网络化运营管理的发展方向。

基本模式网络统一：充分贴合上海城市轨道交通网络特色，对网络化运营管理业务在网络层面统一运营管理模式，明确各项运营管理业务运行所遵循的共性要求。同时，根据不同运营管理业务的差异性和独特性，形成个性化的业务运作模式，并确保基本模式与个性模式之间的统一性与连贯性。

关键业务流程再造：重点针对直接影响运营管理效果的关键绩效业务流程，遵循不同业务的管理模式，采用端到端方式进行流程的优化再造，并形成标准化流程，实现全面固化，有效提升整体运营管理绩效。

循环提升持续优化:根据网络化运营发展的需要以及实际运作反馈,采用精益化的管理工具,进行总结评估,建立循环上升的管理闭环,持续优化网络化运营管理的业务流程、管理手段、管理工具等,不断提升网络化运营管理水平。

4.2 建设全方位多系统监测的运营安全监控体系

面临网络化运营阶段更为复杂的安全风险隐患,上海城市轨道交通通过对安全风险进行全面梳理,重点关注由于系统接口产生的多专业并发性风险,构建网络运营安全监控体系,采取人工和自动化设备以及在线和离线等方式进行全方位的监控,并逐步建立分专业、分对象的监控预警系统以及多专业联控的安全监控平台,实现全覆盖监控预警,为日常的运营维护和突发情况下的应急处置及时提供预警报警信息,变“被动防御”为“主动预防”,进一步增强网络化运营管理的风险监控预警能力。

在体系建设过程中,采用“监测手段人机互补、数据信息智能处理、指标量化分级预警、持续优化完善功能”的思路,按照“建设－优化、健全－完善”的方式,基于现状、按需出发、急用先上、分期实施,最终建设一个全方位多系统监测的运营安全监控体系,全面实时掌握运行系统状态质量。

监测手段人机互补:充分发挥人工检测与自动化设备监测的功能,多种监控方法融合,实现功能相辅、优势互补,更为全面、快速、准确地采集监测信息。

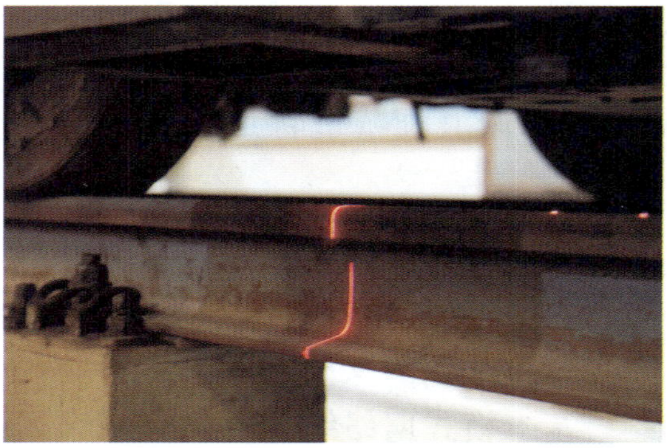

数据信息智能处理:采用信息化方式搭建安全监控管理平台,将各专业监控预警子系统监测采集的数据与信息进行汇集、分析,并自动进行判别、预报,触发生成安全指令,使网络运营安全监控具有智能化功能,确保安全监控更为高效。

指标量化分级预警:作为安全监控管理的核心内容之一,重点构建定量化的安全指标体系,明确针对不同预警等级的指标阈值,确保准确判别,实现分级预警。

持续优化完善功能:结合安全技术的客观发展水平以及网络化运营安全监控的需求,逐步健全网络运营安全监控体系,并针对体系结构或功能上的不足,持续进行有效完善,提升网络运营安全监控水平。

4.3 形成能够及时处置各种事故故障的应急机制

面对网络化运营阶段突发事故故障多发、高危害、多类型的情况，上海城市轨道交通采用系统化方式，从应对主体、应对规则、应对工具、应对手段四个方面构建了由组织体系、应急机制、预案体系、管理平台组成的应急管理体系，有效应对各类突发事件，将安全危害控制在可接受范围内。其中，应急机制作为整个应急管理体系的运转核心，在应急管理运行中发挥驱动器作用，要求能够根据各种事故故障的发生机理和规律，形成具有针对性的应急管理规则和运作流程，实现对突发事故故障的全覆盖、高效率处置，进一步保证网络的安全运营。

在应急机制制定过程中，上海城市轨道交通针对各类突发事故故障，采用“基于事件贯穿全程、重视过程固化流程、合理配置职责分明、智能平台高效管理、自主学习持续优化”的思路，按照“建立－优化、健全－完善”的方式，固化端到端的应急管理业务流程，明确各个环节的人员配置与岗位职责，并通过编制应急预案以及建立信息化的应急平台确保应急机制高效运行，有效增强应急管理能力。

基于事件贯穿全程：一方面，基于各类突发事件建立健全应急机制，确保覆盖各类事故故障；另一方面，基于所有突发事件统一的应急处置流程制定应急机制，确保覆盖应急处置的各个流程和环节。

重视过程固化流程：采用端到端的过程管理方式，优化完善针对各类突发事件的应急管理业务流程，确定合理的流程环节，并进行固化，形成标准化的流程，确保业务运作规范、高效。同时，根据标准化的流程，构建包括总体预案、分项(专项)预案和工作预案三个层次的预案体系，采取制度化文件的方式，作为应急机制的载体，在实际应用中发挥出应急处置功能。

合理配置职责分明：根据应急管理业务流程的环节要求，确定人员与组织机构配置和岗位设置，并明确相应的职责与作业要求，确保不同人员、组织机构能够协调联动，共同应对各类突发事件。

智能平台高效管理：采用信息化方式搭建智能化的应急平台，将应急管理业务流程转化成信息流方式，更为快速、准确地传递，实现高效应急管理。

自主学习持续优化：根据应急预案的仿真演练和实际应用的评估反馈，采用PDCA的方式，逐步完善相应的应急机制和应急预案，确保应急管理水平的持续提升。

4.4 构筑基于现场立体全面的运营安全管理体系

为适应网络化运营对安全管理工作的新需求，上海城市轨道交通始终坚持以安全运营为中心，积极贯彻“管建并举、管理为重、安全运行为本”的指导方针。通过推动运营安全管理机制的不断健全完善、运营管理组织架构的主动适应转型、线网运行控制技术的日益改进提升，建立“横向到边、纵向到底”的全员、全方位、全过程的运营安全管理组织体系，形成有效的“控、治、救”管理机制，并通过“预先控制、过程控制、事后控制”的运营安全管理全过程控制，使运营安全管理所有管理岗位各司其职、各负其责、有章可循、有据可查，推进安全管理工作标准化、规范化、系统化和制度化，逐步形成与上海城市轨道交通网络化运营相适应的运营安全管理体系，实现运营安全管理工作“从事后到事前、从开环到闭环、从个人到组织、从局部到系统”。

在体系的建设过程中，上海城市轨道交通按照“建设－优化、健全－完善”的方式，“设立健全的安全组织机构、制定完善的安全管理制度、运作有效的监督工作机制、构建完整的标准评价体系、搭建先进的信息管理平台”，形成上海城市轨道交通运营安全管理体系，有效提升日常安全基础管理能力。

设立健全的安全组织机构：设立网络、运营单位两级安全生产委员会，建立网络、运营单位、车间班组构成的运营安全三级管理网络，为安全管理提供组织保证。

制定完善的安全管理制度：制定涵盖作业标准、安全责任、例会制度、监督检查、考核评价、责任追究、安全培训六大类的运营安全管理制度，为安全生产管理提供依据，为安全管理提供制度保证。

运作有效的监督工作机制：运作有效的运营安全监督检查工作机制，通过采取各种检查方法和监督手段，为安全管理提供纠偏控制和监督指导功能，保证运营生产管理过程得以安全、有序、高效进行，保证安全管理目标得以实现。

构建完整的指标评价体系：构建涵盖安全管理机构设置、安全管理制度建设、安全管理基本条件、人员和设备安全运行、事故和隐患管理等五个维度指标组成的安全管理指标评价体系，为安全监督和考核提供科学依据。

搭建先进的信息管理平台：搭建先进的安全管理信息化平台，合理组织信息流结构，建立性能良好、信息流畅的安全管理信息系统。建立生产管理信息网络，及时、准确、有效地搜集、传递安全信息，供各级管理人员和领导进行管理和决策；建立隐患控制、安全责任、安全统计分析、事故管理、安全档案管理子系统，提高安全管理系统的预警、预防功能，保证安全管理体系的有效运作；实现安全管理办公自动化，使工作流程规范化、制度化，提高工作效率和工作质量。

4.5 创建具有上海窗口形象的地铁系列服务品牌

在社会关注度日益提高的背景下，改变传统根据服务对象意见和建议被动提升服务品质的方式，以品牌化方式，在行业内率先创建服务品牌，引领轨道交通服务的发展方向。通过分析服务对象和服务主体的多样性需求与功能，提供系列化的轨道交通服务，有效匹配各类服务需求，实现“人无我有、人有我优”的增值效应，变“被动响应”为“主动提升”，持续提高服务水平，有效诠释服务理念，成为国内轨道交通行业服务品牌的标杆。同时，进一步强化上海城市轨道交通的社会服务属性，作为一个服务窗口，直接面向社会与公众，充分展现上海的城市精神、行业的服务内涵以及轨道交通的服务特色，成为具有窗口形象的城市名片，改善服务对象的“所见”和“所感”，进而提高自身的核心竞争力，逐步成为上海公共交通服务行业标杆。

在品牌创建过程中，首先按照“一个品牌、多个要素”的模式，确定服务品牌的构成。然后，采用“提炼共性、发挥个性”的方式，充分挖掘乘客、公众与社会的需求，确保各座车站具有统一的常规服务标准以及个性化的特色服务，形成系列化服务品牌，并明确服务品牌的实施要点和路径。最后，建立服务品牌的指标体系，便于第三方组织进行服务品牌测评，持续增加社会的认可度、满意度和美誉度，不断改进服务质量、提升服务品质，吸引乘客首选上海城市轨道交通作为出行交通工具，成为具有窗口形象的城市名片。

一个品牌、多个要素：共享核心理念，使乘客和社会公众对于上海城市轨道交通服务形成统一认知，建立共识性的服务品牌。通过多次接触，让乘客和社会公众逐步深入了解服务品牌的内涵，根据多样化的服务需求，形成构成服务品牌的多个基本要素，作为统一服务品牌的有力支撑。

提炼共性、发挥个性：采用统一理念指导日常运营服务，确保网络各线各座车站的常规服务具有统一标准与规范，形成具有共性服务特质的服务项目。同时，根据不同线路、车站的特点以及周边环境的差异性，充分发挥先进个人或集体的主动性、积极性和创新性，形成各具特色的个性化运营服务，满足服务对象的多样化需求。

测评考核、品牌提升：基于乘客、公众和社会的乘行感知体验，围绕着服务对象的基础服务、期望服务和惊喜服务，构建城市轨道交通服务品牌测评指标体系，采用第三方测评方式，运用信息化手段进行日常监测和评估，持续提升服务对象对轨道交通运营服务的认可度、满意度和美誉度，实现对服务品牌的维护与提升。

4.6 制定体现行业领先的网络运营管理标准体系

面对网络规模持续增加、运营管理难度和复杂程度日益提高的情况，综合考虑提升安全管理能力、运营服务品质和运营管理绩效的要求，上海城市轨道交通积极推进标准化进程，根据网络运营管理业务流程，以面向服务对象的运营服务为导向，采用端到端的方式，针对各个环节的服务、技术与管理要求，形成统一的标准规范，构建出立体化的网络运营管理标准体系，并采取自上而下的方式，促进标准在全员范围内的有效落实，实现标准化管理，从而规范运营组织与维护保障业务运作，达到行业领先水平。

在体系制定过程中，采用"服务导向基准前移、逐层分解立体多维、总结评估持续完善"的思路，按照"编制一健全、优化一更新"的方式，持续推进网络化运营管理的标准化进程，保障网络化运营管理高效、有序地运转。

服务导向基准前移：根据城市轨道交通作为公共服务性行业的属性，以面向服务对象的运营服务为导向，将制定标准的基准由传统的关注运营主体需求的界面前移至服务对象需求的界面，以提高乘客认可度、满意度和美誉度为目标，带动运营服务品质的全方位提升，实现服务、技术与管理的全面规范化。

逐层分解立体多维：采用端到端的方式，从面向服务对象的业务初始环节开始，向后逐层分解整个业务板块与流程，形成树状的业务流线图，并根据服务、管理、技术以及网络、线路、车站等不同维度对流程上不同环节形成相应的标准规范，从而构建出立体化的网络运营管理标准体系。

总结评估持续完善：结合网络化运营管理的发展情况，根据运营管理业务流程以及要求的变化，完成针对标准体系实际应用情况的总结评估，根据反馈情况，动态健全标准种类，持续完善标准内容，达到规范服务、规范管理、规范技术的效果，处于行业领先的水平。

4.7 构建具有持续推动网络运营发展的创新体系

面对线路式运营阶段不曾遇到的新需求、新问题，考虑到网络长期可持续发展的要求，在网络化运营阶段，上海城市轨道交通通过全面梳理、深入分析运营管理的需求，从理念创新、科技创新、体制创新、制度创新、管理创新、服务创新六个维度，构建运营管理创新体系，持续提升网络安全运营水平、服务品质与运营效能，适应上海城市轨道交通由线向网、由运营型向管理型的转变。同时，建立灵活的创新体制机制，以多样化的措施激励全员创新热情，促进技术和管理水平的不断提高，为网络安全、可靠、高效运营提供源源不断的内在动力。

在构建过程中，采用“以理念为统领，以体制和制度为保障，以科技和管理为抓手，以服务为目标结果”的思路，持续推进网络运营管理的创新进程，推动网络运营的可持续健康发展。

以理念为统领：不断跟踪城市、社会、行业以及企业发展的不同阶段对运营管理的要求，通过思想导向上的变化来带动其余各项工作的开展，适应新形势下的发展需求，指导创新工作的全面开展。

以体制和制度为保障：通过管理体制的调整和深化，实现轨道交通管理体制能够适应轨道交通公益性与经营性、企业与网络、企业与社会的有效衔接，营造各方共赢的运营管理软环境。同时，考虑不同运营发展阶段需求的匹配性、制度框架的系统性、保持核心制度的稳定性，实现制度的科学性、可操作性，强化制度的执行力，最终为创新理念的落实营造基础环境。

以科技和管理为抓手：立足于网络的高度，以提升管理效率、降低管理成本、满足管理对象需求、掌控管理节奏为目标，并创造丰富有效的研发资源和研发条件，营造专注、专心的研发氛围，为创新理念的落实提供必要手段。

以服务为结果：以构建服务品牌为核心，实现网络运营与乘客、公众和社会的良性互动，通过服务内涵外延化、服务品质精细化、服务手段现代化，丰富服务创新的形式和内涵，作为创新理念落实的最终表现形式和评价轨道交通运营管理绩效的基本标准。

第5章 网络化运营管理体系构成

5.1 总体构成

在网络化运营阶段，围绕着为乘客、公众、社会提供安全、可靠、高效的人性化服务的目标，面对网络化运营管理的挑战，基于网络化运营管理的策略，上海城市轨道交通采用层次化的方式构建起由两大体系、三个层次构成的网络化运营管理体系。三个层次分别为服务层、运作层和保障层。两大体系分别为承担服务层与运作层功能的网络化运营管理的核心体系和承担保障层功能的网络化运营管理保障体系构成。

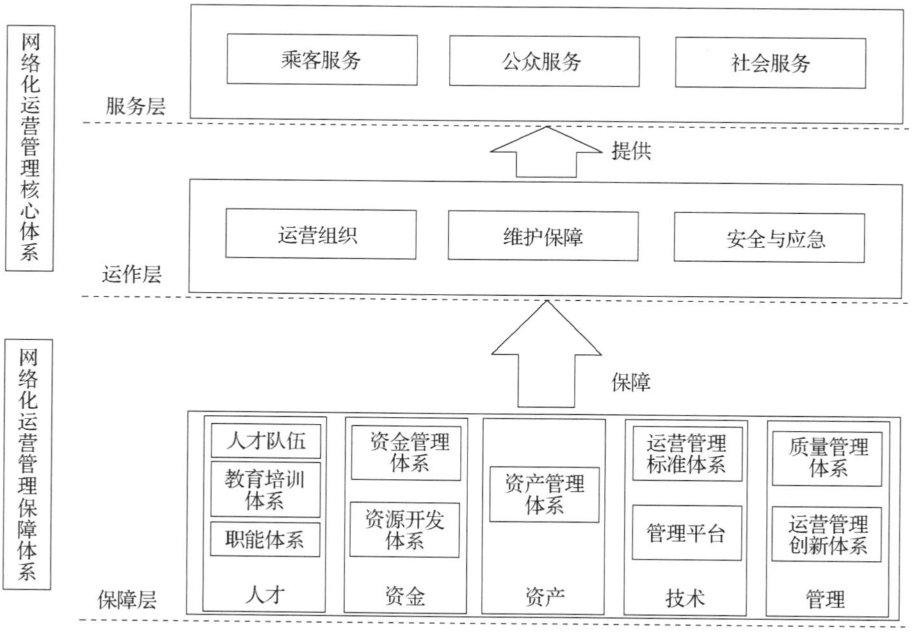

网络化运营管理体系的基本构成

服务层主要面向乘客、公众和社会三类受众提供轨道交通服务，具有目标引领作用，是城市轨道交通网络化运营管理运作的最终落脚点，直接体现出城市轨道交通系统的根本价值。

运作层主要通过运营组织、维护保障和安全与应急3项核心业务的运作，提供安全、可靠、高效的人性化服务至服务层，是城市轨道交通网络化运营管理运作效果的输出点，直接体现城市轨道交通系统的运转效能。

保障层主要通过提供人才、资金、资产的有形资源和技术、管理的无形资源，确保承担服务层与运作层功能的网络化运营管理核心体系的顺畅运转，是城市轨道交通网络化运营管理运作的有力支撑与保障，直接体现城市轨道交通系统的基础能力。

5.2 基本内容

网络化运营管理体系由核心体系和保障体系构成。其中，网络化运营管理核心体系包括服务层与运作层的运营服务、运营组织、维护保障和安全与应急四项基本内容。网络化运营管理保障体系包括保障层的人才、资金、资产、技术、管理五项基本内容。

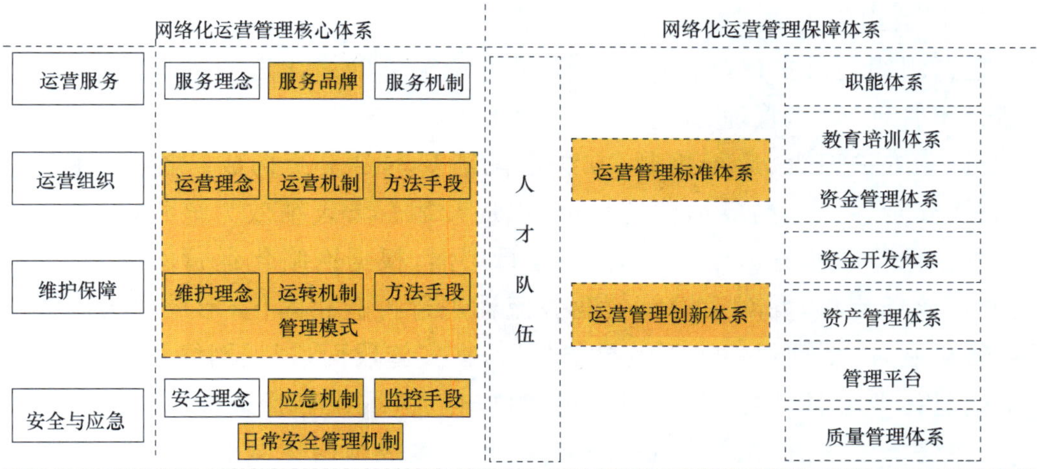

网络化运营管理体系的基本内容

5.2.1 网络化运营管理核心体系

1. 运营服务

运营服务是网络化运营管理的最终产品输出，由服务理念、服务品牌和服务机制等基本要素所构成。首先，在理念层面，从适应网络化运营特征以及乘客、公众和社会三类受众需求的角度，形成网络化运营阶段的服务理念，明确运营服务的发展方向。其次，在思路层面，采取品牌化方式，在达到服务标准化的基础上，追求增值服务效应，创建城市轨道交通服务品牌，促进服务主动改善，树立城市公共交通行业以及轨道交通行业内的服务标杆。最后，在运行层面，从服务内涵的深化、服务业务的拓展、服务品牌的维护、服务影响的传播等方面建立健全系统性的服务机制，确保运营服务能够在实际中达到理想的效果。

从1号线建成通车试运营时起，上海城市轨道交通始终坚持“以人为本”的服务理念，以受众的需求为导向，不断提高服务要求，并通过近20年的运营实践，逐步建立起一整套运营服务机制，持续改进服务品质，乘客满意度长期位居上海市公共服务窗口行业排名的前列。而通过深入分析服务品质提升的原因可以发现，根据乘客、公众和社会等三类受众的反馈意见和建议进行服务改进的比例相对较高，“被动式推动”服务提升的现象比较普遍，难以适应网络化发展的要求。在这样的背景下，通过创建服务品牌，形成运营服务“主动式拉动”方式将成为能否顺利达到网络化运营管理目标的重点内容。

2. 运营组织与维护保障

运营组织与维护保障构成了正常运营情况下网络化运营管理的主要业务，包括行车管理、客运管理、票务管理以及维护检修管理和物资保障管理等业务模块，由运营维护理念、运行机制、方法手段等基本要素所构成。首先，在理念层面，围绕安全、可靠、高效运营的目标，以提升运营管理绩效为核心，引领运营组织与维护保障的业务运作。其次，在运行层面，根据网络化运营的需求，全面梳理、分析业务流程，并对关键绩效业务流程进行再造和固化，形成更为高效的运行运转机制，产生理想的运行效果。最后，在实施层面，根据网络化运营需求，结合不同具体业务的特点，考虑网络化、组群化、区域化等管理方式，自主修、委外修、合作修等维修方式，计划修、均衡修、状态修等维修体制的适用性，选取适合的方式手段，确保在实际应用中的实用性。

在从线路式运营阶段向网络化运营阶段的转变过程中，上海城市轨道交通的运营维护理念、运行运转机制、手段方法均呈现出逐步优化调整的发展态势，促使运营管理模式也处于动态变化之中。在网络化运营深化阶段的前期，网络化运营的特征和需求尚难完全明确，而网络化运营管理业务运作流程与方法也需要不断的优化调整，如何建立具有上海网络特色的先进运营管理模式，将成为网络化运营管理能否产生卓越绩效的重点内容之一。

3. 安全与应急

安全与应急业务主要承担包含应急管理在内的运营安全管理工作，包括运营安全监控、日常安全基础管理、应急管理三个业务模块，由安全理念、应急机制、监控手段、日常安全管理机制等基本要素所构成。首先，在理念层面，坚持“以人为本、预防为先、防御为主、处置迅速”的思想，增强全员安全意识，按照“育安全人、用安全物、做安全事、成安全体"的方式，最大程度地保障公众生命安全、系统设施安全、系统运转稳定。其次，在运作层面，围绕安全与应急管理体系的核心内容，为确保现场作业安全、规范，建立日常安全管理机制，强化安全基础管理，并根据不同突发事件的性质以及发生场所等因素，建立具有针对性的应急机制，重点明确应急管理的工作流程。最后，在实施层面，采取人机互补的方式，对设施设备的运行状态进行检测和监测，通过及时准确的提示预警，做到及时维修，实现对网络设施设备技术状态的全面掌控；成立专门应急抢修队、采取区域化抢修方式，以及网络集中配置大型专用应急抢修装备、网络一体化配置轨道公安和消防中队等外部机构在内的多种方式手段，进一步提升应急响应速度和应急处置效果；建立日常性的安全组织、安全考核评估、安全监督检查、现场作业控制、安全奖惩等管理制度，提升全员的安全意识与技能，为监控预警、风险控制、应急处置等业务运作提供有力保证，提升网络运营安全水平。

上海城市轨道交通始终坚持"安全为本"的理念，长期致力于提升网络运营安全监控预警能力、应急处置能力和安全基础管理能力。运营安全监控方面，已经针对基础设施、公共安全、运营设施等设施设备配置有相关专业的监控预警系统，但对于客流状态、隧道结构状态、车辆状态、车站环境状态等方面的安全监控水平略显不足。应急管理方面，初步构建了由组织体系、预案体系、应急机制和应急平台构成的应急管理体系，并采取了一系列具有网络特色的方式手段，并针对十余类主要突发事件建立了一整套应急机制，但应急机制的覆盖范围以及可操作性方面尚难以完全满足网络化运营的需要。日常运营安全管理方面，已制定了一系列的管理文件，依靠制度化手段，推进安全基础管理，但在管理的精细度和全面性方面仍难以完全满足网络化安全运营的要求。因此，要求进一步健全网络运营安全监控体系、建立全面覆盖的应急机制和运营安全管理体系，将成为影响网络化运营管理效果的重点内容之一。

5.2.2 网络化运营管理保障体系

1. 人才

人才是网络化运营管理顺利运行的核心保障，根据选、用、育的要求，由人才队伍、职能体系和教育培训三个基本要素构成。人才队伍强调建立丰富的人才引入渠道以及全面的人员选拔标准，形成规模化的运营力量以及充足的人才储备。职能体系强调根据业务需求和岗位要求，建立人员任用机制和展示平台，赋予相应岗位人员以相应的职能，充分发挥各岗位人员的能力。教育培训强调根据发展的需要，通过持续的教育和培训，不断提升运营人员的技能、优化人才队伍结构。

目前，上海城市轨道交通已经建立起一套比较完整的职能体系，基本涵盖各项运营管理业务。同时，成立了教育培训中心面向不同专业、不同层次的人员队伍进行周期性的针对性培训，确保运营力量的成长能够适应网络快速发展的要求，为网络化运营管理的顺畅运行提供有力的人员保障。

2. 资金

资金是网络化运营管理顺利运行的基础保障，由资金管理体系和资源开发体系构成。资金管理体系强调通过多元化的资金运作方式，为网络化运营提供资金支持，确保各项管理业务能够顺利运行。资源开发体系强调通过对城市轨道交通的有形资源和无形资源进行综合开发，获取一定的资金反哺运营。

在资金管理体系方面，上海城市轨道交通主要采取银团融资模式和全面预算管理方式，满足建设与运营阶段的资金需求。在资源开发方面，上海城市轨道交通正着力围绕降低投资收益比，向深度和广度进行进一步开拓，逐步覆盖物业、商业、信息广告等多个方面，实现资金流的顺畅运作，实现资产增值效应的最大化。

3. 资产

在物理硬件层面，设施设备的正常运行是网络化运营管理顺利运行的重要保障。资产管理体系强调通过编码方式，对网络范围内设施设备的物理属性和管理属性进行标定，明确网络内各项资产的账目，实现对网络设施设备价值状态的全面掌控。

在资产管理体系方面，上海城市轨道交通通过建立18位的编码体系，将网络范围内的设施设备进行统一编码，实现了对全网资产的集中统一清算与管理。

4. 技术

技术是网络化运营管理顺畅运行的必要保障之一，主要指依托课题研究进行全过程管控的技术管理。重点围绕网络统筹、标准化、应用技术、技术革新等网络化运营与发展的需求，通过建立贯穿研究立项、过程研究、效果评估、示范应用等全过程的技术管理机制，确保技术研究成果能够在实际应用中产生良好的效果。其中，标准化研究是网络化运营阶段的重点研究内容，通过构建网络运营管理标准体系，能够实现对网络化运营管理业务运作制定统一的规范标准，有效提升管理效率和效益，这是网络化运营管理高效、有序运转的重要保障。信息技术应用研究的重要性在业务规模持续增加、运营管理的难度与复杂度持续提升的背景下逐步凸现出来，依托信息化技术，针对不同板块或模块的业务搭建信息化管理平台，依托信息流带动业务流顺畅运行，将有力保障网络的高效运转。

在标准化管理方面，上海城市轨道交通已经制定了数量较多的标准、管理办法、指导意见、细则等规范类文件，但由于网络运营管理业务类型多、流线多、主体多的特点，多项标准存在系统性不强、覆盖面不全的问题。因此构建行业领先的网络运营管理标准体系，实现服务、技术与管理的规范化，将成为保障网络化运营管理高效运行的重点内容。在信息化管理平台建设方面，上海城市轨道交通已经初步建立了运营管理平台，并正在搭建应急管理平台和维护保障平台，运营安全监控平台、运营服务平台、安全管理平台、创新管理平台等也在规划之中，当条件成熟时，将陆续开始建设并投入应用，有力保障网络化运营管理的高效运行。

5. 管理

在管理方面，质量管理和创新管理是网络化运营管理不可缺少的内容，依托运营安全管理体系、质量管理体系和运营管理创新体系，为网络运转提供重要保障。质量管理体系强调通过对国际 ISO 9001、OHSAS 18001、ISO 14001 等认证体系的贯标，实现对质量、环境以及职业健康的有效管理，通过提高质量意识和管理水平，提升网络化运营管理的综合绩效。运营管理创新体系强调围绕网络化运营管理的目标，根据网络发展战略，制定多层次、多类别的创新发展主题，并组建创新团队，通过创新管理，为网络的可持续发展提供源源不断的内在动力。

在质量管理方面，上海城市轨道交通积极引入国际标准化委员会制定的质量管理认证体系、环境管理认证体系以及职业健康管理认证体系等三大体系，并已经完成贯标工作。通过贯标切实指导实际管理工作，推动管理水平的不断提升。在创新管理方面，上海城市轨道交通长期致力于技术创新、系统创新与服务创新，积极应用“四新”技术，逐步完善设施设备系统的功能、丰富管理手段、提升服务质量，但对于管理创新、模式创新以及文化创新方面尚存在不足，要求健全多元一体化的运营管理创新体系，将成为持续保障网络化运营管理高效运行的重要内容。

5.3 重点内容

结合上海城市轨道交通网络化运营管理的发展现状与要求，在网络化运营阶段，运营管理模式、运营安全监控体系、应急机制、运营安全管理体系、服务品牌、运营管理创新体系、运营管理标准体系 7 项内容构成了网络化运营管理体系的重点内容。

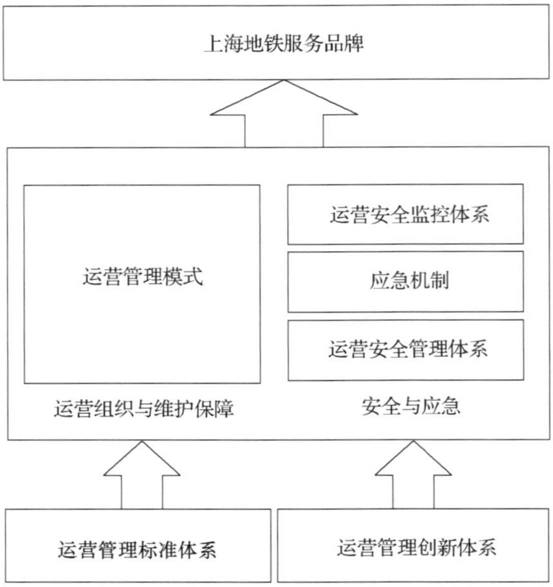

网络化运营管理体系重点内容的关系

5.3.1 创建服务品牌

服务品牌是网络化运营管理体系的目标导向，通过创建上海城市轨道交通服务品牌，面向乘客、公众和社会提供安全、可靠、高效的人性化服务，最大化发挥城市轨道交通作为公共交通的功能与作用。

在网络化运营管理体系中，服务品牌导引着运营管理模式、运营安全监控体系、应急机制、运营安全管理体系、运营管理创新体系和运营管理标准体系其他 6 项重点内容的发展方向与思路，从而构建相互作用、共同提升的良性循环，是网络化运营管理的效果与目标。

5.3.2 运转核心

运营组织与维护保障管理、安全与应急管理是网络化运营管理体系的运转核心。运营管理模式通过确定运营管理的模式、机制与流程，决定网络化运营组织与维护保障管理按照何种方式、沿着何种方向运转。安全与应急管理包括运营安全监控体系、应急机制和运营安全管理体系三项重点内容。运营安全监控体系从安全监控预警角度出发，通过对运营设施设备、车站和客流状态进行监控，及时进行分级预警，实现日常运营管理的主动改善，设施设备的主动维护，以及发生突发事件时的快速响应，为网络安全、可靠运营提供核心支撑动力。应急机制决定面对各类突发事件时的应急处置规则与流程，是影响应急处置效果的关键。运营安全管理体系从日常安全基础管理角度出发，重点依托管理制度的执行与落实，为日常运营管理提供安全的运作环境，为应急机制的顺畅运行提供基本条件。

在网络化运营管理体系中，运营管理模式、运营安全监控体系、应急机制和运营安全管理体系共同主导正常运营情况与非正常运营情况下的管理业务运作，形成稳定的日常性与紧急性的运作环境，产生良好的运营管理绩效与应急处置效果，达到持续提升服务品质的目的，有力支撑服务品牌的创建。同时，运营管理模式、运营安全监控体系、应急机制和运营安全管理体系为运营管理创新体系和运营管理标准体系2项重点内容提供发展引导，促进相互之间的协同运作，实现运作资源的最合理利用以及运作效能的最大化输出，更好地发挥出中间导引作用。

5.3.3 基本保障

运营管理创新体系和运营管理标准体系是服务品牌创建以及运营管理、安全与应急管理顺畅运作的基本保障。运营管理创新体系从持续提升创新能力角度出发，通过理念创新、体制创新、制度创新、管理创新、技术创新和服务创新，为网络的可持续健康发展提供源动力。运营管理标准体系通过针对不同管理业务制定统一的规范标准，实现服务、技术与管理的规范化运作，保障网络的高效运转。

第 2 篇　运营管理模式

第6章 网络化运营管理的目标与策略

6.1 运营管理业务

6.1.1 基本框架

城市轨道交通是居民出行的重要方式,是保障城市安全有序运行的基本公共服务设施。轨道交通的公共服务特性决定了其运营应以安全、准点、便捷、舒适、文明为目标,为乘客提供持续改进的服务。轨道交通运营业务也正是围绕其公共服务特性而展开。

城市轨道交通运营业务主要由运营组织和维护保障两大业务板块构成。运营组织是轨道交通运行的核心业务,直接面对乘客,"服务"是运营组织管理的重要内容。维护保障是轨道交通安全运营的重要保障,业务内容虽不直接面对乘客,但为运营组织管理提供保驾和支撑,"保障"是维护保障管理业务的关键属性。

运营组织管理业务板块包括行车管理、客运管理和票务管理三项内容。维护保障管理业务板块包括车辆系统维护检修、通号系统维护检修、供电系统维护检修、工务系统维护检修、车站设备维护检修以及物资保障管理六项内容;其中,

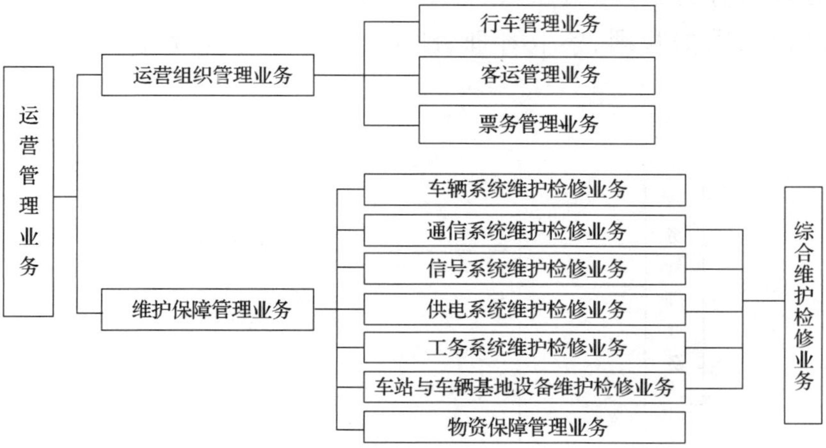

运营管理业务体系的基本构成

通信系统、信号系统、供电系统、工务系统、车站与车辆基地设备的维护检修业务又可统称为综合维护检修业务。

城市轨道交通运营管理业务根据网络化运营特点建立，既需要考虑常态下各项管理业务的有序管理，又需要实现对突发事件的快速反应和有效处置，降低突发事件对线路和网络运营的影响。因此，针对正常运营状态、非正常运营状态采用“平战结合”的方式，并在管理业务体系设计中，综合运营组织和维护保障的应急管理需求，形成了系统性的应急管理业务，将在第四篇应急机制中进行阐述。

6.1.2 运营组织业务

运营组织是运营单位对城市轨道交通的列车运行调度、车站行车客运组织、机电设备系统运行实施的有序管理活动。运营组织业务板块按照管理专业不同一般分为行车管理、客运管理和票务管理三类。

行车管理业务：按流程顺序，行车管理业务一般分为运营计划、乘务管理、调度指挥和运营分析四项子业务。

客运管理业务：按服务内容，客运管理业务一般包括客运组织管理、客运服务管理、服务设施管理、服务质量管理四项子业务。

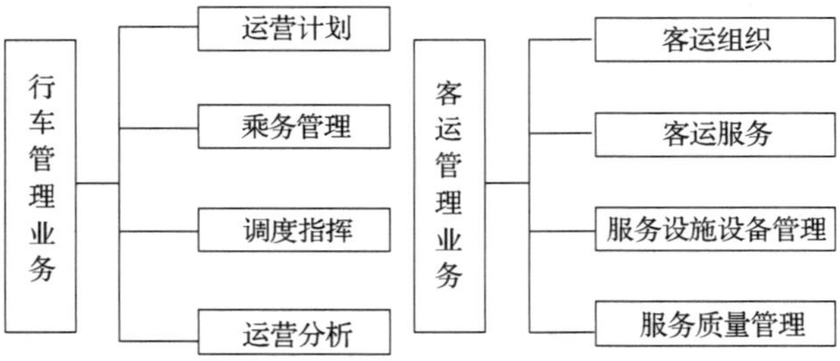

行车和客运管理业务构成

票务管理业务：按管理对象，票务管理业务可分为票务清分管理、AFC系统管理、监督管理、数据管理、票卡管理、设备管理六项子业务。

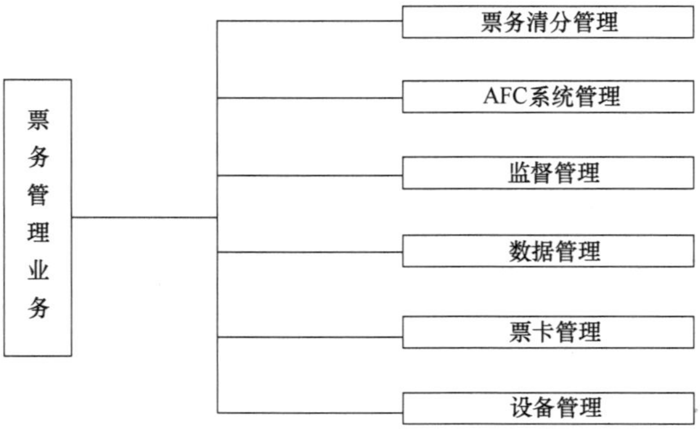

票务管理业务构成

6.1.3 维护保障业务

维护保障业务主要包括车辆系统维护检修、综合维护检修和物资保障管理三类业务。

车辆系统维护检修业务：主要由列车整车维修业务、列车部件维修业务以及列车专用维护设备维修业务三项业务构成。其中，列车整车维修业务主要包括新车调试验收业务、列车日常维修业务以及列车架大修业务。

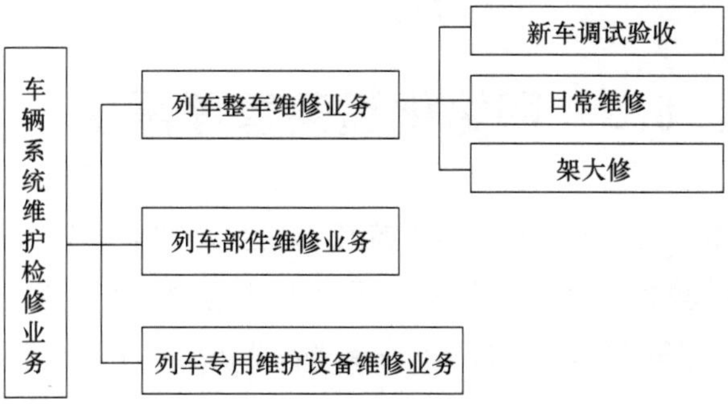

车辆系统维护检修业务构成

综合维护检修业务：主要由系统设备维修业务、系统部件维修业务和专用检测维护设备维修业务构成。其中，系统设备维修业务主要包括新线调试验收作业、日常维修作业和专项维修与大修作业。日常维修作业一般由巡检作业、定期维修试验施工作业、临时性维修施工作业和配合性维修试验施工作业构成。

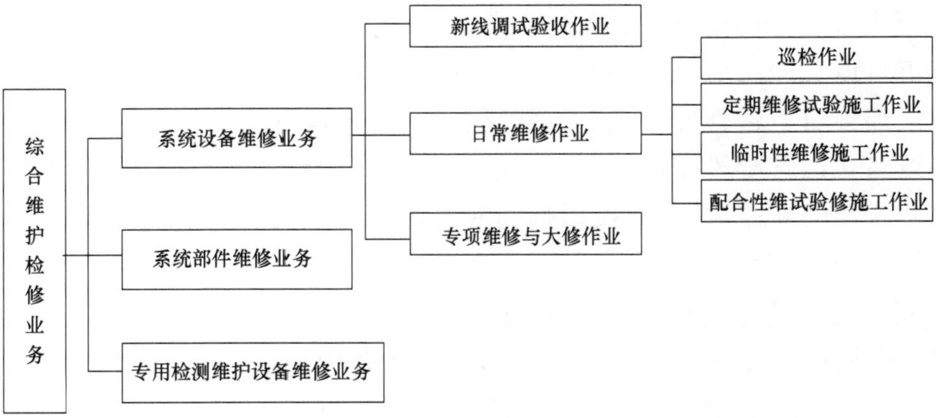

综合维护检修业务构成

物资保障管理业务：主要包括物资计划管理、采购管理、仓储供应管理、供应商管理四项子业务。

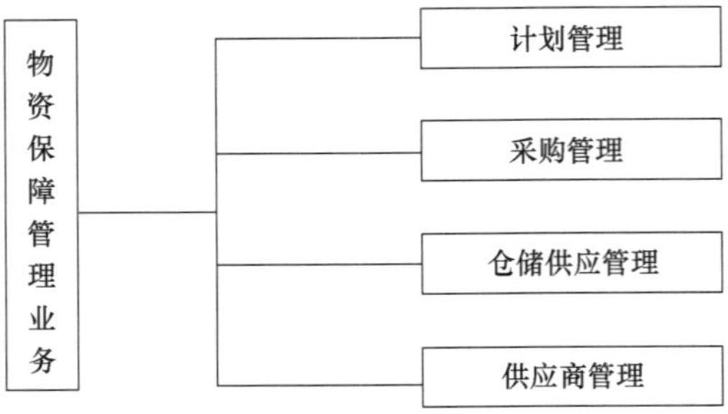

物资保障管理业务构成

6.2 网络化运营管理需求

经过早期阶段的快速建设，上海城市轨道交通网络运营规模迅速扩大，并逐步进入以大规模建设为主转变为以网络运营管理为主、从关注线路运行管理转向关注网络整体运行管理的新阶段。一方面，轨道交通服务范围不断扩大，已成为广大市民出行的主要交通方式。至2012年底，上海城市轨道交通全网日均客运量已达621万乘次，最高日客运量为754万乘次，全市18个区县中已有14个区通达城市轨道交通线路。另一方面，运营管理队伍不断壮大，业务内容不断丰富细化。上海申通地铁集团有限公司已形成由运营、调度、客运、票务、供电、机电、通信、信号、车辆、工务、物资等十多个专业两万五千余名员工组成的专业化分工合作紧密的运营管理团队。为应对日益繁重的运输任务和日趋繁杂的运营业务，上海城市轨道交通正逐步探索并实践网络化运营管理模式。

城市轨道交通网络的线网形态、运营格局、管理规模、业务体量、运营需求等诸多因素都会对运营管理模式产生深刻影响，其中运营需求是核心因素。

与线路式运营阶段相比，网络化运营阶段的运营管理业务增加了网络层面统一协调联动的新需求，将直接影响到网络运营管理模式的形成。

6.2.1 行车管理

1. 运营计划需进行网络层面协调

当城市轨道交通进入网络化运营阶段后，运营计划不仅仅局限于单线的运营时间和列车开行方案，还需要从全网角度对各线首末班车时间、换乘站服务能力等进行协调匹配，以提高整个网络的运营服务水平。

2. 行车调度需全网统一协调指挥

网络化运营阶段，由于客流规模大、枢纽数量多、结构关联性强，一条线路的运营延误往往会通过换乘站传递到邻近线路，需要对邻近线路及时采取行车组织调整措施以缓解本线客流压力。因此，有必要从全网角度对各条线路的行车组织进行统一协调，制定统一的协调原则和作业标准。

6.2.2　客运管理

1. 服务手段需更加智能高效

成网后的轨道交通，车站数以百计，如果仍沿用单线管理模式下的人工售票方式，售票员需将除本站外其余所有车站的票价牢记，这对车站客服人员来说难度太大。同时，网络内相同的起讫点，存在多条换乘路径，且不同换乘车站首末班车换乘时间也各不相同，车站客服人员也无法准确记住，很难应对不断增加的乘客询问量。因此有必要在网络化运营阶段推广使用全网统一的自动售检票系统、客服支持系统等智能高效的服务手段来提高客运服务水平。

2. 信息服务需采用多元方式

轨道交通新线开通、运能提升、重大节假日和重大活动的保障措施，以及发生运营故障或安全事件等都有可能引起社会的广泛关注，乘客迫切需要及时了解、掌握运营即时信息。因此，在网络化运营阶段中应更加注重以人为本，采用新闻、电视、广播、互联网站等多种方式及时向社会发布运营信息。

3. 换乘车站需集中统一管理

换乘车站数量多、换乘客流比重高是网络化运营的一个重要特征。在线路式运营阶段，换乘车站的两个或多个车站分属两条或多条线路管理，势必产生换乘车站多头领导、分散管理的现象，影响换乘车站的管理效率。因此，有必要采取集中统筹的管理方式，以节约人力资源、统一管理标准、提高管理效率。

6.2.3　票务管理

1. 票卡票制需规范统一

随着网络化运营的不断发展，乘客对不同轨道交通线路之间的“零换乘”以及其他交通方式与轨道交通之间无缝换乘的期望越来越高。为充分体现轨道交通“快速、便捷”的优势，在轨道交通票务管理方面，有必要采用全网统一的轨道交通票卡、全网统一的票价计费规则和全网统一的自动售票机操作界面，并对票卡和票制进行统一规范管理。

2. 票务清分需精细准确

网络化运营阶段，起点站和终站点之间可能具有多条换乘路径，换乘路径的不确定性对换乘客流详细统计、票款线路之间清分等增加了难度。为掌握网络客流的实际分布情况，提高客流分析准确性，有必要对乘客乘坐路径和换乘客流统计进行精细化处理，满足运营管理需要。

3. 票种样式需多样灵活

网络化运营阶段的客流总量虽然增长快速，但在时间和空间上具有分布不均衡的特点。为提升轨道交通的吸引力和竞争力，有必要丰富票种样式，使之更加贴合乘客实际应用需求，提升运营服务水准。

4. 票务系统需统一制式

国内外自动售检票系统（AFC）供应厂商的硬件标准、软件标准、接口规范等都未实现统一规范。随着运营线路数量的增加，标准不一致易导致不同制式设备系统之间功能互不兼容的问题。在网络化运营阶段，有必要对AFC系统的技术标准、接口标准等进行统一和规范，实现网络中各条线路AFC系统的功能统一，确保各条线路间AFC数据传递的互联互通。

6.2.4 维护检修

1. 维修管理需统筹协调，提升管理效率

网络化运营阶段，设施设备规模大、系统制式型号多，使得维修工艺趋于复杂，采取传统"单线、单专业、单技术团队"的维修方式，将会造成网络范围内同类型设备维修标准、操作规程、维修制度等方面存在差异，从而影响网络整体维修质量和管理效率。因此，有必要立足于网络成立相应的统筹协调机构，统筹不同专业、不同制式、不同设备、不同修程修制，制定网络统一的维修规程标准，实现对网络现场维修管理的统筹协调，有效提升网络维护检修管理的效率和质量，降低管理成本，适应网络化维护检修需要。

2. 设施设备需集中维修，充分资源共享

线路式运营阶段，设施设备维修主要采取分线维修方式，各条线路所辖车辆基地负责该线的设施设备维护检修作业。网络化运营阶段，采取分线维修方式，将受限于修程修制和维修能力的影响，使维修资源与人力资源配置过高，而维护检修设备的利用率过低，从而造成维修成本增加。因此，有必要采取组群化集中、区域化集中和网络化集中等集中维修方式，实现资源共享，优化维修资源配置，提高整体维修效率与水平。

3. 维修资源需集约配置，提供有力保障

设备维修规模的快速增长，仅依靠自主维修，需要储备大量维修人员和维修设备资源，并且维修技能培训周期较长，直接影响到整体维修质量和效率。因此，有必要充分依靠社会化专业维修资源，采取自主维修与委外维修相结合的方式，整合专业维修资源，实现维修效率、质量与成本的有机平衡。同时，针对接触网、钢轨、隧道、桥梁等直接保障列车安全运行的设施设备，立足于网络，配置大型专用检测维护设备，为全网提供专业化的检测维护作业，有效提升专业化维护水平，并提高设备利用率，发挥资源集约利用的效益。

6.2.5 物资保障

1. 物资采购需采取集中策略

网络化运营阶段，备品备件种类增多、规模增大，需要综合网络各条线路、各个车辆基地的维修作业需求，以及全网络同类备品备件和物资材料的采购需求和特点，统筹采购和储备策略，并采取集中采购的方式，充分发挥规模效应和集约优势，提高网络采购效率，降低采购的管理成本，从而保证备品备件采购实际成本与管理成本的共减，保障网络化维修作业的高效运行。

同时，有必要将网络备品备件结合技术属性、管理属性以及供应商特性进行采购特性划分，配置包括寄售、服务外包、资源落实协议等在内的多种采购策略，有效规避市场波动带来的采购风险，充分发挥策略性采购的效益。

2. 库存管理需采用集中方式

备品备件的仓储设施设置在车辆基地内，物理上处于分散设置状态。为保障各个车辆基地内维修作业的顺畅运行，各仓储设施均备足相应备品备件，造成总库存量过高，库存成本增加。网络化运营阶段，应能够掌控网络内所有仓储设施的库存信息以及网络外社会库和保税库的库存情况，通过信息化手段形成“虚拟总库”，实现集中库存管理。同时，应能够根据不同仓储设施内的备品备件使用需求，实现对网络内备品备件和物资材料的灵活调配，保证同类型备品备件在相应的仓储设施内保持相对均衡的库存状态，使网络内各仓储设施具备较为均衡的供给能力，在提高仓储设施的利用率、明显减少网络物流仓储面积的同时，更有效提升网络物流供给水平。

3. 配送资源需全网进行统筹

线路式运营阶段，各个车辆基地的备品备件往往按照线路配送方式运至维修现场供维修作业使用，需配置必要运输工具进行配送，对于部分偏远线路，运输距离和时间较长，配送成本较高、配送效率较低。网络化运营阶段，应采取区域化配送方式，根据备品备件供给计划，统筹全网络的配送资源，优化配送路径，充分利用运输工具的装载能力，制定科学合理的配送计划和配载计划，有效降低网络物流配送成本，提高配送效率。

6.3 目标要求

6.3.1 基本目标

网络化运营管理目标是实现运营管理的职责分明、流程合理、运转高效，以保证整个网络安全、可靠、高效运营。

职责分明：强调不同人员和组织机构的职责明确，确保不同管理业务以及业务流程上不同环节的管理界面划分清晰。

流程合理：强调能够结合不同管理业务的特点，通过流程再造与固化，提高管理效率，降低管理成本，使管理业务流程更为合理。

运转高效：强调在职责分明、流程合理的基础上，通过管理资源统筹利用、采用科学先进的管理手段等方式，确保管理绩效精良卓越、管理效率持续提升、管理效益经济合理。

6.3.2 建设要求

体系化：要求根据统一的运营管理目标，采取自下而上的方式，以业务流程为核心，按照端到端的方式进行梳理，将流程各个环节所涉及的岗位、作业要求、任务类型、接口要求等内容进行系统性统筹规划与设计，确保各项业务流程能够以最为合理的方式进行运作，生成各项业务的运作模式。

精益化：主要表现为精细专业、效益平衡、关键固化、持续完善。要求采用专业化发展的方式，实现技术与管理资源的优势整合，并强化对关键环节的精确、精准、精妙的精细化管理，追求精益求精；以实现安全、可靠、高效的人性化服务的社会效益产出为导向，追求经济效益与社会效益的整体平衡；明确运营管理关键绩效流程，进行流程固化，有效提升运营管理效率与质量；以追求卓越运营管理绩效为导向，通过建立循环优化完善的管理闭环，促进运营管理水平呈螺旋状态势持续提升。

特色化：要求综合考虑上海城市轨道交通网络的结构功能特征、网络化运营特征、客流特征、社会人文环境特征等，总结、提炼、拓展上海城市轨道交通运营管理中“人无我有、人有我优、人优我精”的部分，确保运营管理模式具有较为鲜明的上海网络特色。

6.4 管理策略

在网络化发展过程中，由于物理结构、服务对象、运行系统和运营管理业务四个方面发生变化，网络化运营特征明显不同于线路式运营阶段。因此，围绕网络化运营管理目标，结合网络化运营特征以及运营管理业务需求，需要制定一整套的网络化运营管理策略，即通过网络化管理、层级化管理、模块化管理、扁平化管理和专业化维修，全面提升运营管理绩效，确保网络系统良性运转。

6.4.1 网络化管理

网络化管理是指采取集中统一管理的方式，实现对呈现网络化运营格局的轨道交通网络系统进行管理，确保呈分散状态的车站、线路、专业系统、车辆基地等组成部分能够按照统一的规范标准进行运营业务运作，实现管理资源的优化整合，提升网络运营管理业务的运行效率和水平，充分发挥运营管理的网络化效应。

为适应物理布局呈现出的网络形态、网络客流增长态势迅猛、系统运行关联程度紧密的特征，采用网络化管理方式，通过网络集中、区域集中、组群集中的集中管理，依托标准化手段，制定统一业务运行规范标准、统一运营维护计划、统一资源配置要求，实现对网络运营管理资源的统筹协调与控制，能够充分发挥资源集约利用以及信息集中共享产生的效益，保障网络系统的高效运转。

6.4.2 层级化管理

层级化管理是指根据运营业务的纵向层次化特点，划分不同层级实现运营业务的端到端管理，形成层次化管理架构，实现界面清晰、层次分明、信息传递准确的管理要求，确保运营业务更为顺畅的运行，通过运营业务效率和质量的提升，带动整个网络系统运营业务的高效运转。

为适应运营管理业务纵向层次化特征，通过层级化管理，划分网络管理层、线路(段场)层和车站(现场)层，形成三层级管理架构，明确不同层级之间的管理界面，清晰运营管理业务之间的关系，能够实现管理资源的配置优化，提升管理信息传递效率，从而提高运营管理的总体效率与质量。

6.4.3 模块化管理

运营业务的模块化管理是指将复杂的网络运营管理业务体系划分成若干能够独立运行且又按照一定规则相互关联的业务模块，通过业务模块的独立运作和协同运作(模块的分解化和集中化)，完成网络运营管理业务体系的设计和整合，有效降低网络运营管理业务的复杂性和运作成本，加快创新步伐，进而提升网络业务运行的创新能力和竞争力，提高网络运营管理效率与效益。

为适应运营管理业务内容繁多、业务运作独立性强的特征，通过模块化管理，将业务划分成客运管理、行车管理、票务管理、维护检修管理、物资保障管理等模块，以业务模块为单位，鼓励创新，能够推进业务精深发展，提升各业务模块的运作水平。同时，建立一套协调联动机制，确保各业务模块协同、高效运作，可以有效减少条线分割，获得良好的运营管理绩效。

6.4.4 扁平化管理

扁平化管理是指通过减少管理层次、精简职能部门和机构，根据分权授权使相应管理权延至运营服务、维修保障的现场操作层，以增加管理幅度代替增加管理层次的方式，这符合组织精简高效的现代企业管理发展趋势。

为适应网络规模体量持续增加、运营管理业务纵向层次化的特征，通过扁平化管理，适当增加管理幅度，尽可能减少决策层和操作层之间的中间管理层级，形成扁平化的组织结构以代替传统金字塔状组织结构，能够有效提升信息传递的效率和准确性，从而提高管理效率、降低管理成本，解决传统金字塔状组织结构在实际运行过程中存在的诸多问题和矛盾，保障网络系统的高效运转。

6.4.5 专业化维修

专业化维修主要是指根据车辆、供电、信号、通信、工务等不同专业系统的差异，划分不同专业维修领域，集中管理资源，成立相应的专业维修组织机构，依托专业化人才、专业化工艺、专业化制度，促进各专业维修领域维修绩效的快速提升，从而带动网络整体维修绩效的持续提高，确保各类设施设备处于良好的工作状态。

为适应设施设备数量多、系统制式类型多、维修工艺复杂多样的特征，通过专业化维修，走专业促发展之路，推动车辆、供电、信号等专业系统维修的专业化进程，能够实现专业资源的合理配置，促进网络整体维修养护质量、效率的有效提升，保证设施设备安全、可靠运行。

第 7 章 网络运营管理模式与架构

相对国外发达国家，城市轨道交通在我国发展起步较晚，对于运营管理尚未形成较为成熟的模式，没有现成的经验可以借鉴，如何对这一涉及广大公众利益、复杂的公共交通运输系统实施安全而有效的管理，是摆在轨道交通建设者、管理者面前的一道难题。

为应对网络化运营所带来的新需求、新问题，上海城市轨道交通运营管理应依照网络化运营管理发展策略，以“统一协调指挥、层级化管理构架、组群化运营组织、专业化维护保障、模块化扁平化”为发展特性，按照“特色化、体系化、精益化”的要求建立和完善轨道交通网络化运营管理模式，保障各项网络运营管理业务的有序、高效运转。

7.1 网络运营管理模式

7.1.1 集中式协调控制

集中式协调控制，一方面注重管理权限的集中约束，确保计划指令的可靠落实；另一方面也注重协调管理，积极理顺各系统、各专业、各部门的管理流程，确保计划指令的顺畅通达，实现对行车、客运、票务、维护检修、物资保障等业务的高效管理，实现管理资源的合理配置，充分发挥出网络化效应，有效提升管理效率与管理质量。

例如，在维护保障管理业务上，集中式协调控制主要表现为维修施工计划的统筹协调、关键设备部件的集中维修、委外维修作业的统筹协调、物资备品备件的集中采购、网络虚拟总库的集中管理等方面。其中，维修施工作业主要体现出统筹协调的特点，由网络维护保障中心综合协调部门对维护专业公司的维修施工申请计划进行协调，制定出网络维修施工计划，维护专业公司根据维修施工计划在线路和车辆基地内实施具体的维修施工作业，物资公司则根据维修施工需要，调配物资仓库中的备品备件，及时供应至维修施工现场，保障维修施工作业的顺畅运行。

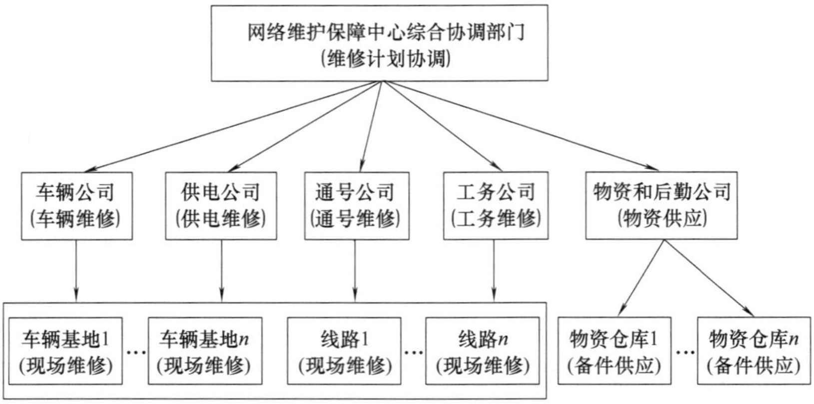

网络维修施工的统筹协调

7.1.2 层级化管理架构

在网络化运营阶段，轨道交通网络的管理架构呈现出层级化的特点，主要表现为三层运营管理架构和三级维护保障管理架构。

在运营管理方面，形成了由网络管理层、线路控制层和车站执行层构成的三层管理架构。网络管理层主要立足于网络，在网络层面对各条线路的运营组织管理业务进行集中管理和统一协调，形成规范的运行标准，实施主体是网络运营协调部门。线路控制层主要立足于线路，对线路所辖的各座车站的运营组织管理业务进行具体控制，确保各条线路运营组织管理业务的正常运行，实施主体是线路控制中心（OCC）。车站执行层主要立足于车站，对线路控制层发出的管理指令进行响应执行，并按照规范的操作标准，进行车站层面运营组织管理业务的具体操作，直接面向乘客提供高质量运营服务，实施主体是车站。

在维护保障管理方面，形成了由网络级、系统级和现场级所构成的三级管理架构。网络级主要立足于整个网络系统，直接对所辖的各专业维护公司的维护保障作业进行统筹协调和统一管理，制定规范化的维护保障规程标准，实施主体是网络维护保障中心。系统级主要立足于各专业系统，直接进行网络相关专业系统的维护保障管理工作，负责制定维护保障计划、合理配置专业资源、提供维护保障技术支持、明确维护保障作业要求、监管维护保障作业质量等业务，实施主体是各专业公司。现场级主要立足于线路、车站与车辆基地，按照维护保障规程要求，根据维护保障计划，在维护保障现场进行具体的维护保障作业，使各专业系统设施设备处于良好的技术状态，实施主体是维修作业现场。

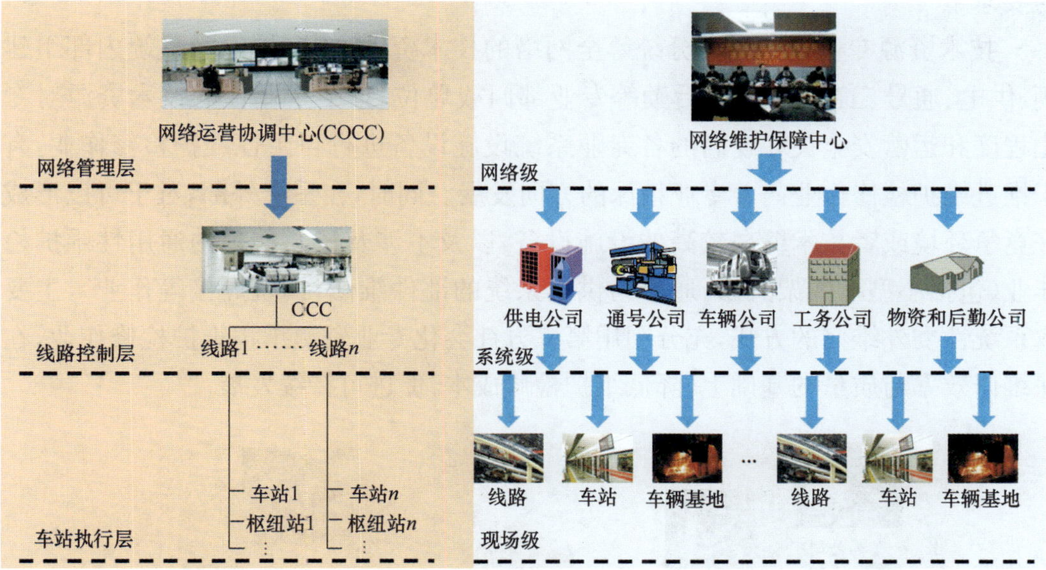

层级化的管理架构

7.1.3 组群化运营服务

为适应轨道交通网络管理规模和跨度逐渐扩大的特点，上海采取了组群化运营服务的管理方式，通过负责行车调度的线路控制中心(OCC)和负责客运组织的运营公司的组群集中设置，实现网络客运管理与行车调度业务的组群化管理，有效提升网络运营服务的效率与质量。

在客运管理方面，遵循“线路发展延续性、线路关联紧密性、线路规模均衡性”原则，根据网络运营格局特点，可组建若干运营公司，每个公司运营多条线路。一方面，能够使得各运营公司的业务规模得到合理控制，具有足够能力和资源开展运营服务业务，推进精细化管理；另一方面，也能够使各运营公司形成局部竞争、相互促进的局面，共同提高运营服务质量，推动网络化运营服务总体水平的持续提升。

在行车调度方面，根据轨道交通网络远期规划，并结合不同线路走向特点，可按照组群化调度控制方式设置线路控制中心。每一处线路控制中心负责若干联系较为紧密线路的行车指挥与调度作业，在发挥资源共享同时，也利于关联线路之间的运营协调。

7.1.4 专业化维护检修

面对网络化运营阶段“维护保障规模大、维护工艺复杂”等特点，通过对维护保障资源进行优化配置和整合，以及对维护检修核心业务流程进行再造固化，依托技术资源专业化、管理方式专业化、设备资源专业化，强化维护检修的专业化和系统性，将能够持续提升维护检修的效率、水平与质量，适应网络化维护检修的要求。

技术资源专业化是指充分统筹全网络的技术资源，在维护保障系统内部组建车辆、供电、通号、工务、物资与后勤等专业部门或单位，集中专业性的技术资源对专业化程度和运营安全关联度高的各专业系统设施设备进行自主性维护检修作业，有利于推进维护检修作业向着专业精深的方向发展。同时，在系统外部，对于可以形成较好竞争环境或者技术壁垒较高的设施设备，以及不涉及核心技术的通用性维护检修作业（包括小型车的架大修，通号与供电系统的部件维修，钢轨焊接等作业），主要采取系统性委外维修的方式，充分利用第三方社会化专业资源承担维护检修作业，在确保维修效率与质量的基础上，降低维护检修成本，促进可持续发展。

维护检修技术资源专业化

管理方式专业化是指立足于网络，针对不同专业系统设施设备的维护检修作业特点和性质，采取标准化方式，推进维护检修作业的集中统一管理，由维护保障中心进行统筹协调，制定统一的维修技术规程、操作规程，确保各条线路、各座车辆基地进行规范化的维护检修作业，保证网络维护检修作业水平，提升设施设备的安全可靠性。

设备资源专业化是指对于维护检修作业精度、效率、准确性要求高，且难以通过人工维护检修方式满足要求的设施设备，引入专业化的专用检测维护设备，包括应用于各条线路专业系统维护检修作业的不落轮镟床、轮对压装机、转向架静载试验台、架车机、工程车、继电器测试台、转辙机测试台、电磁场检测仪、气压焊接机等专用检测维护设备，以及应用于整个网络维护检修作业用的轨道检测车、钢轨探伤车、钢轨铣磨车、隧道清洗车、隧道检测装备、钢轨焊接车、弓网检测车、桥梁检测车等大型专用检测维护设备，保障维护检修作业的高质高效。

7.1.5 模块化业务管理

在网络运营管理业务规模快速扩大的情况下，为有效提升管理效率以及管理水平，采用模块化的管理方式，将运营管理业务划分为运营组织业务、维护保障业务两个业务模块。每个业务模块又划分若干子模块。由于这些功能模块在专业划分和业务管理上具有较强的独立性，使每个业务模块都保持独立或半独立的状态，能够独立设计进行业务运作，产生模块之间的竞争，促使各个模块主动推动创新，加强自身建设。同时，模块化管理方式还能够根据运营管理的需要通过添加、拆分、整合、转化、扩充等“模块化的操作”改变业务模块的功能，提高各模块业务管理水平和适应能力。此外，设定一套完善的规则和制度，使这些业务模块能够协同运作，更好地完成各项轨道交通运营管理业务。

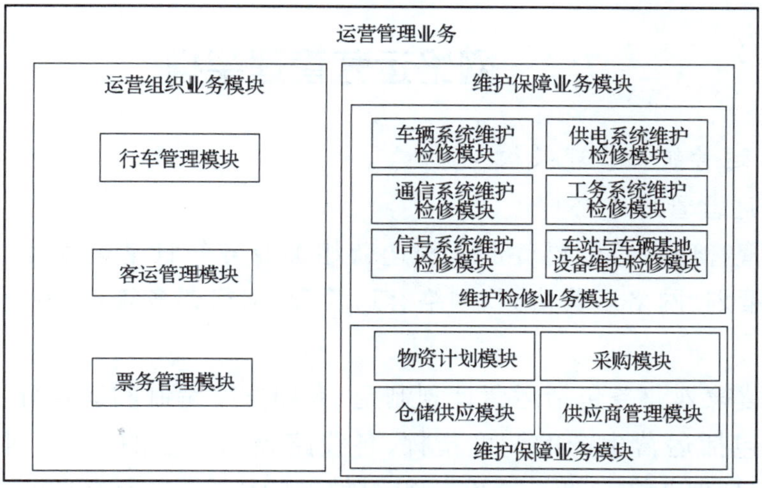

运营管理业务模块的划分

7.1.6 扁平化组织机构

在组织机构设置上，由扁平化组织结构形式替代传统金字塔的多层级结构形式，形成“2+*N*”的运营维护组织结构形式。“2”是指一家网络运营管理中心和一家网络维护保障中心。“*N*”是指若干家运营公司以及车辆、供电、通号、工务、物资和后勤等多个维护专业公司。

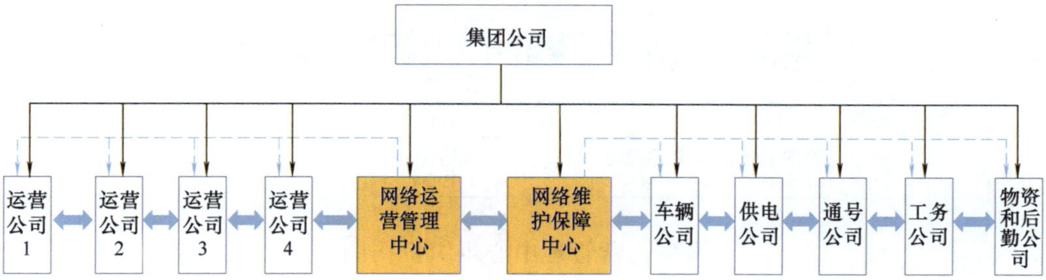

扁平化组织机构

在机构运行方面，采用网络运营管理中心和网络维护保障中心直接统一协调管理的方式，通过对各项业务、各项职能的统一协调，为管理信息的高效准确传递、管理手段的高效落实提供保障，明显提高运营管理效率。同时，采用“2+N”的组织结构形式对运营维护业务管理控制也更加灵活，赋予下属机构更大的自主性，推动下属机构的积极性和创造性。由于扁平化的组织形式增加了管理幅度，对各家运营维护机构的监督难度有所提高，且各运营维护机构在职能设置上处于平级，相互之间协调难度也有所增加。面对监督与协调难度增加的挑战，可采取“强化协调联动”的方式，根据运营业务流程，划分平级机构之间的管理界面，并建立一整套协调联动机制，制定相关的规章制度，促进平级机构之间的协调联动，从而保障运营维护组织机构的高效运转。

7.2 网络运营管理架构

7.2.1 运营组织管理架构

1. 网络运营管理中心

网络运营管理中心主要负责全网运营相关业务的日常策划和监督管理，包括网络运营策划、网络运营协调、网络客运管理、网络票务管理、网络安全管理等主要业务。

网络运营策划业务包括运营计划制定、专项方案编制和运营分析等；网络运营协调业务包括运营生产的调度指挥、各线路控制中心的协调、网络应急处置等；网络客运管理业务包括日常客运组织方案的协调、运营信息的查询与发布、网络服务热线接听与处理、服务质量管理、服务设施设备管理等；网络票务管理业务包括票务清分管理、AFC 系统管理、监督管理、数据管理、票卡管理和设备管理等；网络安全管理业务包括网络层面的日常安全管理、运营安全事件审查、轨道交通监护工作等。

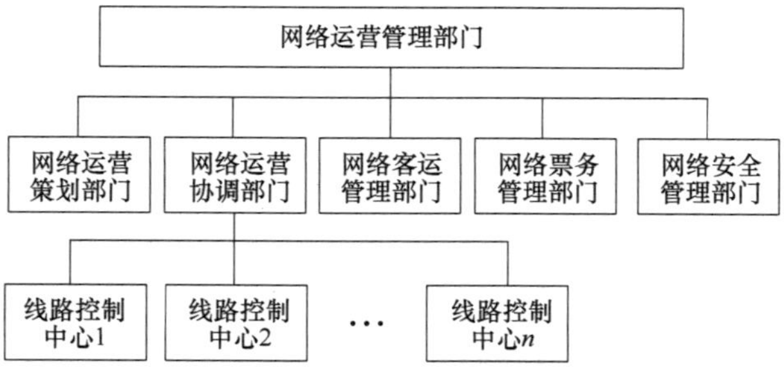

网络运营管理中心组织机构图

2. 运营公司

运营公司主要负责管辖线路的行车组织、乘务管理、客运管理、票卡票款管理、管辖设备维护管理以及线路层面的安全与应急管理等业务。

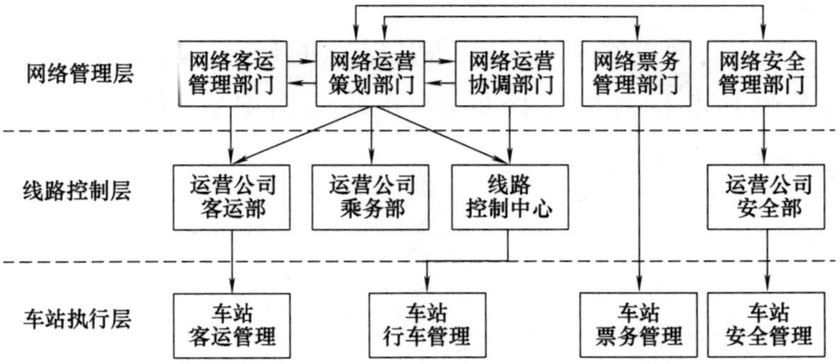

运营组织业务三层管理架构示意图

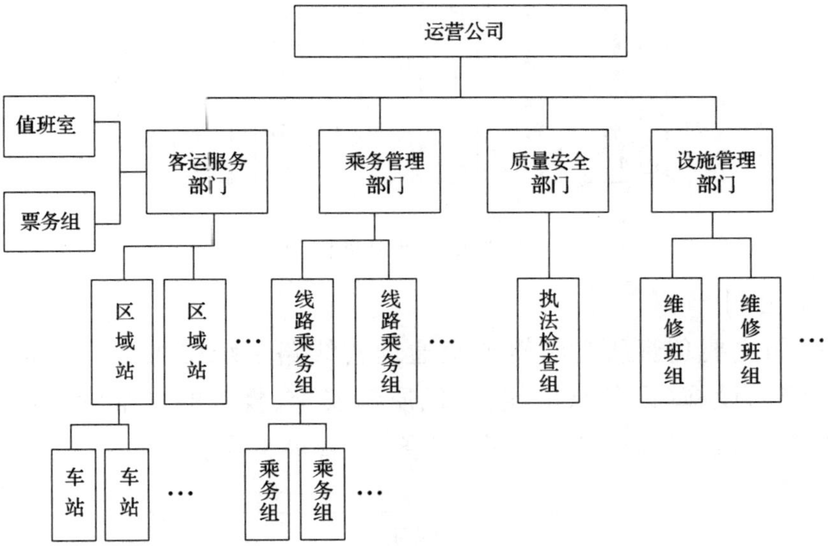

运营公司组织机构图

7.2.2 维护保障管理架构

1. 网络维护保障中心

网络维护保障中心主要负责网络运营设施设备运营安全与质量总体管理，主要涵盖设备维修、夜间施工计划管理、设备运行状态分析、新线介入等业务，并承担车辆、供电、通号、工务四大专业设备日常管理和维护保养等协调性业务。

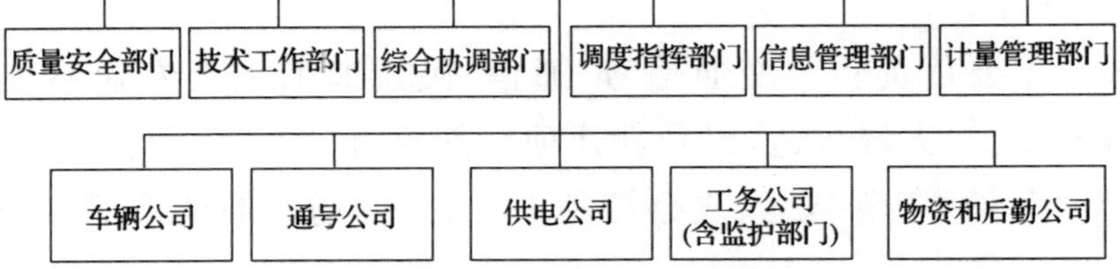

网络维护保障中心组织机构图

2. 车辆公司

车辆公司主要负责电客列车、轨道工程车的购置、调试与验收，车辆的日常维护与维修，车辆核心部件的维修保养，正线运营电客列车的调配与保障，以及相关设施设备管理等工作。

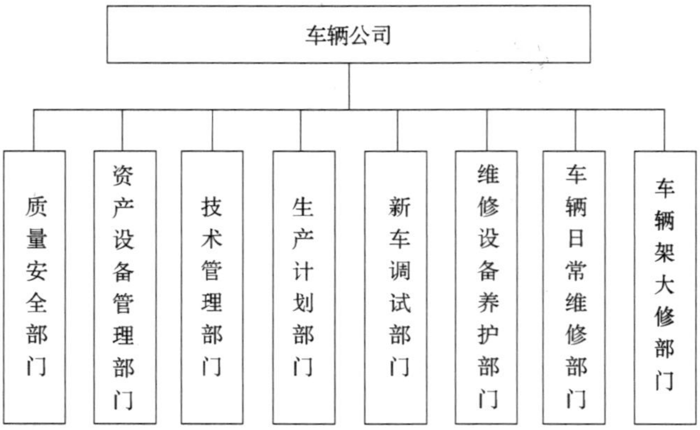

车辆公司组织机构图

3. 供电公司

供电公司主要负责所管辖轨道交通运营线路系统中供配电设备、接触网设备、监控系统的设施（设备）、电能计量、质量安全、督查的日常管理，承担设备运行、维护保养、临修、抢修、新线设施（设备）接管等工作。

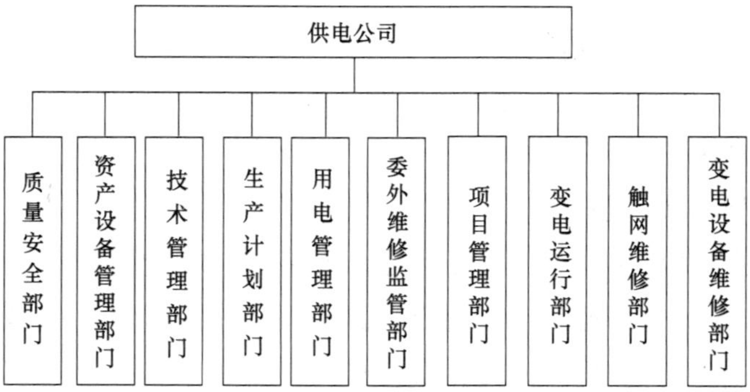

供电公司组织机构图

4. 通号公司

通号公司主要负责轨道交通信号、通信、民用通信三大专业系统的故障处置、设备检修、维护、大修改造，以及新建项目的执行、国产化及科研等业务，承担城市轨道交通车站、车辆基地、线路控制中心、办公场所的通信信号系统设备的维护与保障等工作。

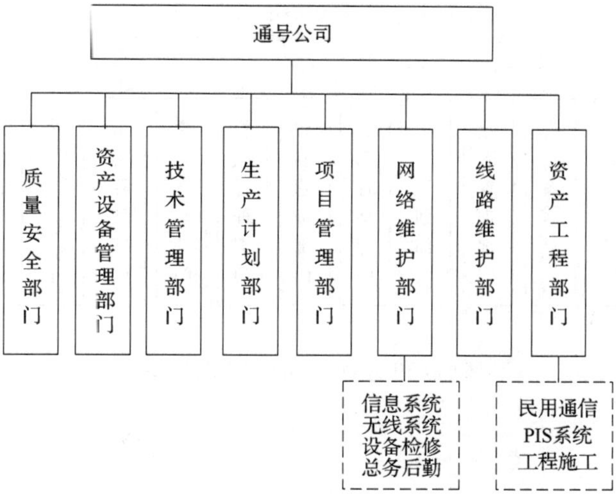

通号公司组织机构图

5. 工务公司

工务公司主要负责轨道交通轨道、隧桥、车辆基地和控制中心建筑结构以及各类相关附属设施的检查、安全评估、养护、维修、应急抢修、结构保护、安全保护区监护、新线运营接管等工作。

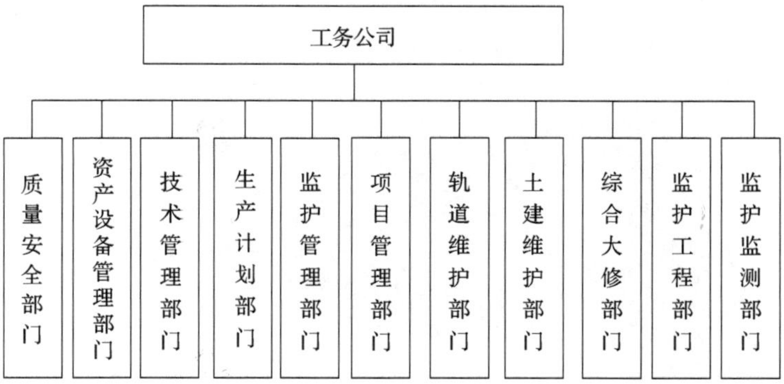

工务公司组织机构图

6. 物资和后勤公司

物资和后勤公司主要负责车辆基地(包括控制中心)物业、房建、绿化、基地车站保洁和四害防治、防台防汛、消防保卫、后勤服务、机动车等管理,以及运营生产物资的供应管理工作,包括物资计划管理、采购管理、仓储供应管理等业务。

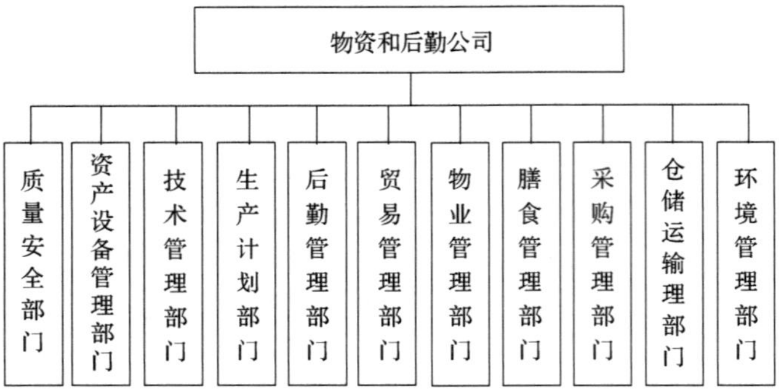

物资和后勤公司组织机构图

第8章 运营组织管理

8.1 行车管理

8.1.1 管理思路

行车管理基于“计划统筹协调、线路集中控制”的理念，以满足各线高效运行、各线之间运营协调有序的需求，着力实现全网协调管理以及各线控制中心统一指挥的目标，确保列车运行安全。

8.1.2 主要业务

1. 运营计划

运营计划是城市轨道交通日常行车组织的基本依据。在城市轨道交通网络化运营阶段，运营计划的业务内容不仅涵盖线路层面的列车运行图编制等业务，还涉及网络层面的网络衔接方案编制、网络开行方案编制以及网络专项运营方案编制等业务，并需满足全网各线首末班车衔接、各线运营协调的需求。

1)网络衔接方案编制

网络衔接方案主要指最大程度优化网络各线之间首末班车换乘衔接需求，并对网络各线首末班车时间进行确定的过程。网络衔接方案编制工作先于各线路行车计划编制，是制定网络运营计划的基础。

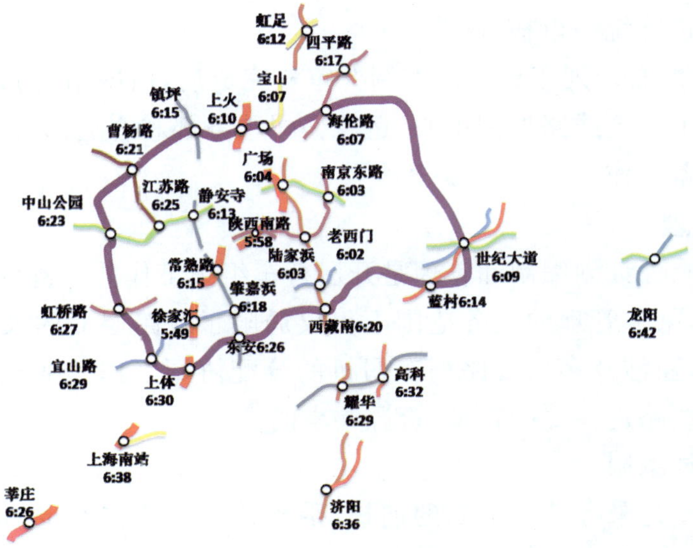

2)网络开行方案编制

网络开行方案指结合历史网络客流分布情况、线路信号折返能力、可供上线车辆数、列车定员数、线路基础结构条件、新线开通影响等因素,合理确定全网各线列车交路、停站方案、运行间隔。网络开行方案是制定全日行车计划和编制列车运行图的前提。

3)网络专项行车方案编制

针对重大节假日和大型活动等可能存在大客流的特殊情况,网络运营策划部门需协同线路控制层做好预判,制定网络专项行车方案:即根据客流出行特征,对特定时段、特定线路和特定区段编制专项运营计划,明确线路用图情况、备车情况等。网络专项行车方案通常与客运方案、票务方案、设备保障方案等形成整体的专项运营组织方案。

4)列车运行图编制

列车运行图编制指结合网络开行方案所确定的列车开行方案、区间运行时分、停站标尺等信息编制各线路的列车运行图。输出内容包括各运营线路的具体时刻表、车底周转方案、列车停站股道方案等。同时,列车运行图编制时必须保证列车行车安全、进路安全,并最大程度满足各区间预测运量的需求。

网络化运营阶段的列车运行图编制业务流程如下:

① 运行图准备。由网络运营策划部门对各线的开行方案、可提供的车辆运用数、区间运行时分等基本编制要求进行明确。

② 运行图编制。线路控制中心按照网络运营策划部门下达的总体要求,进行运行图的具体铺画工作。

③ 运行图审核。线路控制中心编制完线路列车运行图后,由网络运营策划部门对运行图进行统一审核、修改。

④ 运行图发布。列车运行图编制并审核完成后,由网络运营策划部门提前一周时间统一下发至线路控制中心、运营公司乘务部和客运部,以便各运营公司做好培训和准备工作。

2. 乘务管理

合理进行乘务计划编制和管理是开展行车组织工作的关键内容之一。在网络化运营阶段,乘务管理的业务范围不仅仅局限于线路层面的乘务计划编制和日常管理工作,还涉及多条线路列车司机的分配协调工作。乘务管理需满足运营公司对多条线路进行集中管理、资源共享的需求。

1)乘务计划编制

列车运行图是乘务计划编制的前提,乘务计划一般在确定的列车运行图的基础上,根据车底周转方案和时刻表制定列车司机的出乘计划,主要业务流程如下：

① 运营公司根据列车运行图安排，确认各条线路所需的运营列车总数，包括上线列车和备用列车。

② 车辆公司根据运营列车数的需求，安排行车辆检修计划，并为线路运营公司提供可用列车。

③ 运营公司结合车辆公司提供的可用列车数等因素，编制次日用车计划；并按照列车的出车顺序以及当日执行的列车运行图编制车场接发车计划；最后结合运用车辆和乘务人员制定列车司机出乘计划。

2)乘务日常运作

乘务日常运作是乘务管理的日常业务，主要根据乘务计划安排具体业务。业务内容按作业顺序包括司机报到(换班)、检车、发车作业(出场)、进入正线、列车运行、接车作业(入场)、列车回库。

3. 调度指挥

调度指挥是日常行车组织的指挥中枢，承担着组织列车运行、确保行车安全、完成乘客输送、实现列车运行图的重要职责。网络化运营阶段，调度指挥的业务内容不仅涵盖线路层面的日间行车指挥(含正常和非正常条件下)和夜间施工指挥等业务，还涉及网络层面多条线路间行车调度的协调指挥业务，满足全网各线协调联动、统一指挥的需求。

1)日间行车指挥

根据运营状态不同，日间行车指挥可分为正常情况下的行车指挥和非正常情况下的行车指挥。其中，正常情况一般为列车运行无重大延误、设备运行状态正常、车站客流没有大波动的运行状况。正常情况下的调度指挥主要职责是监控列车运行状态。调度指挥采用网络管理层、线路控制层和车站执行层的层级化管理架构，正常情况下各层面的行车指挥业务内容如下：

①网络管理层：网络运营协调部门负责对全网所有列车运行及设备状态进行监控。

②线路控制层：线路控制中心负责对所管辖线路的列车运行状态进行监控，按列车运行图组织行车。

③车站执行层：车站行车值班员对车站客流变化与列车到发状态进行监控；列车司机根据运行图计划驾驶列车运行。

2)夜间施工指挥

夜间施工指挥主要包含施工计划审批和施工实施组织两大业务。网络化运营阶段，施工计划审批业务不仅是单线计划申请和审核，而需要从全网角度统一考虑，合理配置资源，以提高夜间施工的效率。

①网络施工计划审批

施工申请：施工方向网络运营协调部门进行施工计划申报、申请。

施工审核：网络运营协调部门接收申请后，会同线路控制中心进行施工计划编制，生成一周通告及当日通告。

施工实施：线路控制中心根据施工计划，组织本线路范围内的施工。

抢修施工计划：线路控制中心根据每条线路的实际情况以及突发事件的类型对当日施工计划进行修改。

②施工实施组织

施工实施组织主要发生在线路范围内，具体业务包括任务布置、调度放点、施工过程、施工销点等。

4. 运营分析

运营分析是日常行车组织的一项重要工作，承担着总结行车组织效果、提升运营管理水平的任务。在网络化运营阶段，运营分析的业务内容不仅指单条线路的行车数据统计和行车质量分析等业务，还涉及网络层面所有线路与行车相关的指标统计与分析业务，以满足运营管理者对网络行车组织管理水平及时把握、决策支持的需求。

1)行车数据统计

行车数据统计是每天必须完成的基础性工作，一般由线路控制中心行车调度员完成，每天固定时间统一汇总给网络管理层的相关部门，数据指标主要包括开行列次(计划/实际)、加开列次(载客/空驶)、中途折返列次、运休列次、运营里程、晚点事件、清客事件、救援事件等。

2)行车质量分析

行车质量分析主要由网络管理层相关部门完成，包括运能运量匹配性分析、行车质量分析和运营生产报表制作三类业务。

① 运能运量匹配性分析：基于断面小时客流数据，计算各线路断面拥挤度，评价运营计划的合理性，为行车计划的调整作辅助决策。

② 行车质量分析：重点关注晚点、清客、救援等事件，通过各类数据指标分析，并对比绩效考核指标，对各运营单位预警提示。

③运营生产报表制作:主要包括网络运营生产日报、周报、月报等。

8.1.3 管理模式

1. 采用三层管理架构

网络管理层的网络运营协调部门负责全网各线路行车的协调管理;线路控制层的各线路控制中心负责各线路的行车调度指挥;车站执行层的列车司机和行车值班员负责行车指令的现场执行。采取"网络、线路、车站"这种三层管理架构,管理界面清晰、职责分配明确、业务流程顺畅,从管理层级方面为整个网络的安全、高效运行提供了保证。

2. 网络层面进行统筹协调管理

在计划层面,由网络管理层的网络运营策划部门负责对全网各线运营计划进行统一协调,编制协调原则,制定具体要求,并负责对列车运行图的审核;线路控制层的各线路控制中心负责对各线具体列车运行图的编制和执行。

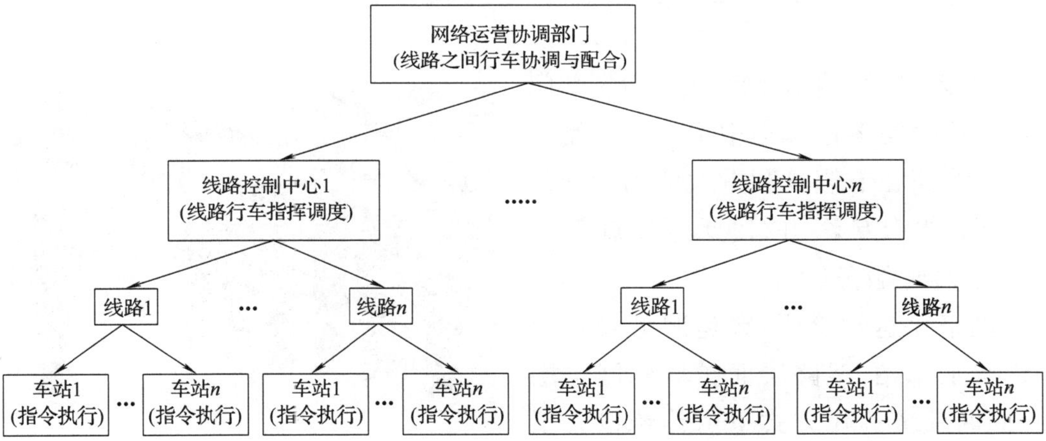

网络行车调度集中控制与协调的示意图

在执行层面,由网络管理层的网络运营协调部门对线路行车进行协调管理。一旦一条线路发生故障而需要其他线路进行协调配合时,通过信息化手段及时将故障及客流信息告知网络管理层,由网络运营协调部门对邻线控制中心进行协调,采取相应措施缓解故障线路故障区段的影响程度。

8.2 客运管理

8.2.1 管理思路

基于"贴合乘客需求、丰富信息手段、打造品牌服务"的理念进行客运管理,以满足全网客流时空分布不均衡、乘客服务要求差异化、换乘站管理复杂、运营信息获取便捷化等特点与需求，实现服务标准统一制定、换乘车站的集中管理、全网信息及时发布的目标，不断提升客运服务水平。

8.2.2 主要业务

1. 客运组织管理

网络化运营阶段，客运组织管理业务内容不仅局限于本线各车站的客运组织工作，由于网络结构复杂、换乘客流量大等特点，还需要从网络层面统筹考虑全网各换乘站和各线路的客运组织方案，以满足均衡网络客流、分担客运压力的需求。

1)网络客运方案编制：根据网络客运组织协调配合的实际需求，考虑新建线路的影响，网络客运管理部门制定全网客运组织的统筹协调方案；运营公司客运部根据协调方案完善各线及换乘站的客运组织方案并组织现场实施。

2)日常组织协调：根据网络运营策划部门和协调部门提供的全网运营计划和客流预测数据，运营公司客运部完成各车站的日常客流组织及协调工作。

3)专项方案编制：网络运营策划部门协同运营公司客运部集中策划和编制各条运营线路在节假日和重大活动期间的专项客运组织方案，并组织现场实施。

2. 客运服务管理

网络化运营阶段，客运服务管理业务内容从车站、线路层面扩展到网络层面，同时业务运作方式也由传统以人工在站台、站厅服务为主的方式向采用多媒体信息技术为主的方式进行转变，从网络层面建立全网运营信息的查询和发布平台，更好地满足乘客对各类运营服务信息的主动查询和被动告知需求。

1)运营信息查询服务：通过城市轨道交通的服务热线信息化系统、车站服务中心客服支持系统、车站查询终端、车站 PIS 等方式，为乘客提供网络运营信息的查询服务。网络运营信息包括指票价、路径、车站布局、首末班车时刻表、公告、广播、网络各线拥挤情况、线路运营状态、应急信息等。

2)运营信息发布服务：通过城市轨道交通运营企业内部的多种媒体平台(电视广播直播、官方微博、APP 移动终端应用、邮件定制及运营信息专网等)和外部新闻媒体，及时向公众发布网络运营信息，满足社会(乘客、媒体)与企业之间的沟通需求，以更好地维护社会与企业的公共关系。

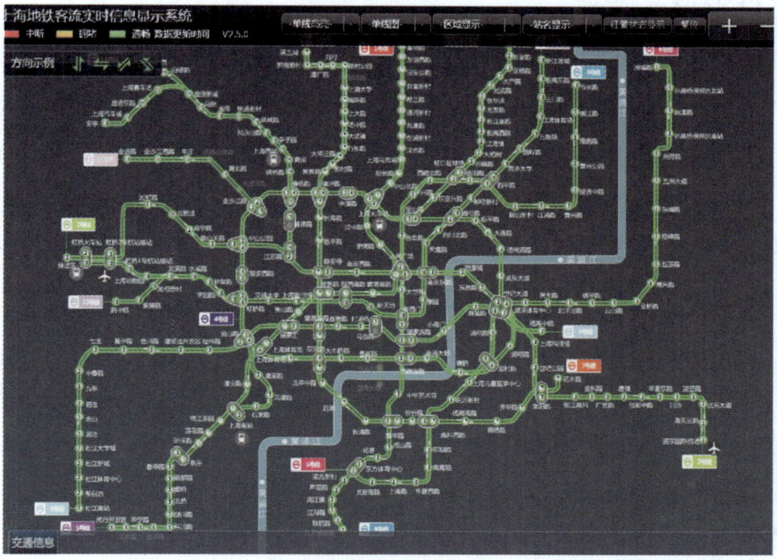

3）轨道交通热线服务：网络服务热线处理寻人、失散、遗失、招领登记等工作，接受市民或乘客的咨询、建议、投诉；同时接受轨道交通官网、交通局热线、消保委热线、12319 等网站、电话投诉等多渠道监督。

3. 服务质量管理

1）标准规范管理：由网络客运管理部门负责，与运营公司客运部统一制定运营服务有关工作标准和服务规范，提高服务水平，提升企业形象。

2）满意度管理：由网络客运管理部门组织开展对乘客满意度指数的测评、分析、统计等工作，并持续改进。

3）窗口服务管理：由网络客运管理部门组织开展窗口服务质量检查、评比工作，定期对各线客运服务质量进行分析评价，组织制订纠正预防措施，并督查落实情况。

4）事件分析管理：由网络客运管理部门负责，与运营公司客运部共同对重大服务质量事件进行分析，提出纠正预防措施，并对措施的实施效果进行跟踪。

4. 服务设施设备管理

1)管理办法落实:由网络客运管理部门负责,与运营公司客运部统一制定完善各类标志(导向)、车站和列车广播等运营服务相关设施设备的管理办法,现场落实。

2)改造方案审核:运营公司客运部制定客运服务设施设备布局改造方案和辅助设施设备加装方案,对客流流线组织的关键点进行技术攻关,充分挖掘设施设备能力;网络客运管理部门对改造方案进行审核。

3)环境管理:由网络客运管理部门负责,与运营公司客运部统一编制车站环境卫生的作业标准与要求,确保车站环境整洁舒适。

4)广播词管理:由网络客运管理部门负责,与运营公司客运部统一编制车站、列车广播词,审定内容,现场灌录、实施。

8.2.3 管理模式

1. 采用"1+N+M"的架构形式

在客运管理上采用"1+N+M"的架构形式。由网络管理层的网络客运管理部门编制统一的管理标准,并负责各条线路间客运业务的协调及监督;N 个运营公司作为客运业务的管理实体,分别承担网络内 M 条线路的运营管理。同时,N 个运营公司在客运组织管理、客运服务品牌创建、人性化服务等方面逐步形成适度的良性竞争。

2. 区域集中控制的管理方式

客运服务管理具有区域集中控制的特点。网络客运管理部门对各运营公司的客运服务标准进行协调,制定网络层面统一的客运服务标准。各运营公司按照网络客运服务标准对所辖线路实施客运管理,并采取区域化管理方式,将网络划分成多个区域,设置区域站长对所辖的多个车站进行统一管理。各座车站设置值班站长,接受区域站长的监督与管理,组织车站工作人员,共同开展所管辖车站的具体客运管理工作。

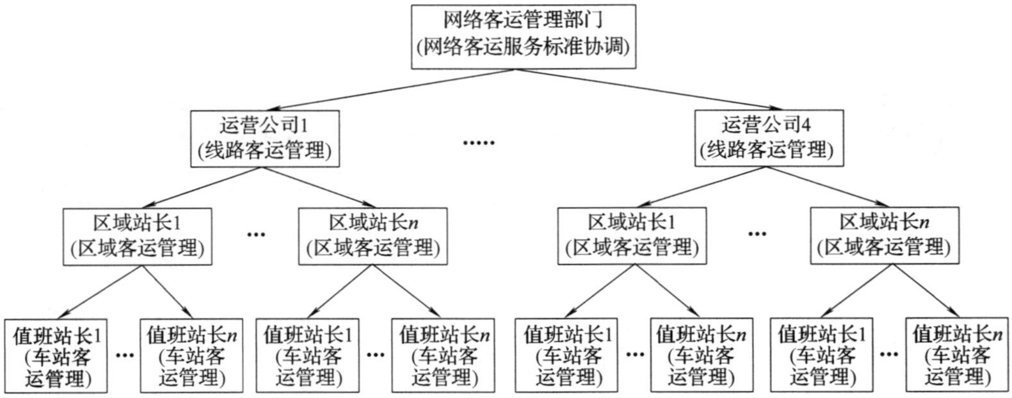

客运服务区域集中控制的示意图

3. 采用"乘客自助＋服务中心"模式

在车站客运服务上采用"乘客自助＋服务中心"模式。车站内设置足够数量的自动售票机、自动充值机、乘客电子查询系统等设备，乘客可以通过自助方式使用这些设备自行获取部分服务；同时，服务中心利用智能化的客服支持系统统一为乘客提供补票、问路查询、寻找失物、交通卡充资、移资和修卡等服务。

4. 对换乘站实施一体化管理

在换乘车站采用"车站客运隶属一个运营公司"的一体化管理模式，即该换乘车站的所有车站客运业务均由一个运营公司管理，有效实现"人员精简、管理高效、服务规范、应急处置快速有效"的管理目标。

5. 建立"1＋6"网络运营信息发布系统

上海城市轨道交通在国内创新性地建立起"1＋6"网络运营信息发布系统，为乘客提供"全方位、多元化"的运营信息服务，以体现"以人为本"的服务宗旨。"1"是指轨道交通全网的客流信息实时显示系统（TOS 系统）；"6"是指车站车厢移动电视、车站广播及出入口 LED、轨道交通广播电台、车站乘客服务信息系统（PIS）、广播、地铁官方网站、短信平台六个方面信息服务。

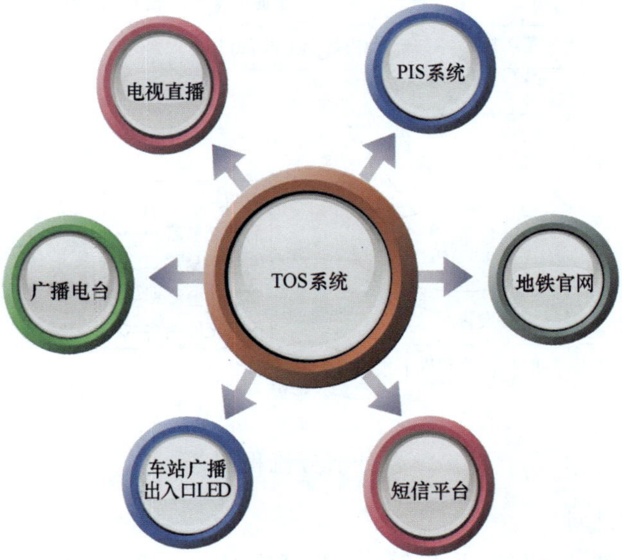

8.3 票务管理

8.3.1 管理思路

基于"一票换乘、精细统计、标准统一"的理念进行票务管理，以满足乘客对于票务便捷服务的需求和运营主体对于客流数据进行统计分析和深度挖掘的需求，实现全网票务统一管理和客流信息的精准掌握，不断提高票务管理水平。

8.3.2 主要业务

1. 票务清分管理

票务清分管理是网络化运营阶段新增的一项网络层面的管理业务，包括清分规则的制定和调整、票务清分工作的开展等，目的是将全网乘客乘坐路径信息分配到各线各站，以满足客流信息的统计和票卡票款的管理需求。

1）清分规则的制定和调整：网络票务管理部门在分析运营网络结构的基础上，以路径最短或时间最短为原则，结合乘客习惯性实际出行路径进行适当调整，设定相关参数，并根据实际情况进行校验；网络结构路径发生变化时，及时更新票务清分规则。

2）票务清分工作的开展：网络票务管理部门利用票务清分系统对网络客流和票款进行清算，将客流数据清分至线路和车站层面，将票款数据清算至线路层面；与公交卡公司进行资金结算。

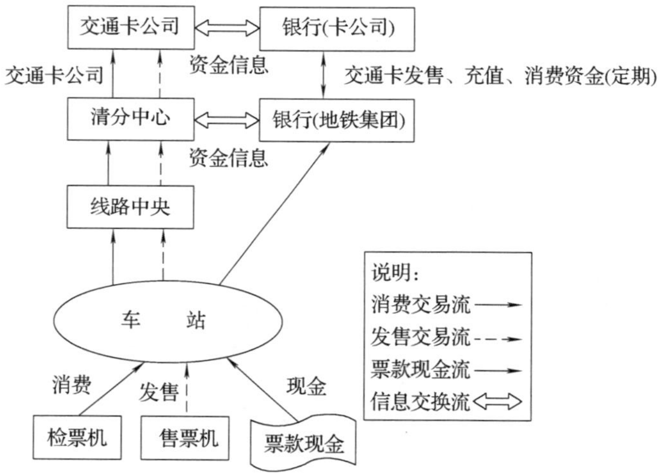

票务清分流程图

2. AFC 系统管理

AFC 系统管理由网络票务管理部门完成，主要包括：新线建设和开通的 AFC 系统接入管理，工程改造项目的协调与系统验收管理，根据乘客多样性需求研究开发新票种等业务。

3. 监督管理

监督管理由网络票务管理部门完成，主要包括：监控全网络自动售检票(AFC)系统的实时运行状况，掌握系统运行质量，确保 AFC 系统的正常运行；监管票卡业务流程，确保票、卡、资金的安全；及时提供票务数据，配合相关部门动态掌握运营信息。

4. 数据管理

数据管理工作由网络票务管理部门和车站票务管理部门两级共同完成。

网络票务管理部门负责线路中央、清分系统的数据管理，具体业务包括各类运营报告的生成和审核，票款资金结算统计，运营性参数的日常维护及客流特征分析预测等。车站票务管理部门负责车站实时数据的监控管理，具体业务包括车站计算机报表的生成和审核工作，车站客流和设备运营情况的实时监控等。

5. 票卡管理

票卡管理主要由网络票务管理部门和车站票务管理部门两级共同完成。

网络票务管理部门负责各类票卡的采购、编码、发放、调配、回收、清洁、销毁等业务；车站票务管理部门负责票卡的使用等业务，具体包括乘客售票、票卡故障处理、票卡流转、事故处理、交通卡申领、票卡流失管理等。

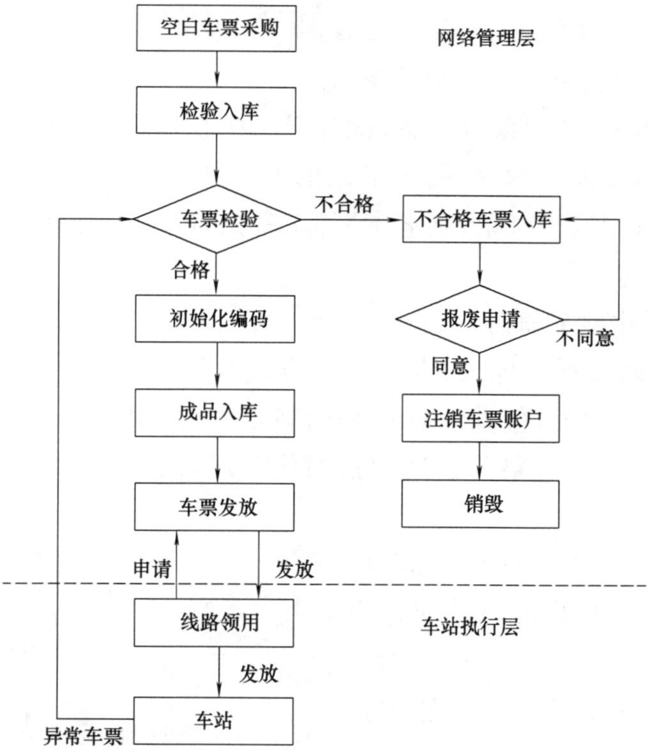

车票制作、发行、注销流程图

6. 设备管理

设备管理主要由网络票务管理部门和车站票务管理部门两级共同完成。

网络票务管理部门负责网络票务系统设备、线路中央控制设备系统的操作、管理和维护；车站票务管理部门负责车站计算机系统和票务终端设备的操作、管理和维护。

8.3.3 管理模式

1. 全网络付费区内实现“一票换乘”

将纸质车票、磁卡车票及相应的信息读写传输模块，统一改造成为非接触式IC卡，全面实现城市轨道交通网络内换乘的“一票通”，使全网络购票界面、票卡形式、票价政策达到规范统一，乘客一次购票即可完成城市轨道交通乘行，方便乘客出行，降低乘车费用。

2. 灵活运用票价杠杆作业吸引客流

通过“递远递减”计程票价方案，优先吸引中长途客流；通过“联乘优惠、尾程透支”等票价优惠政策，快速提高一卡通的使用比例，减少企业的人工售票服务工作量；借助“一日票、三日票、敬老卡”等多种票种形式，最大程度提升城市轨道交通对不同人群的吸引力。

3. 建立电子化票务管理平台

针对票务原始数据量庞大、人工核算方式计算量大、人工成本消耗大、各类报表生成速度慢等问题，借助计算机和网络技术，采用信息化的手段，建立电子化票务管理平台，实现对票务数据的精细化管理，以加强票务监督，提高工作效率，节约劳动成本。

4. 制定全网统一的AFC系统标准

制定全网统一的城市轨道交通自动售检票系统的相关标准和规范，对全网的车票票卡结构、票卡交易处理流程、业务模式等进行明确规划和定位，实现全网AFC系统的规范管理，降低采购成本和维护成本，也为后期网络内各条新线建设提供依据。

第9章 维护保障管理

9.1 车辆系统维护

9.1.1 管理思路

基于“以可靠性为中心”的理念，遵循“按车型设架大修基地、按线路设日常维修基地、同类型部件集中维修，自主维修与社会化维修相结合”的思路，实现检修资源的统筹配置和集中使用，通过预防修为主的检修制度，确保车辆技术状态良好，为正常运营提供有力保障。

9.1.2 主要业务

1. 列车整车维修业务

1)新车调试验收

新车调试验收主要由新车调试部门负责实施，负责配合供货商专业技术人员进行新车的调试，并为调试工作提供必备的场地、设备、工具和人员等条件。同时，就调试与验收过程中存在的技术问题与供货方进行交涉。

2)列车日常检修

列车日常维修主要包括列车的日检、均衡修和故障临修，由各维修部完全自主维修，在车辆基地内实施。

车辆日常维修部门一般由生产管理室、技术管理室、质量管理室及作业班组组成，形成“扁平化、重心下移”的线路维修管理模式，以达到列车故障及时处置、信息及时传达的要求，提升工作执行力。

3)列车架大修

列车架大修由车辆架大修部门(大修厂)负责实施，大修厂一般由生产管理室、技术管理室、质量管理室及作业班组组成，形成“整车总装以基地为主，部件维修相对集中”的维修管理模式。

列车架、大修作业中，地铁A型车采用自主维修方式，在网络中4个大修基地内实施。小型车则实施整车委外维修，由原车辆供应商承担。

2. 列车部件维修业务

部件维修业务由大修厂负责实施，集中在新龙华车辆基地内实施。网络化运营阶段，部件维修按资源共享原则实施，采用集中维修方式，并不断提高部件维修能力。

3. 列车专用维护设备维护业务

列车专用维护设备维修养护作业由维修设备养护部门承担，一般包括生产管理室、技术管理室、质量管理室及作业班组。列车维修设备分为六大类，百余种。按照“分级管理”的原则，重点抓好Ⅰ、Ⅱ级设备的保养工作，同时负责新的段场接管工作及列车部分非标零件的加工制造等工作。此外，还承担生产现场整改、管线改造等工作。

列车专用维护设备维修业务采用自主维修与社会化、专业化维修相结合的模式。

9.1.3 管理模式

1. 集中维修方式

面对线路分布广、车型较为集中的情况，上海城市轨道交通按照“组群化、集约化”的资源共享方式设置车辆基地，并采取集中维修方式，开展车辆维修作业，以便于实现维修资源的合理配置、维修人员的集中管理、维修作业标准的统一制定与执行，并能有效提升车辆维修作业的效率与质量，提升车辆整体维修水平。

对于整车架大修作业，采取组群化集中维修方式，按照车型建立线路组群集中架大修基地，由一个车辆基地承担一条或多条线路车辆的架大修维修业务。

对于整车日常维修作业，主要根据线路设置日常维修基地，但同时根据线路走向，采取共址合建的方式，将有条件的两条线路的日常维修基地进行合建，实现一定程度上的资源共享，节约用地规模。

对于部件维修作业，采取全网集中维修方式，选取相应的车辆基地承担全网车辆部件的自主维修作业。

对于列车维护设备的维修作业，主要由按照资源共享方式设置的各个车辆基地对所属的列车维护设备进行自主性的Ⅰ、Ⅱ级保养作业以及委外性的大修更新作业。

2."预防修为主"的检修制度

根据基于可靠性为中心的设备维修理念，上海城市轨道交通的车辆维修主要采取"预防修为主、故障修为辅，计划修、均衡修与状态修相结合"的检修制度。

上海城市轨道交通初期采用按运行里程或运行时间的计划性预防修制度，包括架大修、定修、月检、周检、日检等修程。2006年开始，上海城市轨道交通在计划性预防修的基础上，将原有月检和定修作业内容重新整合，采取了均衡修的检修制度，实现了每个修程作业内容和工时的均衡，缩短了列车的维修停库时间，提高了列车的可利用率。经测算，采取均衡修制度后，每列车由于定修作业的取消，每年可以减少10天左右的停库时间。

3.专业化维修方式

上海城市轨道交通采用了自主修与委外修相结合的方式，充分利用内部以及社会的专业维修资源开展车辆维修作业。这有利于专业化资源的合理配置，在提高车辆维修质量和水平的同时，能够有效控制维修成本。

整车维修作业方面，对于占比较高的地铁A型车主要采取自主集中维修方式，在车辆基地内完成各个修程的维修作业。对于占比较低的小型车则充分利用社会专业化维修资源，将架大修作业完全委托给小型车的供应商承担，而日常维修作业采取自主维修方式。

部件维修作业方面，由于车辆系统的可靠性直接影响到运营的安全性，上海城市轨道交通的车辆部件主要采用自主维修方式，自修率约为70%，少部分车辆部件由于技术壁垒以及社会化资源等条件影响，采取委外维修的方式。

列车维护设备维修作业方面，对于设备保养作业，主要采用自主保养的方式。对于设备大修更新或改造作业，主要依靠设备供应商或社会化维修资源提供委外维修服务。

9.2 综合维护检修

9.2.1 管理思路

基于"以可靠性为中心"的设备管理理念，采取"自主集中维修与系统性委外维修相结合"的区域化维修模式，依托专业化的维修方式，并持续提升维护检修的效率和质量，确保设施设备的稳态运行。

9.2.2 主要业务

1. 新线调试验收

新线调试验收主要由项目管理部门与项目经理负责实施，项目经理负责配合供货商专业技术人员进行新线的调试，并为调试工作提供必备的场地、设备、工具和人员等条件。同时，就调试与验收过程中存在的技术问题与供货方进行交涉。

2. 日常维修

1)巡检作业

巡检人员严格按照巡检流程进行工作，严密巡视，保证质量。巡检设值班点，主要负责所管辖范围内设施设备的交接、巡视、操作、保养、故障处理及相应配合站务工作。

2)定期维修施工作业

根据不同设施设备维修要求的差异，划分周检、双周检、月检、双月检、季检、半年检、年检等多个维修周期，定期对所管辖的设施设备进行日常维护、检修、监护，并保证施工结束后设备状态及功能不发生改变。

3)临时性维修施工作业

① 非日常作业及专项、大修作业的临时性施工作业。

② 临时性施工作业(包括临时性维修处置和抢修施工作业)是指所属设备发生故障从而直接、间接危及供电系统及行车安全，或大幅降低供电能力，须立即或在运营结束后安排组织抢修的施工作业。

③ 日常作业施工因客观原因取消后，需在当天进行申报的作业。

④ 对于临时性施工作业和抢修施工作业的区分，须由网络运营管理中心根据相关定义进行划分，在未进行划分之前，临时性作业和抢修作业归属同一作业类型。

4)配合性维修试验施工作业

对供电、通号、工务、运营公司管辖设施设备范围内进行配合日常维护、检修、抢修、旁站监护、实施安全措施等的试验施工的作业，主体施工单位为其他主体。

3. 专项维修与大修施工作业

专项维修与大修施工作业的流程同定期维修施工流程，主要根据检修制度的要求，对需要进行大修、更新或者升级改造的设备进行针对性的专项维修施工作业。

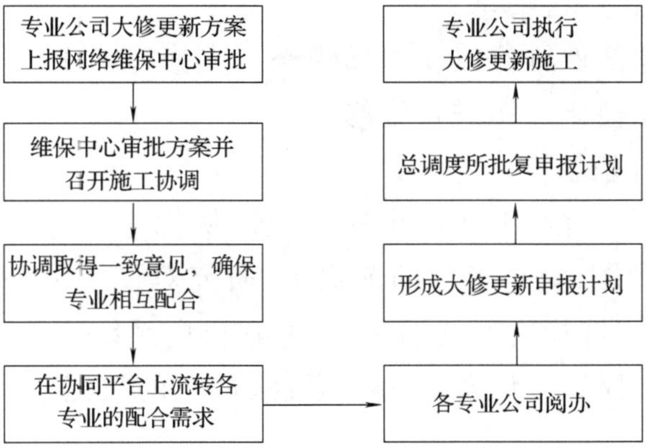

设备更新与大修业务审批及施工协调流程图

9.2.3 管理模式

1. 专业化维修方式

对于综合维护检修作业，上海城市轨道交通采取专业化维修方式，充分利用内部与社会的专业维修资源，有利于专业化资源的合理配置，提升综合维护检修的专业化水平。其中，专业化程度和运营安全关联度高的设施设备采取自主集中维修管理模式。不涉及核心技术的通用业务，可以形成较好竞争环境的设施设备，采取系统性委外维修的管理模式。

对于新线调试验收以及日常维修作业，在自主维修施工的基础上，逐步引进社会专业化维修施工力量，采取自主与委外相结合的维修方式，共同承担维修施工作业。同时，对于专项维修与大修施工作业以及部件维修作业，则主要采取委外的方式，依托社会化资源提供专业性的维修服务。

2. 集中式维修方式

面对网络规模持续扩大、系统设施设备规模持续增加的情况，上海城市轨道交通综合维护检修作业采取区域维修与线路维修并存的方式，以有效提升维修资源的集约利用，提升维护检修效率与质量，适应网络化发展的需要。

对于系统制式与型号较多的通信和信号系统设备，采取分线维修的方式，针对不同线路差异化的系统制式配置相应的维修队伍，开展日常维护检修作业。

对于供电系统设备，采取区域化维修方式，将网络划分成多个区域，设置区域维修中心和工区，进行日常维修施工。此维修方式能够明显缩短维修施工队伍的走行距离，提高维修施工效率。

对于工务系统设备，采取组群化集中维修方式，由各运营公司根据所辖线路的车站设备配置情况，进行集中统一，选择社会化维修资源开展日常维修检修作业。

对于涉及安全的转辙机、电路板卡等关键部件，依托区域维修中心，采取网络集中自主维修方式进行维修。

同时，对于其他部件维修以及专项维修与大修施工作业，主要采取网络集中委外的方式，利用社会化资源进行维修。

3. 无人式值守巡检

进入网络化运营阶段，上海城市轨道交通从优化人力资源有效配置的角度入手，在确保设备可靠、安全运营的前提下，研究对设施设备的有人值守模式向无人值守的巡检模式进行转变的适用性，并在供电系统变电所开始实施，实现了“三提高一降低”，即提高了设备安全可靠性、员工的技能水平和工时利用率，降低了劳动力成本。

4. 复合式维护管理

为进一步提升维护检修的协调作业能力，提升综合维护检修以及应急抢修的效率，上海城市轨道交通逐步尝试复合式维护管理的方式，通过在应急指挥中心设置各维修专业人员，实现专业复合，增强应急状态下的协调联动水平，增强应急抢修能力。同时，率先在工务维护检修作业中，实施专业复合、工种复合、检查作业复合，推进轨行区检查交叉报修制度，并在 2 个区域内实施了土建维护与轨道维护人员的复合，在日常值班排班中按照区域搭配、专业复合的要求，统筹内部维护资源，做到管理能力的复合，进一步提升维护管理的效率和水平。

9.3 物资保障

9.3.1 管理思路

基于“安全库存、及时供应”的物资保障管理理念，采取虚拟总库、供应商管理库存、寄售等多种方式，将备品备件的库存量控制在安全合理的范围内，能够保障向维护检修作业现场进行及时供应，从而在确保物资保障高效运作的基础上，有效控制成本。

9.3.2 主要业务

1. 计划管理

计划管理主要为保障运营所需各类生产物资的正常供应，提高资金使用效率，减少物资积压，确保物资采购与库存管理业务在 MSCP(网络物资供应系统)系统平台的顺利运行。

上海城市轨道交通物流中心通过 MSCP 系统，结合车辆、供电、通号、工务等各相关专业公司提交的需求计划和库存情况制定物资采购计划。各相关专业公司物资申购计划类型包括：年度计划、月度计划、紧急计划和专项计划。

年度计划申购物资原则上应包括：供应周期较长的物资(如进口备品备件、

关键非标设备)和全年物资消耗有规律性的物资(如易损易耗件)。

月度计划是对年度计划的补充,年度计划中已经申购的物资不在月度计划中重复申报。

发生生产运营突发工作且库存物资不足的时候,允许各相关专业单位进行物资紧急申购。

专项计划管理包括资本性项目物资采购计划和零星固定资产采购计划。

2. 采购管理

物资采购管理是网络维护保障中心为获取生产运营需要的物资进行一系列采购活动的管理。为了保障运营工作的顺利进行,确保轨道交通设备维护保养的质量和物资供应的质量,必需对所需采购物资按照轻、重、缓、急严格管理,使其采购的物资符合采购计划规定的要求。

1)采购管理原则

采购管理主要遵循按计划采购、保证质量、最优价格采购、适量采购、合法采购的原则。

2)采购程序

物资采购程序主要包括准备、决策、商务洽谈、进货作业四个阶段。

3. 仓储供应管理

为了保障运营所需各类生产物资的正常供应,网络维护保障中心通过MSCP系统进行仓储管理业务。

1)库存管理

根据各相关专业单位物资需求计划、物资实际领用情况和库存状况,确保合理库存水平,并根据各相关专业单位需求进行库间物资的移库调拨,确保物资供应。

2)仓储管理

将收发存、盘点和危险品物资寄存等仓储管理工作通过MSCP系统进行收发料的操作流程和各类单据处理,并委托各相关专业单位进行实物的验收和确认,实物验收过程中产生的货物质量、数量等问题由物流专业单位负责进行协调、解决。

4. 供应商管理

网络维护保障中心根据报送的供应商资质材料认真审阅和评审,必要时组织有关人员对供应商能力进行市场调研和实地考察。在汇总评审意见后,评审合格的进入合格供应商名录,并通过在信息系统进行发布。发布的合格供方名录其时限为一年,每年复评一次。供应商包括设计单位、施工单位、维修单位、开发/咨询单位、安全/服务单位和产品及物资供货商等。

供应商的能力评价主要包括：主要业绩及荣誉、参与网络维护保障中心项目质量评价、专业性、价格透明度、产品（服务）质量、交货及时性、售后服务质量、质保体系水平、合同的履约程度等。

9.3.3 管理模式

1. 虚拟总库、集中管理的方式

针对物资仓库分散设置的情况，通过信息化手段采取虚拟总库的方式，实现网络备品备件的集中管理。通过对网络内所有物流节点库存信息以及网络外仓储设施的库存情况的全面掌控，根据网络内同类型备品备件的使用需求，制定合理的网络库存规模，并统筹设定不同仓储设施内的库存储备，灵活进行网络内不同物流节点之间的备品备件的调配，从而改变传统分线仓储模式造成网络内同类型备品备件库存过高的情况，有效降低网络物流仓储成本。

2. 高效的 MSCP 信息化系统管理手段

通过 MSCP 软件系统实现信息化管理，具备采购执行管理（含计划管理）、策略性采购管理、仓储与配送管理、供应商管理、合同管理和财务管理等功能，可将由于供应商广泛分布、仓储设施分散设置、物流分线管理而呈现分散状态的采购信息、仓储信息、配送信息以及物流计划等信息进行集中汇总，通过对信息资源的有效整合，达到信息的高度共享，从而满足物流网络化管理的需要；并可通过数据分析模型对各类业务运作产生的信息进行统计分析，生成网络物流关键业务指标、成本效益等有价值的辅助决策信息，指导网络物流管理业务运作不断优化完善，从而明确网络物流管理发展方向，持续提升网络物流运作水平、完善网络物流业务流程。

3. 策略性采购供应商管理

积极推进策略性采购，将网络备品备件结合物料的技术属性、管理属性以及供应商特性等内容进行采购特性划分，配置多种采购策略，包括战略合作伙伴供应商和框架合作伙伴供应商，灵活的向供应商进行采购，有效规避市场波动带来的采购风险，并统筹储备策略和采购策略，充分发挥规模效应和集约优势，降低网络物流采购总成本。

战略合作伙伴供应商是指供应对生产运营有直接性影响的关键备品备件，该类供应商为备品备件直接生产厂商、独家代理商或由生产厂商直接推荐的唯一代理商。框架合作伙伴供应商是指针对采购重复性大的通用型物资及一般备品备件的供应商。该类供应商为曾多次公开招标中标供应商或按需提交招标申请的中标供应商。

4. 网络配送与社会直供相结合

根据物流供给计划，统筹全网络的配送资源，优化配送路径充分利用运输工具的装载能力，制定科学合理的配送计划和配载计划，利用最少的运输工具，走行最少的运送距离，将备品备件和物资材料及时准确的供给至维修现场，有效降低网络物流配送成本。同时，对部分通用性强、非核心备品备件依靠社会供应商进行社会化库存管理，并采取直供的方式，在规定的时间内及时供给至维修现场，保证维护检修作业的顺利进行。

5. 立体化、自动化仓储

在平面仓储方式基础上，根据备品备件的规模，在具有架、大架修修程以及区域性中心级综合维修功能的车辆基地内设置自动化立体仓库，采取立体货架的形式，充分利用纵向空间，有效节省土地面积，降低维护设施成本，并通过自动化作业方式，明显提升仓储效率。

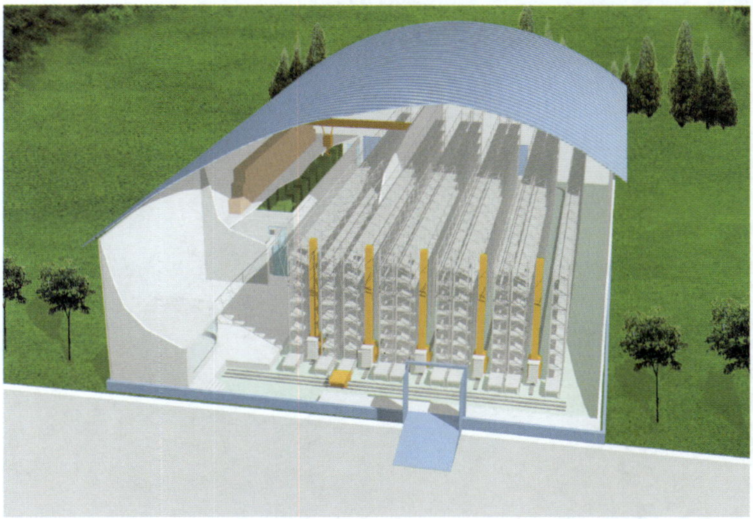

第 3 篇　安全监控体系

第10章 构建目标

10.1 目的与需求

10.1.1 安全监控体系构建的目的

随着上海城市轨道交通网络化运营管理的日益深化，所面临的运营事故和突发事件已经不再是线路式运营阶段呈现出的相对静止、相对孤立、影响范围相对较小、危害传播相对较慢的特征，而是具有影响范围广、扩散速度快、综合性强、回旋空间小等新特征。网络化运营呈现出“系统规模大、结构复杂性高、运行环境复杂、系统关联度高、运营负荷强度大”的特点，将直接影响到网络的安全运营，有必要按照“事前管理”的原则，建立网络运营安全监控体系，全面监控设施设备状态，有效掌控网络运行状态，提升运营安全监控水平，确保上海城市轨道交通网络处于正常运行状态。

1. 保障网络运营安全

对运营安全风险隐患的监控水平直接影响对突发事件的响应，一方面影响网络运营效率，引起设施设备故障，造成运营延误，降低乘客出行的便利性和舒适度；更严重地将影响网络运营安全，引发人员伤亡和财产损失。通过建立网络运营安全监控体系，能够全面监控设施设备状态，实现对各类风险隐患的“主动预防、事先预防”，提升网络安全监控水平，在风险隐患尚未发展成为事故或故障之前予以管控，保障网络运营安全。

2. 实现及时准确预警

对于系统设施设备状态的监控是网络运营安全控制的重要环节，也是保证安全控制手段发挥作用的前提。网络运营安全监控体系集监测、判别和预警功能于一体，在运营过程中利用信息化系统和人工手段对系统设备、客流等重点监控对象进行监测，根据设定的量化指标自动触发预警，进入应急处置流程，实现“实时监测、准确判别、及时预报”。

3. 提高应急处置效率

在及时准确预警的前提下，网络运营安全监控体系一方面能够为日常运营与维护作业制定针对性对策措施提供有力保证，另一方面能够为应急处置提供及时、准确的预警信息，减少应急响应时间，提升应急处置的整体效率，为应急处置赢得更好的作业环境与空间，从而有效增强网络安全风险预控能力和应急处置能力。

10.1.2 网络化安全监控需求

1. 实现重点监控对象全覆盖

在监控对象方面，网络化运营阶段的线路与线路之间、系统与系统之间的关联度不断提高，大客流安全、资源共享的设施设备安全、换乘车站集成设施设备安全等问题已成为新的关注重点，安全监控对象仅针对单线、单系统或单一工况已无法满足网络化运营安全监控的要求。因此，在网络化运营阶段，安全监控对象在确保对全部专业系统进行覆盖的基础上，还需要对网络客流、共享与集成设施设备等网络层面的重点对象与工况进行覆盖。

2. 实现多线多专业联动监控

在监控方法方面，线路式运营阶段的安全监控往往仅针对本线内部的专业系统和相关工况，系统运行状态的数据与信息采集、分析、传递和对策处置相对简单。网络化运营阶段，工况更为复杂，多线之间、多专业之间的关联工况出现频率更高，需要在原有线路式运营阶段安全监控方法的基础上，利用具有信息整合功能的信息平台，对网络不同线路各专业系统的监控数据和信息进行后台综合分析，实现不同线路同一专业系统之间、不同线路不同专业系统之间以及复杂工况下的联动监控，适应网络化运营阶段安全监控的要求。

3. 实现信息化和智能化监控

在监控手段方面，由于网络化运营阶段的监控对象不断增加，并要求实现多线、多系统及复杂工况的联动监控，对安全监控手段的准确性、高效性提出了新的要求，需要依托信息化技术，丰富安全监控的手段，并推动自动化和智能化技术的应用。

10.2 目标要求

10.2.1 基本目标

网络运营安全监控体系的基本目标是：“全面监测、多式结合、准确判别、及时预报”。

全面监测：能够对影响网络运营安全的运行设施设备状态、车站状态、客流状态及系统运行环境等重点监控对象进行全面、实时的监控。

多式结合：采用人工与自动化设备监测检测方法、在线与离线监测检测方式相结合的方式，实现对网络运营状态的有效监控。

准确判别：能够结合网络运行的实际情况，综合考虑各类相关因素，实现对各系统及重点监控对象运行状态的准确判别。

及时预报:能够建立快速预报机制及相应的信息传递通道,在最短时间内将信息快速、准确的传递至相应的主体,由接收主体提出专业化的措施和对策,从而实现对网络运营安全的高效管控。

10.2.2 建设要求

全方位:要求能够覆盖全部专业系统,监控各类监控对象的运行状态,尤其是多线多系统多工况的复杂性运营状态。

多系统:要求根据不同监控对象运行状态的特点以及风险隐患的发生机理,采取多个具有针对性的监控预警系统,实现对网络整体运营状态的有效监控。

多方式:要求采取多式结合方式,充分发挥各种监控方式的优势,取得最佳的整体监控效果。其中,积极推广应用自动化设备进行数据的采集与分析,实现全时段、全天候的监测,自动对照评估指标体系,生成风险类型和级别,并依托物联网技术,自动触发生成安全指令,从而具备智能化功能,更为高效地采取应对措施。

第11章 体系框架

11.1 总体框架

网络运营安全监控体系通过运行系统设施设备状态监测预警系统、车站状态监测预警系统和客流状态监测预警系统等智能化的监控系统，采用人工监控和自动化设备监控相结合的监控方法，对网络运行系统、保障系统和基础系统中所涵盖的车辆系统状态、信号系统状态、通信系统状态、供电系统状态、隧道与桥梁状态、轨道与路基状态、车站状态、客流状态及系统运行环境和外部环境条件等对象实施监控，并通过建立网络运营安全监控平台（以下简称“安监平台”），实现多线、多专业、多工况的联控功能，满足网络化运营安全监控的要求，为运营服务、维护检修和应急处置提供预报支持，保障网络安全、可靠、高效运营。

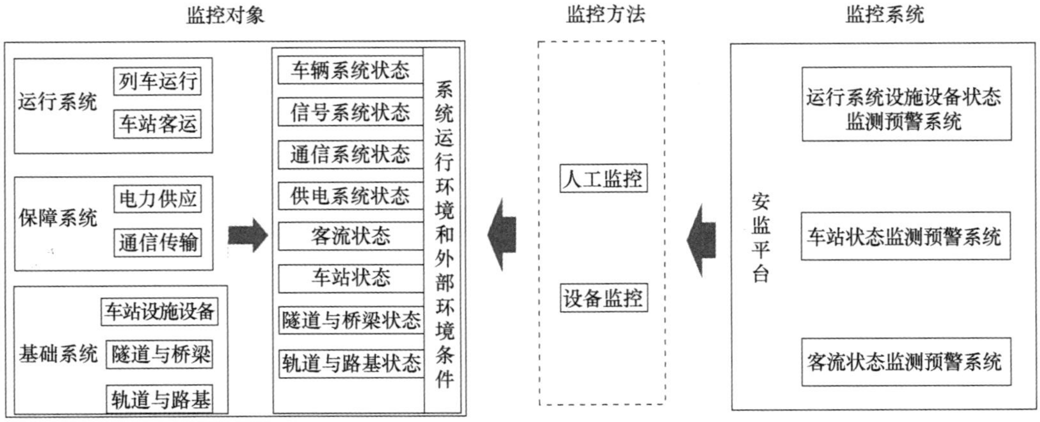

网络运营安全监控体系总体框架

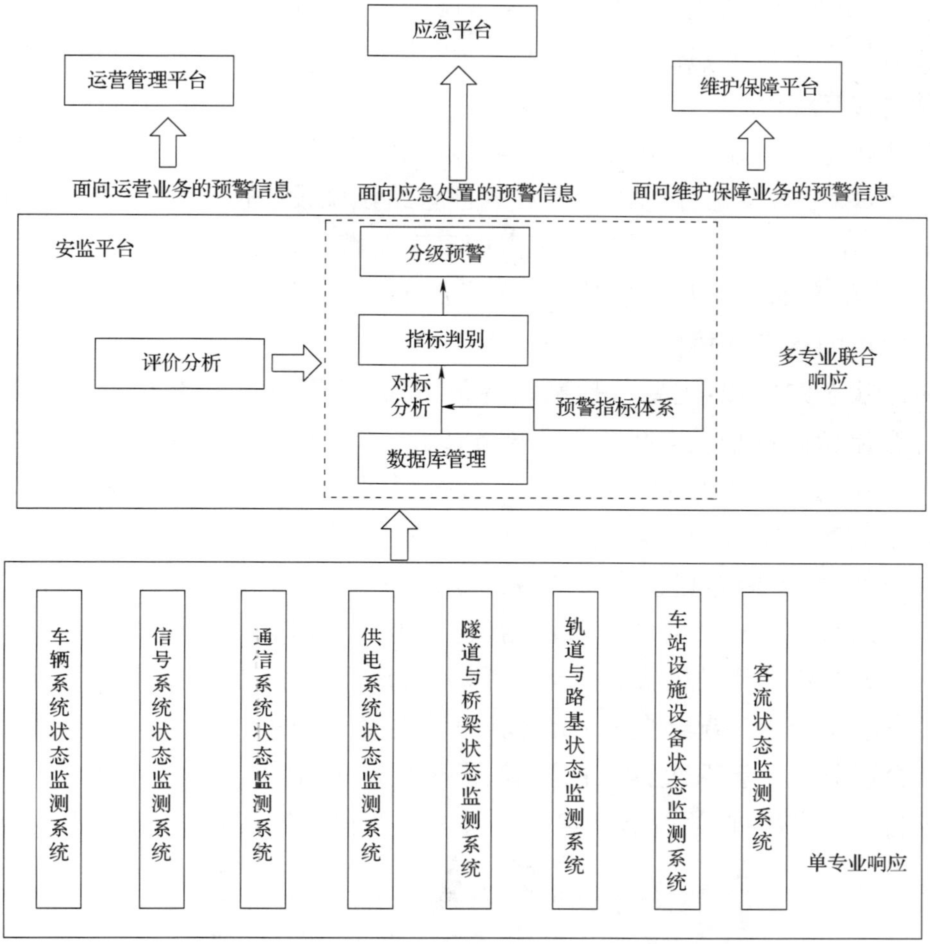

网络运营安全监控体系功能框架图

11.2 监控对象

城市轨道交通系统以车站设施设备、隧道与桥梁、轨道与路基为基础，通过顺畅的通信传输和稳定的电力供应，实现列车运行与车站客运的安全、可靠与高效。因此，网络运营安全监控对象主要包括运行系统设施设备状态、车站状态、客流状态，以及系统运行环境和外部环境条件，确保轨道交通系统自身状态及运行环境均处于安全可控的状态。

运行设施设备状态的监控：主要包括车辆系统状态、信号系统状态、通信系统状态、供电系统状态、隧道与桥梁状态和轨道与路基状态的监控。通过对运行系统设施设备状态的监控，能够掌握车辆、信号、供电、通信、隧道与桥梁、轨道与路基等设施设备的工作状态，明确列车运行过程中相关设施设备的状态变化和发展趋势，及时进行提示预警，采取运营服务调整、维护检修或应急处置，减少事故和故障的发生概率，提升应急响应效率，降低不利影响的程度，为乘客提供安全、可靠的乘车环境。

车站状态的监控：主要包括车站设施状态、车站设备状态和车站环境状态的监控。通过对车站状态的监控，能够掌握车站设施设备的工作状态、乘客候车环境状态、工作人员工作环境状态，重点明确车站范围内面向乘客服务的设施设备状态、环境状态的变化和发展趋势，及时进行提示预警，采取相应措施，为乘客提供安全舒适的候车环境。

客流状态的监控：主要包括网络客流状态、线路客流状态和车站客流状态。通过对客流状态的监控，能够掌握网络、线路和车站三个层面的客流状态，重点明确大客流的状态变化和发展趋势，及时进行提示预警，采取相应的应对措施，提升对于大客流情况的应对效率，有效控制客流密度，避免客流发生拥挤、踩踏，造成人员伤亡，为乘客提供安全顺畅的流通环境。

系统运行环境和外部环境条件的监控：主要密切关注诸如车辆运行环境、区间隧道桥梁结构和保护区等系统运行环境和外部环境条件发生变化后，所引发的设施设备状态异常工况。此外，上海城市轨道交通通过社会联动响应预警机制，依靠社会服务性预警系统提供的监控预警信息，对地震、暴雨、大风、暴雪、冰冻、大雾等自然灾害事件、恐怖袭击等公共安全事件和公共卫生事件进行快速响应。

11.3 监 控 方 法

网络运营安全监控方法主要包括人工监控和设备监控。人工监控主要针对发生事故或故障的可能性（概率）相对较低、事故或故障发生后危害程度相对较小、监控预警精度和实时性要求相对较低的监控对象。设备监控以大型专用设备检测和自动化设备在线监测的形式为主，主要针对发生事故或故障可能性（概率）相对较高、事故或故障发生后危害程度相对较大、监控预警精度要求相对较高的监控对象。部分系统设备自身软件系统具有报警功能，对设备运行主要参数进行监控，实现对设备故障和运行异常的预警报警，例如通信系统。

监控方法的选择需要充分考虑技术成熟性和经济合理性因素。实际应用过程中，上海城市轨道交通采用人工监控与自动化设备监控相结合的方式，针对不同类型的对象，采用差异化的监控方法，促进多式结合，实现功能相辅、优势互补，更为全面、快速、准确地对网络运营安全进行监控。

11.4 监控系统

根据监控对象类型，结合轨道交通专业系统的不同特点，网络运营安全监控体系的监控系统主要包括运行设施设备状态监测预警系统、车站状态监测预警系统和客流状态监控预警系统，并通过建立安全监控平台，对各监控系统的监测信息进行汇总、分析、判断，为运营平台、维保平台及应急平台提供相关预警和报警信息。

运行设施设备状态监测预警系统由车辆系统状态监测预警系统、信号系统状态监测预警系统、通信系统状态监测预警系统、供电系统状态监测预警系统、隧道与桥梁状态监测预警系统、轨道与路基状态监测预警系统等子系统构成。

车站状态监测预警系统由综合监控系统、车站设备监测预警系统、视频监控预警系统、入侵报警系统等子系统构成。

客流状态监测预警系统由网络客流状态监测预警系统、线路客流状态监测预警系统、车站客流状态监测预警系统等子系统构成。

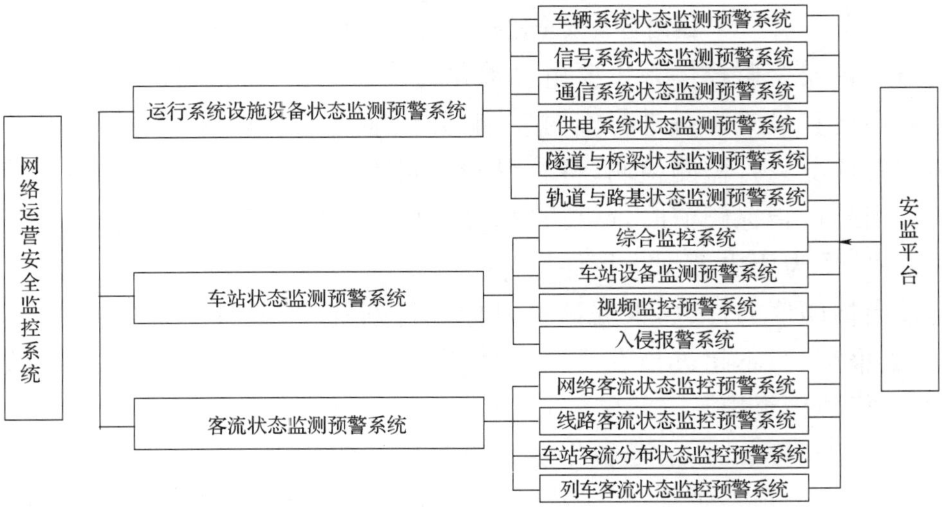

网络运营安全监控系统

11.5 监控预警机制

网络运营安全监控体系以网络化、系统化、信息化技术为依托，以现代化的运营安全监测检测技术装备为基础，以在线联网监控和数据综合利用为主要功能，建设网络运营安全监控信息网络，搭建安全监测数据传输平台，统一信息渠道，实现多线、多专业、多工况的各类安全监测信息的自动采集、传输与集成，以及监测数据的集中管理和资源共享，并与调度指挥、运营管理、维护保障、应急抢险等系统进行有机融合，构成完整的网络运营安全保障体系。

11.5.1 监控机制

网络运营安全监控体系主要采取“采集—分析—传递—触发对策”的运行机制，依托对采集数据的分析，利用信息流的方式，将数据及信息传递至相应的管理主体，触发管理主体采取专业化对策和措施，实现多线、多系统、多工况的联动监控。

在运作流程上，网络运营安全监控体系主要按照“监测—判别—预警—继续监测”的流程进行循环运作。

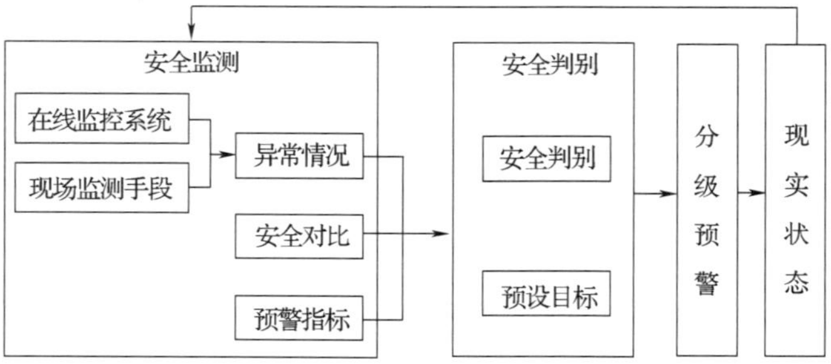

网络运营安全监控体系的运转机制图

网络运营安全监控体系主要由自动化在线监测设备对直接影响网络运营安全的专业系统和设施设备进行实时监测，并依靠人工和相应的检测工具与设备对现场异常情况进行监测检测，将获得的监测数据和信息，与设定的预警指标进行对比。当超过指标阈值时，需要将相关信息进行进一步的判别分析；当不超过指标阈值时，作为历史数据进行储存。

超过指标阈值的信息，根据预设目标进行判别，当超过预设目标值时，触发预警，完成报警；当不超过预设目标值时，作为重点关注信息，实时关注其发展动向，暂不进行预警报警。

当进行预警报警时，需要根据突发事件的危害程度、发生场所、影响范围等因素，设定不同的预警级别，便于统筹应急资源，最为有效地开展运营服务调整、维护检修与应急处置作业。同时，对现场状态继续进行监测，对衍生出的新风险隐患进行有效控制。

11.5.2 分级预警机制

预警等级是建立合理量化预警指标体系的基础，也是能够触发应急预案的前提条件。由于运营应急预警响应与设施设备维护预警响应的不同特性，上海城市轨道交通对运营预警和设施设备维护预警进行具有针对性的等级划分，共划分为六个等级：一级预警——特别重大突发事故(件)、二级预警——重大突发事故(件)、三级预警——较大突发事故(件)、四级预警——一般突发事故(件)、五级预警和提示级预警。

第12章 运行设施设备状态监控

通过对运行系统设施设备状态的监控，能够掌握车辆、信号、供电、通信、隧道与桥梁、轨道与路基等设施设备的工作状态，明确列车运行过程中的安全状态变化和发展趋势，及时进行提示预警，采取运营服务调整、维修养护或应急处置，减少事故故障发生概率，提升应急响应效率，降低不利影响的程度，为乘客提供安全可靠的乘车环境。

12.1 车辆系统状态监控

12.1.1 监控对象

车辆系统受到内部及外部因素影响，可能引发火灾、撞车、脱轨等安全事故，同时车辆设备故障也会导致列车清客和救援等情况，对正点运营及运营质量产生较大影响。因此，需要对车辆系统各子系统的运行状态进行监控，主要包括：车体、车钩、车门、牵引传动系统、列车控制系统、辅助系统、制动系统、走行部、空调等。

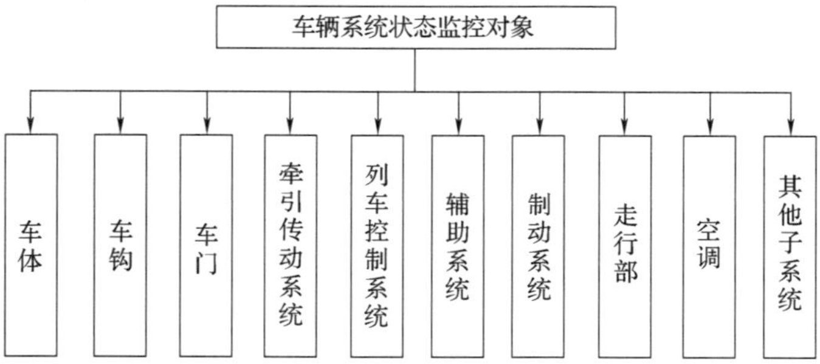

车辆系统状态监控对象

1. 车体：车体裂纹及车顶硅胶失效等。

2. 车钩：车钩钩头裂纹、断裂及车钩未能正确连挂等。

3. 车门：门控继电器故障或未正常激活、EDCU 故障及 S1 限位开关故障等。

4. 牵引传动系统：高速开关、线路接触器和预充电接触器、斩波和逆变模块、牵引电机、控制单元和散热系统的故障、受电弓碳棒偏磨和磨损超标、碳棒断裂和脱胶、羊角异常磨损、构架变形和裂纹及分流线断裂和分叉等。

5. 列车控制系统:列车受电、司机室受电、受电弓升弓控制、方向控制、牵引控制、制动缓解控制、开/关门控制、禁止牵引、车钩联挂状态、辅助逆变器、控制网络的故障等。

6. 辅助系统:辅助逆变器和充电器故障、蓄电池故障等。

7. 制动系统:电制动失效、气制动失效、供风系统失效以及机械制动系统中供风单元、机械制动单元和防滑单元的故障等。

8. 走行部:转向架构架裂纹、轮缘尺寸超标和轮对内侧距超标、车轮损伤、悬挂系统和构架等部件疲劳失效、轴箱温度过高、电机轴承失效及齿轮咬死等。

9. 空调:空调设备过温、空调盖板锁闭不到位导致盖板脱落等。

10. 其他子系统:电器设备过温、固定装置断裂脱落及箱盖未盖等。

车辆走行部轴承温度在线检测

12.1.2 监控方法

1. 人工监控

对车体裂纹、车钩裂纹和断裂、车辆轴重分配不均、受电弓碳棒偏磨和磨损超标等现象,现阶段主要采用人工监控方法进行监控。

1)针对车体状态中车体裂纹,主要对发生过裂纹的车体加强日常检查;针对车顶硅胶失效,主要对问题列车进行日常检查,并对老化硅胶已重新进行更换。

2)针对车钩状态中的钩头裂纹、断裂,主要采用日检及均衡修作业检查;针对车钩未能正确连挂,通过在进行挂钩作业后,对车钩联挂情况进行检查。

3)针对车门状态中门控继电器故障或未正常激活,主要是通过加强均衡修中开关门功能检测及接线检查,并根据各型号继电器使用寿命进行按时更换;针对 EDCU 故障,主要通过日常检查,重新加载软件,更换 EDCU 来实现;针对 S1 限位开关故障,主要是在均衡修中检查车门开关门功能,并对 S1 尺寸进行检查及调整。

4)针对走行部状态中转向架构架裂纹,主要是在均衡修内对转向架进行检查，对易产生裂纹的部位重点检查；针对轮缘尺寸超标和轮对内侧距超标，主要是在均衡修内对轮对尺寸进行测量检查，对尺寸接近超标值的轮对进行跟踪，发现尺寸超标及时进行镟轮处理；针对轴箱温度过高，主要是针对已发生问题的列车增加检查频次及跟踪；针对电机轴承失效，主要是通过加强自检、互检、抽检以提高检修质量；针对齿轮咬死，主要是在均衡修中加强检查，对渗油严重的进行更换，通过加强自检、互检、抽检以提高检修质量。

5）针对受电弓状态中的受电弓碳棒偏磨和磨损超标，主要在均衡修中定期检查，并调整受电弓滑块平衡度尺寸和压力；针对碳棒断裂和脱胶，主要加强碳棒质量检测；针对羊角异常磨损，主要在均衡中对受电弓平行和盘头回转量进行检查；针对构架变形和裂纹，主要在各规程修内对受电弓进行尺寸测量和接触压力测量；针对分流线断裂和分叉，主要在日检、均衡修对受电弓分流线进行检查。

6）针对空调状态中的空调盖板锁闭不到位导致盖板脱落，主要在均衡修作业结束前进行巡检，确保空调盖板完全锁闭。

7）针对固定装置断裂及脱落及箱盖未盖，主要在维修规程内对各类电器箱悬挂进行检查，对列车紧固件进行色标检查，在均衡修作业结束前进行巡检，确保门盖板完全关闭。

2. 设备监控

对火灾、超速、制动失效、轴温过高、车轮踏面损伤、弓网状态、UPS 蓄电池状态等对象，现阶段主要采用设备监控方法进行监控，包括车辆火灾探测和报警、轨旁火灾探测和报警、超速监测预警、制动失效监测预警、轴温在线检测、平轮检测、车轮踏面尺寸在线检测、非接触式受电弓检测、UPS 蓄电池在线监测和接触网弓网在线视频监测等。

1）针对车辆系统的火灾风险，采用自动化设备监控对车辆轴承等部件进行温度检测，对客室进行烟气检测和视频监控，对空调、电机等大功率电器设备进行温度监测。

2）针对超速，采用在列车每轴轴端设置速度传感器的方法，对超速进行监控报警。

3）针对制动失效，通过列车牵引控制系统对每个动车的电制动进行监控，利用电机电流传感器检测牵引逆变器输出电流，实现对制动力不足或失效进行报警；通过列车气制动系统对空压机工作状况和主风管风压及气制动进行监控，实现对供风系统或气制动失效进行报警。

4）针对轴温过高，采用轴温在线检测进行自动化监控，依靠红外热敏探头，测定环境温度与车辆轴箱温度，经温度分析对比，判别列车热轴故障。

5）针对车轮损伤，采用平轮检测实时监测因擦伤或剥离而出现的平轮损伤程度;采用车轮踏面尺寸及损伤在线检测来检测车轮踏面尺寸及损伤。

6)针对受电弓状态,采用非接触式受电弓检测对碳滑板进行检测,同时可将受电弓运行过程中运行姿态的变化为重要故障信息,通过受电弓三维空间形位关系的检测,全面、直观地反映受电弓运行状态。

7)针对 UPS 蓄电池状态,采用 UPS 蓄电池在线监测对各个单体电池进行在线监测,测试电压、电流、内阻等关键参数,并将信息实时传输到中央监控设备。

8)针对弓网关系,可采用接触网弓网在线视频监测的方法,在运营车辆车顶安装视频监控系统,通过实际的运营记录视频,实现弓网系统的运行情况测试记录,及时发现弓网问题故障。

12.1.3 监控系统

车辆系统状态监测预警系统由火灾监测预警、撞车监测预警、脱轨监测预警及车辆系统重大故障监测预警等功能模块构成,采用自动化设备监控和人工监控相结合的方式,及时获取车体、车辆牵引和制动系统以及车载设施设备的运行数据和工作状态,为运营维护和应急抢修等作业提供有效信息。

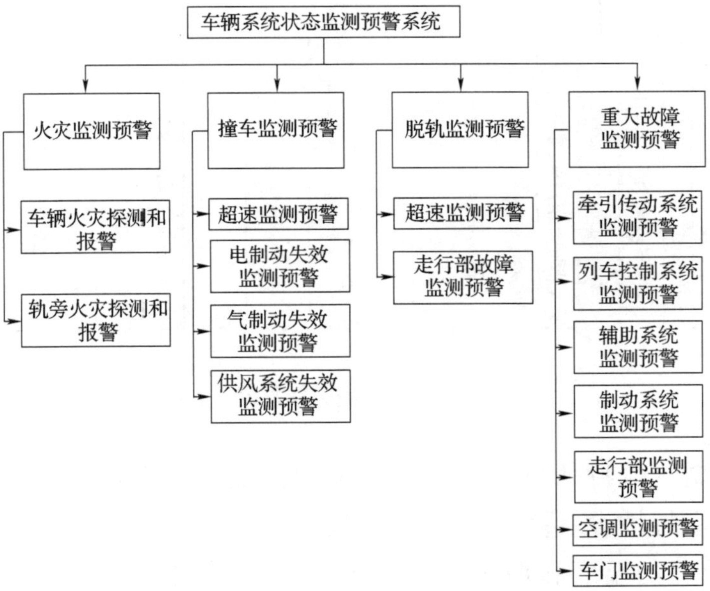

车辆系统状态监测预警系统

1. 火灾监测预警

1)车辆火灾探测和报警

对于车辆内部火灾,主要通过配置火灾报警控制单元以及具有温度传感功能的烟雾探测器。

车辆火灾监测预警系统由两端司机室的火灾报警控制单元和每辆车两个车

载控制单元组成，监视范围包括车顶空调、客室、车下高压设备箱大功率电缆布线区。

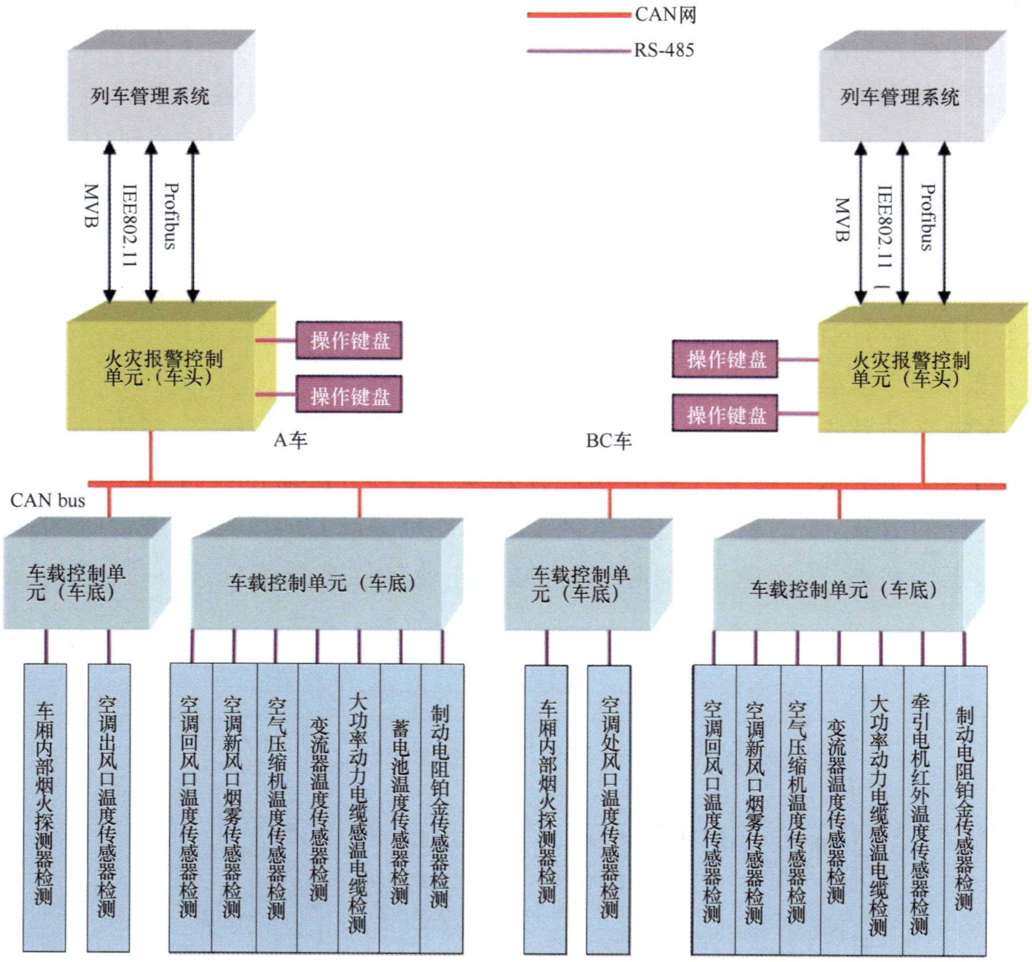

火灾探测和报警系统

客室内根据气流特征布置不少于4个带温度传感功能的烟雾探测器，根据客室温度和烟雾特性设置多级预警和事故报警；车顶空调装置内设置烟雾探测器，检测空调单元的温度和烟雾，通过新风口传感器，检测隧道内的烟雾含量，判别隧道或车下设备的着火情况；车下大功率设备，如牵引箱、辅助逆变器箱、牵引电机、蓄电池、空压机组，根据各设备的温度特性设置不同类型的温度传感器，对这些高压设备的温度进行在线检测，并设置多级门限，进行预警和报警；车下电缆布线密集区，布置感温电缆，提供温度预警。

各区域的预警和报警信息上传司机室控制器进行储存和报警，同时上传列车管理系统，或通过其他形式的列车通信系统和车地无线通信将预警和报警信息上传至安监平台及应急中心。

现阶段，绝大部分车辆还不具备完整的火灾探测和报警系统，仅在列车客室设置烟雾探测器，能够在发生火灾时向司机室提供报警。

2)轨旁火灾探测和报警

轨旁检测系统设于车辆基地的出入场线，通过配置红外温度探测设备检测牵引电机轴承、齿轮箱、轮对轴承等设备部件的温度，采用非接触式传感器响应故障特征，在运营线路上以地对车的模式进行实时检测，运用现代数字信号处理、模糊识别等技术分析、判断故障点及故障的严重程度。地面系统根据检测到的温度值，对照设定的报警门限，做出对走行部过热部件的多级预警。

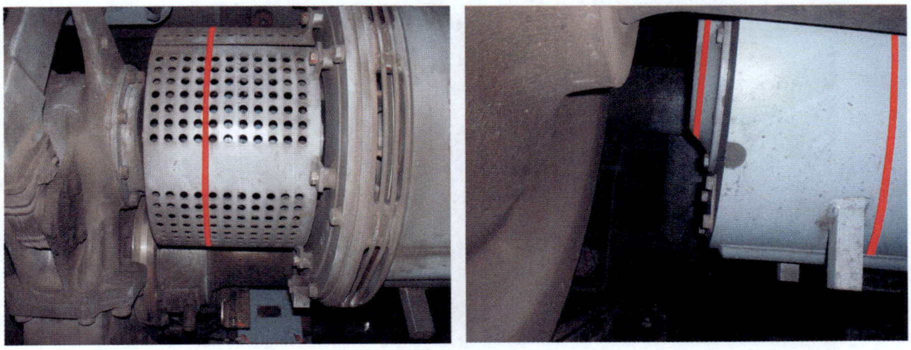

红外探测点

2. 撞车监测预警

1)超速监测预警

列车每轴轴端均设速度传感器，测得的速度由列车制动系统处理，信号ATP和车辆均对列车超速进行报警。列车一般对设计的最高运行速度进行监视。当实际速度超过一定门限值时，列车提供报警并施加常用制动。如速度继续增加，超过更高的门限值，信号ATP提供超速报警并施加紧急制动。信号ATP系统根据线路限速情况对列车进行超速监视，相关的预警、报警信息从信号系统获得。

2)电制动失效监测预警

列车牵引控制系统对每个动车的电制动进行监控，通过电机电流传感器检测牵引逆变器输出电流，从而计算每个动车所实现的电制动力，并与期望电制动力比较，差值超过门限值时，提供电制动力不足的故障报警。

3)气制动失效监测预警

气制动控制系统对列车的气制动进行监控。每个制动缸设压力开关检测，压力开关输出为开关信号，表示制动施加和缓解两种状态。输出状态由气动控制单元监控，当制动缸实际状态与期望状态不一致，即在司机室提供报警。

4)供风系统失效监测预警

列车气制动系统对空压机工作状况及主风管风压进行监控。检测到空压机处于非正常工作状态时,在司机室提供显示和报警。

3. 脱轨监测预警

对于脱轨,主要通过超速监测预警系统和走行部故障监测预警系统进行监测预警。其中,走行部检测和预警技术总体上还处于研究阶段,现阶段主要通过轨旁设备检测车轮踏面损伤来防止车轮严重缺陷的列车上线运营。轮踏面故障检测系统通过图像处理技术,判别损伤类型并根据损伤面积大小,提供多级预警和报警。

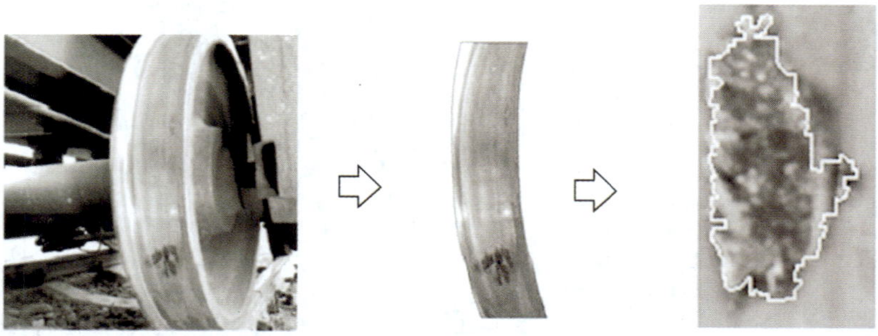

车轮踏面损伤检测显示的踏面剥离示意图

脱轨检测设备,用于探测运行列车是否会有脱轨可能。这一设备采用磁感应线圈传感器。当列车具有脱轨趋势时,磁性线圈与轨道之间的距离会超出正常范围,感应线圈能够感应到磁场的变化,从而输出控制信号。该输出信号与列车的硬件安全回路(紧急制动回路)相连,一旦检测到非正常情况,立即切断列车安全回路,列车进行紧急制动,同时将检测信息发送到列车的控制系统,控制系统再将信息发送给线路控制中心和相应的其他系统。

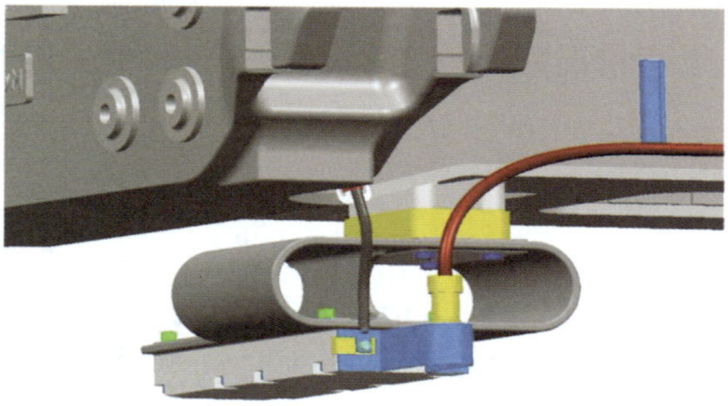

脱轨检测设备

此外,车辆轴重分配不均导致轮重减载率超限也是引起车辆脱轨的重要原因。现阶段车辆轴重分配主要通过列车维修后由人工进行调整和平衡。

4. 车辆系统重大故障监测预警

1)牵引传动系统监测预警

牵引传动系统具有较为完善的检测和诊断功能,对弓网关系、高速开关、线路接触器和预充电接触器、线路电抗器、斩波和逆变模块、牵引电机、制动电阻、逆变器接地短路、机械传动装置、控制单元、散热系统和传感器等故障进行监测预警。

现阶段,对高速开关状态和逆变器故障均能实现监测预警;弓网关系的监测预警中对于升/落弓状态、线网电压和轨旁信息能够实现车载监测预警,轨旁监测预警技术还处于推广应用阶段;而对于机械传动装置的车载和轨旁监测预警暂不具备应用条件。

2)列车控制系统监测预警

列车控制系统通过旁路开关、操作开关、主控制器、空气开关和其他控制元件监控,实现对列车受电、司机室受电、受电弓升弓控制、方向控制、牵引控制、制动缓解、开/关门控制、禁止牵引、车钩连挂状态、辅助逆变器和控制网络等故障的监测预警。现阶段,对旁路开关状态能够实现监测预警;对空气开关、继电器、限位开关和压力开关状态,多数车型尚不具备监测预警功能;对列车级故障的监测预警,列车或司机室受电故障、受电弓升弓故障、高速开关吸合故障和车钩意外脱钩等故障尚不具备监测预警条件,其他列车级故障均能实现监测预警。

3)辅助供电系统监测预警

辅助供电系统对辅助逆变器、充电器和蓄电池工作状态进行监控。现阶段,对蓄电池充电状态能够实现监测预警;对蓄电池容量暂无法实现监测预警;而对充电器故障、辅逆故障和辅助系统微机检测故障,车辆各个设备部件上的自检测系统能够获得传感器数据,但暂无法实现完全的监测预警。

4)机械制动系统监测预警

制动系统监测预警对供风单元、机械制动单元和防滑单元的工作状态进行监测预警。现阶段,对供风单元故障中的高压和低压开关失效无法实现监测预警,对空压机组失效和供电电源状态能够实现一定程度的监测预警;对机械制动单元故障中的压力开关故障暂无法实现监测预警,对其他机械制动单元故障均能实现监测预警。

5)走行部监测预警

走行部监测预警主要通过车轮踏面损伤检测预警、垂下品检测预警、轴温检测预警和走行部振动异常检测预警等技术,实现对车轮、轴箱、悬吊设备等走行部设备状态的监测预警。现阶段,对车载设备的脱轨状态和转向架状态监测预警暂无成熟有效的技术，对轨旁设备监测预警的有效性也处于认证之中。

6)空调监测预警

车辆空调监测预警主要通过自检测系统，实现对压缩机、冷凝器、蒸发器等关键设备及部件的工作状态的监测预警。现阶段，所有车型对压缩机供电故障、压缩机故障、冷凝器风扇故障、通风机风扇故障、出风口温度超标和制热故障均具备监测预警功能；对新风门故障和紧急逆变器失效，多数车型暂无法实现监测预警。

垂下品测量点

7)车门监测预警

车门监测预警主要通过对电机、电磁阀、EDCU、门机械上解锁/锁定、门关好/锁好、门未关好/锁好、紧急手柄和车门旁路等的工作状态的检测，以及车门防夹和异物检测等技术，实现对客室车门、司机室侧门和紧急疏散安全门的工作状态的监测预警。现阶段，对客室车门故障中的机械故障和限位开关故障暂无法实现监测预警，而所有车型对电机故障和 EDCU 故障均具备了列车级监测预警功能；对紧急手柄状态和车门切除开关状态的监测预警，也均具备了列车级监测预警功能。

12.2 信号系统状态监控

由于信号基础设备和正线 ATC 设备的机械结构、电气性能、工作原理等不同，两者的监测和预警功能差异大。针对信号系统的监测预警技术主要包括冗余预警和趋势预警两种。

信号系统的联锁计算机、ATP/ATO 设备等是基于计算机的设备，主要通过自诊断功能进行故障检测，外部只能获取设备的自诊断信息。对于计算机设备的预警，由于设备的输入量、输出量及过程量均为开关量，通过开关量难以进行趋势预警，因此，此类设备是采用冗余技术手段提供预警的功能。而轨道电路、转辙机、信号机等信号基础设备，可通过采集物理参量，实现实时监测，趋势预警分析具备基础条件。

12.2.1 监控对象

信号系统状态监控可分为正线信号系统状态监控、车辆基地信号系统状态监控。

正线信号系统状态的监控对象主要包括：轨旁 ATP/ATO 设备、车载 ATP/ATO 设备、室内联锁设备、ATS 设备、转辙机、轨旁信号机、电源屏及 UPS、信标、数据通信系统、计轴等设备系统。

车辆基地信号系统状态的监控对象主要包括：轨道电路、道岔转辙机、轨旁信号机、电源屏及 UPS 等设备。

根据上海城市轨道交通网络化运营条件，信号系统的重点监控对象主要包括：

1)轨旁计轴监控的重点对象包括：计轴受扰等。

2)轨旁道岔监控的重点对象包括：道岔无法电操、道岔无法手摇和挤岔等。

3)中央专用网络通信设备监控的重点对象包括：网络风暴等。

4)信号电源监控的重点对象包括：UPS 故障和 STS 故障等。

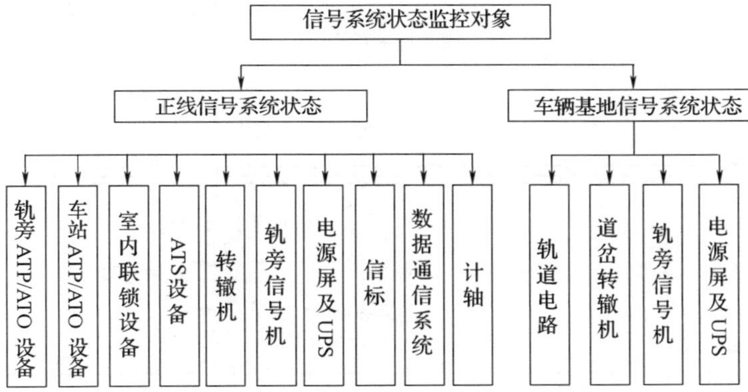

信号系统状态监控对象

12.2.2 监控方法

信号系统状态监控主要采用自动化监控方法，主要包括信号微机监测和轨旁设备监测预警等。

1)信号微机监测是通过监测并记录信号设备的主要运行状态，为维修部门掌握设备的运用质量和故障分析提供科学依据。同时，信号微机监测还具有数据逻辑判断功能，当信号设备的工作情况偏离预定界限或出现异常时及时报警，避免因设备故障或违章操作影响列车的安全、正点运行。

2)信号系统轨旁设备监测预警能够实时反映信号系统轨旁设备的运行情况。当设备运行态势不良但未导致故障时，系统识别出设备存在的安全隐患，发出预警信息，提示维护人员注意和检查。当设备发生故障，系统对故障进行分析评估，若故障等级达到预先设定的等级时，触发报警，并将监测和预警的数据信息传送给应急中心。

12.2.3 监控系统

针对信号系统的监测预警技术主要包括冗余预警和趋势预警两种。其中，冗余预警能够对单个设备故障以及冗余设备切换次数进行预警。趋势预警主要根据采集的开关量和模拟量进行判断预警，建立依托信息化和计算机技术的监测预警系统，配置计算机、服务器等常规配装备，并在对备用房配置温度传感器，对轨旁信号机、轨道电路、道岔转辙机配置电流传感器和电压传感器，为预警系统的正常运作提供基础支撑。

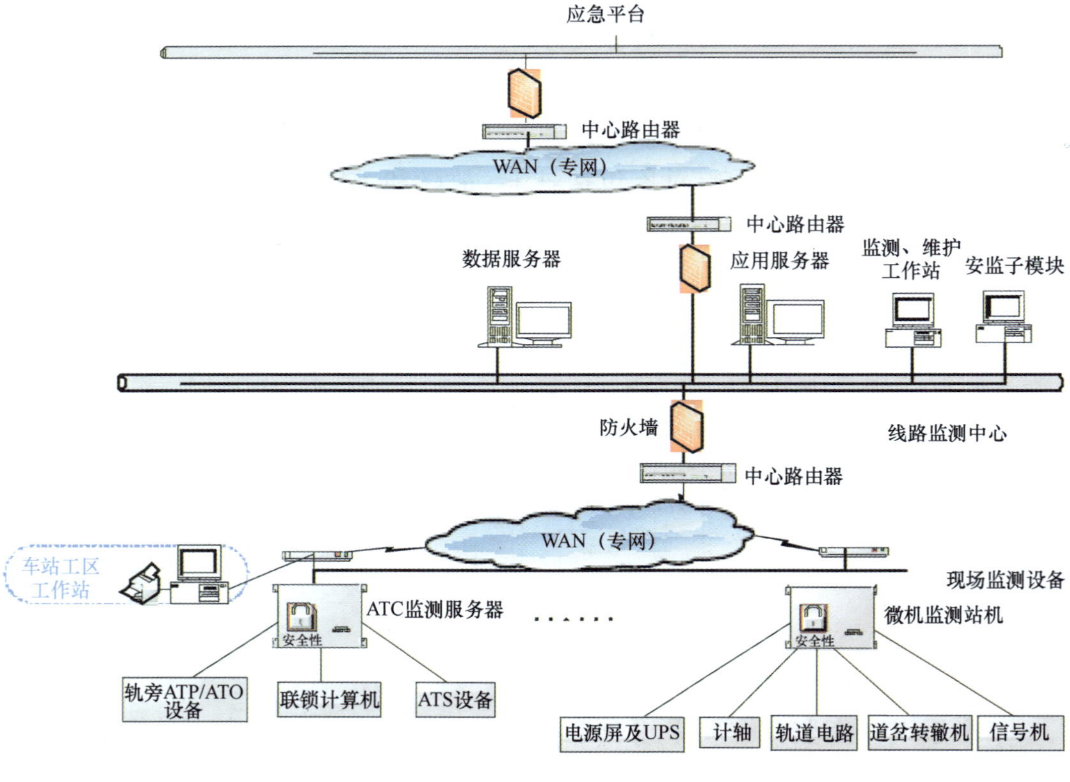

信号系统状态监测预警系统架构图

12.3 通信系统状态监控

12.3.1 监控对象

通信系统状态的监控对象主要包括：传输系统、公务电话系统、专用电话系统、无线通信系统、广播系统、时钟系统、CCTV 系统、通信电源等的状态。

在对通信各子系统实施监控的基础上，根据通信系统在上海城市轨道交通网络

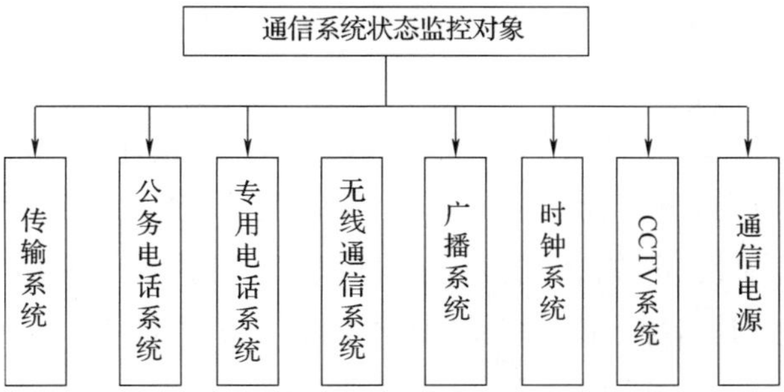

通信系统状态监控对象

化运营条件下的特点及实际情况，还需对以下通信系统的重点对象进行监控：

1)专用无线状态监控的重点对象主要包括调度台死机等。

2)传输状态监控的重点对象主要包括上层网传输业务中断等。

12.3.2　监控方法

目前对于通信系统状态的下列重点对象，目前主要采用人工监控的方法对其进行监控。

1)针对专用无线状态中调度台死机主要是加强巡检。

2)针对传输状态中上层网传输业务中断主要是加强网管监控，并对相关模块进行定期检测。

12.3.3　监控系统

通信系统状态监测预警系统能够及时获取传输系统、无线通信系统、闭路电视监视系统、公务电话系统、专用电话系统、广播系统、时钟系统以及相关通信设施设备的运行数据和工作状态，为运营维护和应急抢修等作业提供有效信息。

12.4　供电系统状态监控

12.4.1　监控对象

供电系统状态的监控对象主要包括：变电所、牵引网、电缆、动力照明等系统设备，其中重点监控对象主要包括：

1)变电所状态监控的重点对象主要包括：变电所环境因素引起设备故障、变电所 UPS/EPS 电源设备故障、变电所有源滤波装置故障、主变电站全部失电和故障无法及时恢复等。

2)触网状态监控的重点对象主要包括：触网分段绝缘器故障、触网斜支持定位装置故障、触网下锚钢丝绳断线故障、触网绝缘子断裂故障和触网接触网上网电缆故障等。

12.4.2 监控方法

1. 人工监控

1)针对变电所状态中变电所环境因素引起设备故障

主要是严格按照变电站环境因素特殊情况下的巡检规定开展巡检;针对变电所 UPS/EPS 电源设备故障,主要由运行值班员进行巡检,及时发现并处置问题,特别是每一次降压站操作完毕和失电之后,必须对 UPS/EPS 等重要设备运行状态进行现场确认;针对变电所有源滤波装置故障,主要通过对其他同型号的设备加强巡视力度,发现异常,立即停用;主变电站全部失电和故障无法及时恢复时,主要通过对主变电所重要设备的巡视实现有效监控。

2)针对触网状态中触网分段绝缘器故障

主要根据检修计划和检修要求定期对分段绝缘器进行检测与调整;针对触网斜支持定位装置故障,主要根据检修计划、检修要求定期对导高、拉出值进行检测,并与历史记录进行比较,及时调整相关数据,检查绝缘子状况,不符要求的设备及时更换,并在各类巡检加强检查;针对触网下锚钢丝绳断线故障,主要通过定期对棘轮、补偿钢丝绳进行检测,并检查钢丝绳散股、断股状况,及时进行更换并分析原因与纠正;针对触网绝缘子断裂故障,主要通过定期对绝缘子进行清洁和检查,同时加强对环境恶劣区段的绝缘子等设备的巡视检查力度;针对触网接触网上网电缆故障,主要采用自检、互检相结合的方式进行检查。

2. 设备监控

供电系统状态的自动化监控方法主要依靠电力监控系统,并辅以牵引供电电流负荷监测和油浸式变压器油色谱在线监测等自动化监测方法。

1)电力监控系统(SCADA)对牵引网、变电所、动力照明、应急照明以及相关供电设施设备的运行数据和工作状态进行自动化监控。

2)牵引供电电流负荷监测主要对各个开关柜的关键电气运行参数进行监测分析。

3)油浸式变压器油色谱在线监测通过气相色谱分析仪,能够快速、高效、准确地分析出变压器油中气体的组分及其含量。根据这些气体的组分类型及其含量,可以准确地分析、判断变压器是否存在故障、故障的性质以及故障的大致部位。

12.4.3 监控系统

供电系统状态监测预警主要通过电力监控系统来实现。电力监控系统是由设置在控制中心的电力监控调度系统,设置在轨道交通沿线变电所(包括牵引降压混合变电所、降压变电所、主变电所)的综合自动化系统以及联系它们的通信通道构成。

1)电力监控调度系统

电力监控调度系统由局域网络、主备网络服务器、主备调度员工作站、设备管理工作站、计算机维护工作站、WEB服务器、以太网交换机及屏幕拷贝机和打印机组成。

电力监控调度系统采用开放型分布式计算机局域网结构,客户机/服务器模式,网络采用高可靠性的双以太网结构,系统采用高容错能力的“1+N”冗余工作模式。电力监控系统通过“遥控”、“遥信”、“遥调”、“遥测”的四遥功能对全线供电系统的状态进行监测预警。

同时,电力监控系统在停车场供电维修车间内配置供电复示监控系统,方便供电系统的维修、检修,以及对杂散电流的监测。

2)变电所综合自动化系统

变电所综合自动化系统采用微机技术将传统变电所的二次设备功能进行整合,实现对变电所的自动监视、测量、保护、控制、通信和统一数据管理,并通过与通信系统接口,实现与电力监控调度系统联通。

变电所综合自动化系统采用集中管理、分散布置模式,分层、分布式系统结构,系统由站级管理层、网络通信层、间隔设备层组成。系统以供电设备为对象,通过网络将所内间隔层设备与站级控制管理设备控制信号盘连接起来。

3)电力监控复示系统

电力监控复示系统设置在车辆基地的供电维修车间调度室内。系统与杂散电流监测系统的连接,杂散电流监测系统通过综合传输网络,实现供电检修车间内的杂散电流监测主机对全线杂散电流的集中监测。

4)通信通道

电力监控系统采用高可靠性、自切换冗余通道。电力监控系统在每两个相邻车站、停车场之间提供2个专用的以太网通道。对于区间变电所,邻近车站不仅为本车站的变电所预留上传接口,同时还为相邻区间所预留,将邻近车站的通信设备室提供的以太网接口经光电转换后连接至区间变电所控制信号屏上。

电力监控系统对牵引降压混合变电所、降压变电所、跟随降压变电所和主变电所,接触网电动隔离开关、环网电缆线路和接触网的带电情况等进行同时监视。

电力监控系统的监控内容表

内容	主变电所	牵引降压混合变电所	降压变电所或降压跟随变电所
控制	√主变压器有载调压开关位置 √110 kV 断路器位置 √35 kV 断路器位置 √电动隔离开关位置 √保护定值组的切换	√35 kV 断路器位置 √1 500 V 直流断路器位置 √电动隔离开关位置(含接触网电动隔离开关) √0.4 kV 进线开关、母联开关、三级负荷总开关位置 √保护定值组的切换(预留)	√35 kV 断路器位置 √0.4 kV 低压系统进线开关、母联开关、三级负荷总开关位置 √保护定值组的切换(预留)
监视	√被控制的开关位置信号 √接地开关位置信号 √自动装置投入/撤除位置信号 √当地/远方转换开关位置信号 √主变抽头位置信号 √各种保护动作信号 √自动装置动作信号 √自检信号 √交直流装置信号	√被控制的开关位置信号 √接触网隔离开关位置信号 √接地开关位置信号 √自动装置投入/撤除位置信号 √当地/远方转换开关位置信号 √各种保护动作信号 √自动装置动作信号 √自检信号 √交直流装置信号	√被控制的开关位置信号 √接地开关位置信号 √自动装置投入/撤除位置信号 √当地/远方转换开关位置信号 √各种保护动作信号 √自动装置动作信号 √自检信号 √交直流装置信号
测量	√110 kV 进线电流、进线电压 √主变压器有功功率、无功功率、有功电度、无功电度 √主变低压侧电流 √35 kV 母线电压、母线电流 √35 kV 馈线电流 √交直流电源重要电量 √主变油温	√35 kV 进、出线电流 √35 kV 母线电压 √35 kV 母联电流 √整流机组电流、有功功率、有功电度 √直流 1 500 V 进线电流 √直流 1 500 V 母线电压 √直流 1 500 V 馈线电流 √负极柜回流电流 √动力变压器电流、有功功率、有功电度等 √400 V 母线电压 √交直流电源重要电量 √轨电位	√35 kV 进、出线电流 √35 kV 母线电压 √动力变压器电流、有功功率、有功电度等 √400 V 母线电压 √交直流电源重要电量 √钢轨电位

12.5 隧道与桥梁状态监控

12.5.1 监控对象

隧道与桥梁状态的重点监控对象主要包括：

1)隧道结构状态监测的重点对象包括：隧道结构发生坍塌、起拱或损坏，管片大面积破损或掉落，涌水涌砂，渗漏水造成关键设备短路，嵌缝条脱落下垂侵限等。

2)桥梁结构状态监测的重点对象包括:桥梁结构坍塌或受损,桥梁声屏障附属件松动、损坏或脱落等。

12.5.2 监控方法

1. 人工监控

1)针对隧道结构状态中隧道结构发生坍塌、起拱或损坏

主要通过对隧道变形、沉降数据进行监测以及对保护区内在建项目进行监护;针对管片大面积破损或掉落以及嵌缝条脱落下垂侵限的情况,主要采用巡检方式;针对涌水涌砂、渗漏水造成关键设备短路的情况,主要通过巡检及与相关单位开展关键部位联检的方式进行检测。

2)针对桥梁结构状态中桥梁结构坍塌或受损

针对桥梁声屏障附属件松动、损坏或脱落情况,主要是在桥面巡检过程中对其进行重点检查。

2. 设备监控

隧道与桥梁状态监控的自动化设备监控方法主要包括线路、隧道结构视频监控和隧道沉降监测等。

1)线路、隧道结构视频监控是对旁通道等重大风险源建立远程视频监控系统,可以实现全自动实时监测,能实时监视正常运营时的隧道内有无异常情况,并通知相关单位。

2)隧道沉降监测是通过静力水准系统用于精密测定多点的相对沉降变化。利用连通管原理,隧道沉降监测可以分辨到 0.01 mm 的垂直变化,并快速传输隧道隆沉数据。

12.5.3 监控系统

隧道与桥梁状态监测预警系统能够及时获取地下区间隧道结构、桥梁结构的状态数据及信息,对结构变形、结构强度及表观损伤、结构渗漏水等进行监测预警,为运营维护和应急抢修等作业提供有效信息。

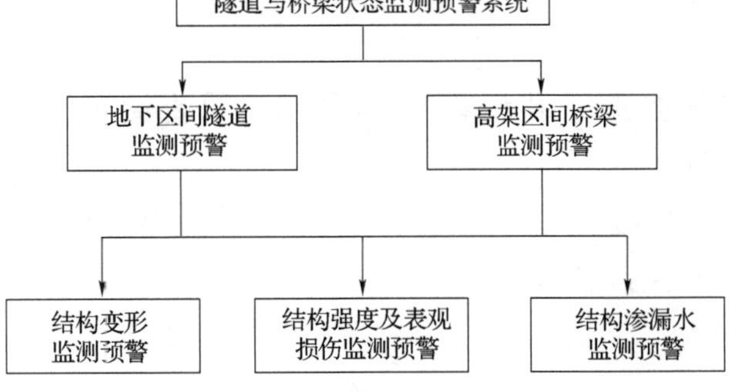

隧道与桥梁状态监测预警系统

1. 地下区间隧道监测预警

1)外观(表观)检查

隧道结构的外观(表观)检查主要内容包括隧道管片缺陷、渗漏水、嵌缝条脱落、管片连接螺栓锈蚀、螺栓开裂、道床开裂及其与管片之间产生裂缝,以及旁通道渗漏水及开裂等。

2)结构变形监测

地下区间隧道结构变形监测主要内容包括对隧道沉降、隧道差异沉降、隧道水平位移、管片收敛变形、管片接缝张开、混凝土裂缝等的监测。

① 隧道沉降监测

隧道沉降测量是在隧道道床上布设监测点,对隧道沉降进行监测。隧道沉降监测也可采用自动化方法,铺设自动化数据采集仪,实时采集和传输隧道沉降的监测数据。

② 隧道水平位移监测

隧道水平位移监测与隧道沉降量测技术方法相类似,可采用全站仪式的人工量测,或铺设自动化数据采集仪监测隧道水平位移。

③ 管片收敛变形监测

管片收敛变形监测可采用人工测量,即采用四点定径方法,人工量测隧道直径的变化量和变化趋势,进而了解隧道管径的变形量。另外,隧道管片收敛变形量测也可采用断面扫描和铺设收敛仪等自动化方法,实施采集管片收敛变形量,并传输给有关技术人员进行分析、判断管片的安全状况。

④ 管片接缝张开监测

管片接缝张开量测主要采用人工检测的方法,利用接缝仪量测管片接缝的张开量和接缝宽度等。

⑤ 混凝土裂缝监测

混凝土裂缝监测主要采用人工方式,利用卡尺来测量混凝土裂缝宽度。

3)结构安全检测

地下区间隧道结构安全检测内容主要包括结构强度检测、结构裂缝检测、管片受力检测和接缝张开量检测。

① 结构强度检测

地下区间隧道混凝土结构的强度检测采用专业回弹仪直接量测混凝土强度。

② 结构裂缝检测

结构裂缝检测借助仪器和肉眼直接观测，采用裂缝仪直接检测混凝土裂缝（存在裂缝前提下）宽度和扩展趋势和范围。此外，还可利用超声波直接量测结构裂缝的宽度和深度，检测混凝土中的空洞和施工质量，进而判别混凝土的破坏程度。

③ 管片受力检测

管片受力检测一般采用在混凝土管片钢筋上预埋钢筋应变片或应力计量测钢筋应力状态，间接计算整个管片的应力水平。

④ 接缝张开量检测

管片接缝张开量检测是采用接缝计，量测管片接缝的相对位移，进而判别接缝张开量。

2. 高架区间桥梁监测预警

1)桥梁结构外观（表观）检查

桥梁结构外观（表观）检查主要内容包括桥梁结构板、道床的开裂；结构梁（板）裂缝和结构梁柱垫层材料等。

2)桥梁结构监测

① 结构柱的沉降和水平位移

与隧道沉降监测方式相近，通过布设监测点或铺设自动化数据采集仪，进行桥梁结构柱的沉降和水平位移检测。

② 高架结构轨道梁的自振频率监测

上海城市轨道交通高架结构轨道梁的自振频率监测，结合各条线路标准梁体，在轨道梁的施工中预先埋设相关的监测仪器，运营中进行实时量测。

③ 高架梁结构裂缝监测

混凝土裂缝监测是采用人工方式，利用卡尺来测量裂缝宽度。

12.6 轨道与路基状态监控

12.6.1 监控对象

轨道与路基状态的监控对象主要包括：轨道线路、轨道道岔、道岔调温器、轨行区、路基等设施设备，主要监控对象包括：

1)轨道线路状态监控的重点对象包括：钢轨断裂、胀轨和扣件绝缘件击穿造成轨道电路短路产生明火等。

2)轨道道岔状态监控的重点对象包括：道岔失表和挤岔破坏等。

3)道岔调温器状态监控的重点对象包括：调温器断裂等。

4)轨行区状态监控的重点对象包括：轨行区内异物侵入限界等。

12.6.2 监控方法

1. 人工监控

1)针对轨道线路状态中扣件绝缘件击穿造成轨道电路短路产生明火的现象,主要利用巡检对轻伤钢轨加强观察。

2)针对轨道道岔状态中道岔失表和挤岔破坏的情况,主要通过提高工电联检质量进行监控。

3)针对道岔调温器状态中调温器断裂的情况,主要通过定期检查、维修、保养温调器的方式进行监控。

4)针对轨行区状态中轨行区内异物侵入限界的情况,主要通过提高轨行区巡检质量的方式进行监控。

2. 设备监控

轨道与路基状态的自动化设备监控方法主要包括大型轨道状态检测设备检测和轨温监测等。

1)大型轨道状态检测设备主要包括钢轨探伤车和轨道检测车。钢轨探伤车的检测数据能够反映钢轨伤损的发展情况。轨道检测车的检测数据能够对线路轨道几何状态进行整体掌握,长期的检测数据可以指导线路养护维修工作。

轨道检测车

2)轨温检测通过固定在轨道上的两个温度传感器和分别与两个温度传感器相连的微处理器,自动检测轨道温度。

12.6.3 监控系统

轨道与路基状态监测预警系统由线路检测、路基检测和轨道部件检测等功能模块构成,采用机械化、信息化设备监控和人工监控的监控手段,对线路、路基和轨道部件的工作状态进行在线监控,能够及时获取实时信息,为日常维修养护和应急抢修等作业提供有效预警信息,避免重大事故的发生。

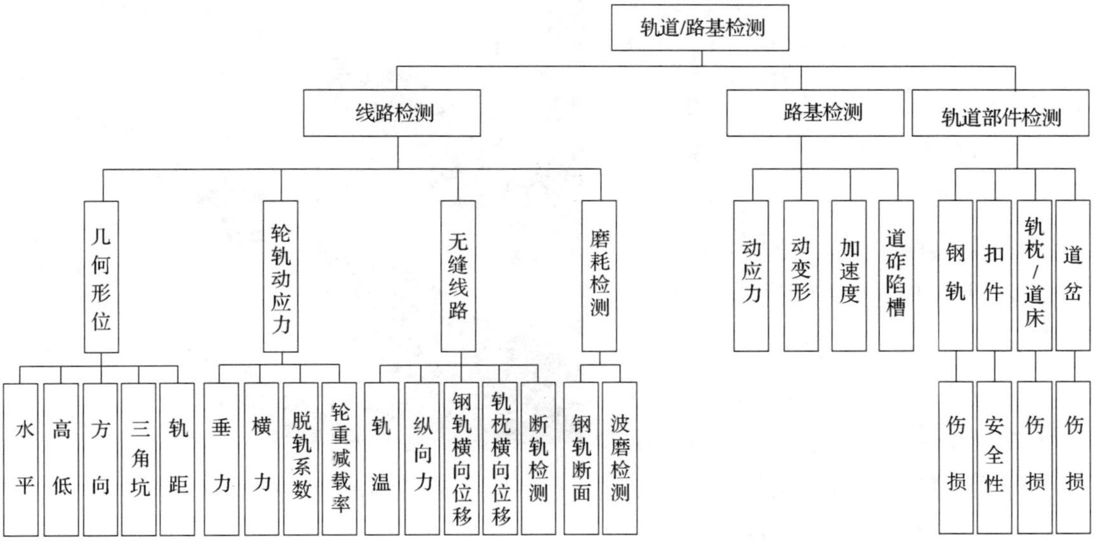

轨道与路基系统状态监测预警系统

1. 线路状态检测系统

1)几何形位

线路几何形位主要利用轨道检测车对水平、高低、方向、三角坑和轨距进行检测,提供轨道几何形位信息。

2)轮轨动应力

轮轨动应力检测主要包括垂向力、横向力、脱轨系数和轮重减载率等对象,现阶段主要依靠在现场特定地点安装设备进行检测,也可利用测力轮对进行检测。

3)无缝线路

无缝线路监测检测对象主要包括轨温、纵向力、钢轨横向位移、轨枕横向位移和断轨检测。

轨温监测系统目前主要通过高架线上安装轨道温度位移检测系统测试轨温和位移,然后将传感器采集的数据传送到轨道旁的数据采集器中。数据采集器将数据通过因特网或局域网进行传输,使工作人员远程获得所有信息。

纵向力检测是通过在钢轨上安装纵向力在线实时监测设备,实时监测钢轨的内应力变化信息,同时也便于实现断轨的早期预警。

钢轨横向位移、轨枕横向位移主要在现场局部点上安装位移测试装置进行检测。

断轨检测主要通过钢轨探伤、人工巡检和轨道电路等方式进行检测,也可在钢轨上安装专门的断轨监测设备进行实时监测预警。

4)磨耗检测

磨耗检测主要包括钢轨断面和波磨检测。钢轨断面可通过轨道检测车自带功能进行检测。波磨可通过波磨测试仪进行检测。

2. 路基检测

路基检测对象主要包括动应力、动变形、加速度和道砟陷槽等病害。

轨道温度位移检测系统

动应力、动变形和加速度主要在现场安装传感器进行实时监测，而道砟陷槽等病害目前主要通过人工巡检，也可通过挖探、地质雷达法、轻型动力触探法、瑞雷面波法、高密度电阻率法和土工试验等方法进行检测，这些路基检测方法各有优缺点，对于不同的检测目的和要求，应从结果的可靠性、成本和便捷性等方面综合考虑，选择最佳的检测方法。

3. 轨道部件检测

轨道部件检测对象主要包括钢轨、扣件、轨枕、道床和道岔。

钢轨伤损主要通过大型钢轨探伤车和小型的手推式检测设备等定期检测钢轨的伤损情况，根据探伤数据分析结果，提供预警信息，指导工务部门安排组织维修计划，保证列车运营安全。

扣件状态主要依靠车载摄像机结合人工巡检确认。将高速摄像机安装在检测列车上，根据拍摄的图像分析螺栓的状态，比如螺栓和道砟缺失等情况，然后人工现场进行确认，可以大大提高检测的效率，及时提供预警信息。

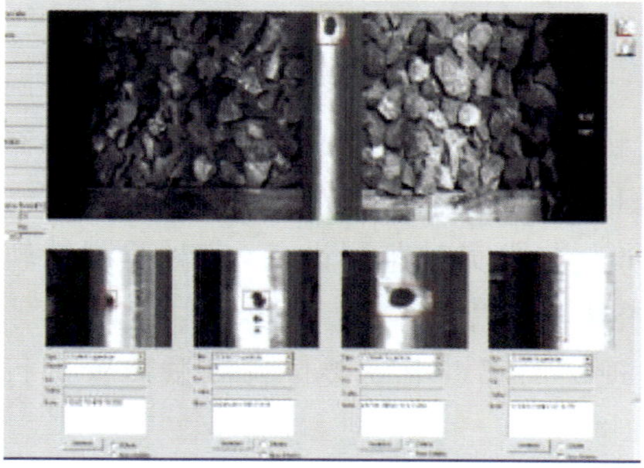

钢轨伤损图像

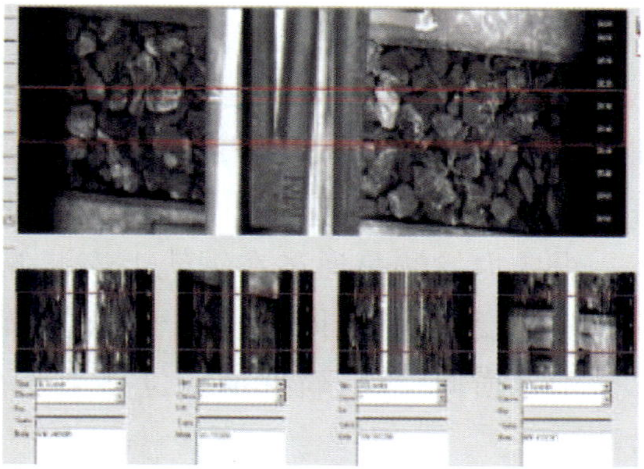

道岔探伤图像

轨枕和道床主要通过人工巡检方式进行检测，也可通过引进 Rail Radar 系统。该系统在检测时配备了双线扫描激光摄像机，能够全天候不间断运行，通过数据采集进行后处理，给出轨枕质量指数(TQI)，其中包括了轨枕条件(轨枕形状)、裂缝的严重程度、破损密度、锚固件参数、弹条是否缺失等指标，并对轨枕状态进行评价。

道岔伤损目前主要依靠人工巡检和钢轨探伤车进行检测，也可利用道岔检测车进行检测，对道岔区钢轨进行型面重构，来判断道岔的几何形位变化和伤损，提供预警信息。

第13章　车站状态监控

13.1　车站设施设备状态监控

13.1.1　监控对象

车站设施设备的监控对象主要包括：自动扶梯、垂直电梯、售检票设施、导向标志、照明设施、广播、乘客信息屏、屏蔽门、防淹门、防火卷帘门、紧急对讲电话、车站信号设备、车站环境监控设备、车站技术防范设备、车站通信设备、车站消防设备、车站供电设备等。其中重点监控对象主要包括：

1）自动扶梯状态监控的重点对象包括：紧停按钮失效、手扶带断裂、传动装置失效等。

2）屏蔽门状态监控的重点对象包括：门体玻璃破裂、门机限位开关故障、PSL无法操作等。

3）消防系统状态监控的重点对象包括：消防泵/喷淋泵自起装置故障、防火阀执行机构失效、FAS主机无法发出联动信息等。

4）给排水系统状态监控的重点对象包括：区间水泵液位探测装置失效、区间泵进水口堵塞、止回阀故障等。

5）门禁系统状态监控的重点对象包括：玻破装置失效、密码门禁读卡器失效、门磁接线松脱等。

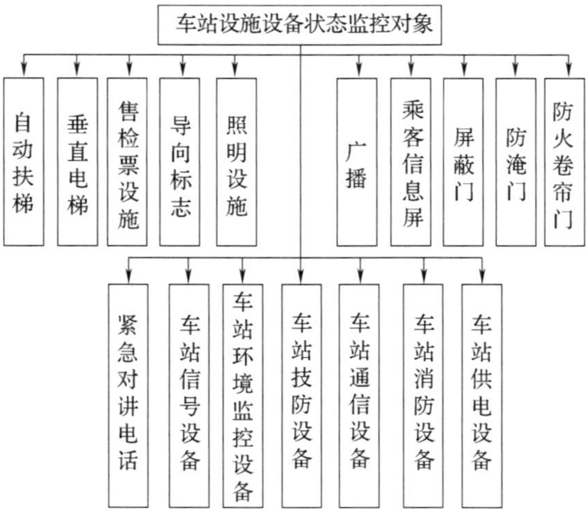

车站设施设备状态监控对象

13.1.2 监控方法

1. 人工监控

针对车站设施设备状态监控的下列重点对象，目前主要采用人工方法来实施监控：

1)自动扶梯状态主要通过对紧停按钮进行定期检查，对手扶带表面进行检查，对手扶带张力进行测试，对传动装置齿轮进行检测，以及对自动加油装置进行检查等方式完成。

2)屏蔽门状态主要通过门体玻璃巡检，定期调整门机限位开关和 PSL 测试等方式完成。

3)消防系统状态主要通过消防/喷淋设施和消防联动测试等方式完成。

4)给排水系统状态主要通过对区间水泵液位探测装置进行模拟水位测试和泵体排水测试等方式完成。

5)门禁系统状态主要通过玻破装置模拟动作测试和密码门禁读卡器测试等方式完成。

2. 设备监控

1)车站设施状态监控

车站设施状态监控主要采用专用监测设备，使用视频监控或专用传感设备对自动扶梯、垂直电梯、导向标志、对讲电话等状态进行监控；使用视频监控或售检票工作站对售检票设施状态进行监控；使用视频监控和屏蔽门监控工作站对屏蔽门状态进行监控；使用视频监控和机电设备监控工作站对防淹门、卷帘门等状态进行监控。

2)车站设备状态监控

车站设备状态监控主要采用专业监控系统，使用 ATS 系统对信号设备进行监控；使用 EMCS 系统对环境监控设备状态进行监控；使用 CCTV 系统对技术防范设备状态进行监控；使用通信网管系统对通信设备状态进行监控；使用 FAS 系统对消防设备状态进行监控；使用 SCADA 系统对供电设备状态进行监控。

13.1.3 监控系统

车站设施设备状态监测预警系统由综合监控系统、火灾自动报警系统、视频监控系统、入侵报警系统等组成。

1. 综合监控系统

综合监控系统采用分层分布式体系结构，由控制中心级综合监控系统、车站级综合监控系统、车载信息子系统、现场级控制和监控网络构成。集成了包括电力监控(SCADA)、设备监控系统(BAS)、乘客信息系统(PIS)、广播(PA)、电视监控(CCTV)、门禁系统(ACS)等机电系统，并与防灾报警系统(FAS)、自动售检票系统(AFC)、列车自动监控系统(ATS)、屏蔽门监控(PSD)等系统实现互联。

综合监控系统的主要功能是完成各专业终端设备的实时监控、异常数据报警及各类已设定模式的设备联动，对车站设施设备运行和环境质量等状态及故障报警进行全面有效的监控和管理，创造舒适的环境，使车站设备处于高效、可靠、节能的运行状况，并能在火灾、大客流等状态下，配合相关系统的运行，协调设备控制，保障人员和设备安全。

综合监控系统由设备实时状态信息采集、设备故障报警、模式联动和设备运行数据传输四个功能模块构成。设备的实时状态和各类运行数据，由监控系统安装在设备现场的就地监控模块完成数据采集工作，并通过光纤将已采集的数据传输至安装在本站车控室与环控电控室的 PLC 柜内进行数据分析，并将处理的数据传输至监控系统的显示终端，在电脑屏上显示各个专业设备的实时运行参数及故障报警情况，当触发已设定的模式时，监控系统配合完成各专业相应的设备联动。各控制中心实现各线路、各车站、各专业设备的实时数据监控。由设置在环控调度员工作台上的设备监控终端显示，实时反馈站内设备运行状态。在紧急情况下，允许环控调度员按照既定的各车站设备紧急预案，远程应急操作。

2. 火灾报警系统

火灾报警系统，能够对车站防火区域和重要场所实现火灾的自动报警、手动报警、电话通信报警和网络信息报警及防救灾设备的联动控制。

防灾报警系统采用控制中心的中央监控管理级和车站监控管理级二级监控管理方式。中央监控管理级实现对全线防灾系统集中监控和管理，车站监控管理级能对其所管辖范围独立执行消防监控管理。主变电所设区域火灾报警控制器，接入相近车站火灾报警控制器。

车站视频监控设备

3. 视频监控预警系统

视频监控系统由车站视频监控设备、车场视频监控设备、线路运营控制中心视频监控设备、网络运营控制中心视频监控设备、列车视频监控设备和图像传输设备构成。能够对站内乘客以及重要的岗位人员进行实时监控，在发现异常情况时，进行及时预警。

4. 入侵报警系统

入侵报警系统由红外探测器(红外探测器配置的智能频闪灯或辅助照明)、高压脉冲电子围栏(高压脉冲电子围栏配置的智能频闪灯或辅助照明)、紧急报警按钮等构成,能够在正线、车辆基地、运营控制中心等轨道交通重要场所发生非法入侵时,及时向有关方面提供报警信息。

1)红外探测器设备

为了防止非法人员进入轨道交通中某些重要区域与场所进行非法破坏活动,在每个地面区间进入地下隧道的出入口、车站票务室(编码室)等相关区域与场所设置红外探测器设备。

2)高压脉冲电子围栏

对于轨道交通区域与非轨道交通区域划分的周界、围墙等,由于周界或围墙的范围广、延伸区域较长,很难从人员配置上进行全程的24小时监视,为防止非法人员利用此环节进入到轨道交通范围内进行破坏活动,在相应的位置设置高压脉冲电子围栏设备。

3)紧急报警装置(按钮)

轨道交通的某些区域和场所由于其场所的特殊性与工作性质,易受到非法人员的侵入或者破坏。为了最大程度上避免或减少此类场所被侵入和破坏,当此类场所一旦发生非法侵入或破坏事件后,利用紧急报警装置(按钮)能在第一时间让相关的安防监控场所及时获知并做出及时处置。

5. 旁通道和区间道岔视频监控系统

为有效监视旁通道和区间道岔的状态,在正线线路上行和下行地下区间旁通道处,分别设置一体化摄像机,接入通信技术防范系统,用以观察区间旁通道门、配电箱、轨道旁积水口附近和旁通道周边区间工况。

在正线线路运营的大小交路折返道岔区域内,根据现场具体情况,设置一体化摄像机,接入通信技术防范系统,用以观察道岔区域工况。

13.2 车站环境与安全状态监控

13.2.1 监控对象

车站环境与安全状态的监控对象主要包括车站环境状态和车站安全状态,重点监控对象主要包括:

1)车站的环境监控包括对车站温湿度、换气量、新风量、空气质量、噪声、水质、水压、水量、能耗、电能质量等状态监控;

2)车站的安全监控包括对车站火灾报警、乘客与管理人员、重要场所等状态监控。

13.2.2 监控方法

车站环境与安全状态监控主要采用专业监控系统，通过环境与设备监控系统系统对环境状态进行监控；通过火灾报警系统对火灾安全状态进行监控；通过视频监控系统和入侵报警系统等技术防范系统对乘客、管理人员、重要场所等安全状态进行监控。

13.2.3 监控系统

车站环境与安全状态监测预警系统由环境与设备监控系统、火灾自动报警系统及视频监控系统和入侵报警系统等技术防范系统组成。

1. 环境与设备监控系统

环境与设备监控系统采用分布式计算机系统，由设在控制中心的中央管理级、车站控制室的车站监控级、现场控制级及相关通信网络组成。

1)中央管理级

中央管理级监视全线各车站级区间的环控系统、给排水系统、照明系统、自动扶梯、电梯、屏蔽门等设备的实时运行状态及故障报警，并在综合信息显示屏上显示各类设备的状态信息。接收全线车站发送来的信息，监视车站设备运行，根据实时运行状态，向有关车站发出控制指令。同时，还接收通信系统主时钟的同步信息，使整个系统与主时钟同步。

2)车站监控级

车站监控级监控本站及所管辖范围内的环控系统、给排水系统、照明系统、自动扶梯、电梯、屏蔽门等设备的实时运行状态及故障报警，具有显示报警功能，保存一定时段信息，打印并自动生成各类报表。对本车站设备的实时状态信息汇总处理，通过传输网发送给中控级。当中央级或系统网络故障时，具备离网独立工作能力。

3)现场控制级

现场控制级可独立完成所管辖范围内设备的控制功能，直接采样车站及管辖区间内设备信息。现场级数据传输采用现场总线方式，通过网络接口接入车站级综合监控系统，执行综合监控系统指令，按不同工况模式运行。综合监控系统故障时，可独立运行。火灾工况时，接受火灾报警系统指令，按火灾工况模式运行。

2. 火灾报警系统

火灾报警系统具有自动报警、手动报警、自动控制、手动控制、设备监视、消防联动控制、火灾事故广播、消防紧急电话和信息存储等功能。

火灾报警系统采用控制中心的中央监控管理级和车站监控管理级两级监控

管理方式。中央监控管理级实现对全线防灾系统集中监控和管理，车站监控管理级（含车站、车辆基地）能对其所管辖范围独立执行消防监控管理。

车站级防灾报警信息接入综合监控系统，实现信息共享。主变电所设区域火灾报警控制器，接入相近车站火灾报警控制器。

中控级防灾报警控制器利用通信专业提供的专用光纤与车站、车辆基地的车站级火灾报警控制器联网组成全线防灾报警系统，以保持防灾报警系统的相对独立性。

车站级火灾报警控制器与所管辖范围内的各类火灾报警探测器、手动报警按钮、电话插孔、防灾电话、各种功能模块等设备联网构成车站级防灾报警系统。

车站级火灾报警系统与环境与设备监控系统、综合监控系统之间设有可靠的通信接口。火灾报警系统与环境与设备监控系统间联动功能，由火灾报警系统与环境与设备监控系统直接完成，与车站级其他系统联动模式在车站级综合监控系统平台上实现。

1）控制中心级

控制中心的火灾报警控制器能监视全线消防设备的运行状态。接收全线报警信号并显示报警信号部位，自动记录和打印。调度大厅综合显示屏显示设备各种状态，火灾时自动弹出火灾地点的实时画面。能进行历史档案管理，定期输出各类数据及报表。与市级消防信息中心接口，上传火灾信息。与消防有关部门设有专用电话或直线电话，及时向有关上级消防部门报告灾情。接收主时钟的信息，使系统与主时钟同步。此外，还能接收市地震预报中心和气象预报中心发布的预报信息。

2）车站控制级

车站控制级对车站及所管辖范围内各种消防设备进行监视和控制，具有自动控制、手动控制及消防联动的功能。确认灾情，并及时向控制中心及有关部门通报灾情，接收并执行控制中心发出的消防指令。接收各类报警信息，能准确显示报警部位，并打印。火灾时启动相关消防设备转入火灾模式运行，组织和诱导乘客疏散。

第 14 章　客流状态监控

14.1　监 控 对 象

上海城市轨道交通客流监控主要对网络客流状态、线路客流状态及车站客流状态实施监控。

1. 网络客流状态监控

网络客流状态监控对象主要包括全网客流总量、全网客流饱和度、客流集聚车站等。网络客流状态监控通过对全网客流总量的监控，了解全网的客流总体装体；通过对全网客流饱和度的监控，确定全网客流负荷程度；通过对客流集聚车站进行监控，明确客流集聚的重点区域。

2. 线路客流状态监控

线路客流状态监控对象主要线路客流总量、断面客流和高峰高断面客流等。线路客流状态监控通过对线路客流总量的监控，了解全线客流总体状态；通过对断面客流的监控，确定线路断面客流及拥挤率；通过对高峰高断面客流的监控，明确高峰高断面客流信息。

3. 车站客流状态监控

车站客流状态监控对象主要为车站日常大客流和突发大客流，重点防止出现客流拥堵、踩踏等情况，保障乘客人身安全。车站客流状态监控的区域涵盖站厅、站台、换乘通道、楼扶梯、出入口等。

不同特征日客流实时监控要素组成分析一览表

序号	时段		区域	指标
1	节假日	高峰	站厅/站台/换乘通道/楼扶梯	站厅/站台/换乘通道:客流密度
				扶梯:客流速度、客流密度
		平峰	站厅/站台/楼扶梯	站厅/站台:客流密度
				楼扶梯:客流速度、客流密度
2	工作日	高峰	站厅/站台/楼扶梯	站厅/站台:客流密度
				楼扶梯:客流密度、客流速度
		平峰	站台/楼扶梯	站台:客流密度
				楼扶梯:客流密度、客流速度

续上表

序号	时 段	区 域	指 标
3	突发大客流	站厅/站台/换乘通道/楼扶梯	站厅/站台/换乘通道:客流密度
			楼扶梯:客流速度、客流密度

4. 列车客流状态监控

列车客流状态监控对象主要为列车车厢内的客流,重点防止出现车厢内客流拥堵、踩踏及异常行为等情况,保障乘客人身安全。列车客流状态监控主要监控区域为列车车厢。

14.2 监控方法

客流状态监控的关键环节在于客流数据的采集,网络客流和线路客流数据的采集现阶段主要通过票务 AFC 系统对客流统计和清分获得。对于车站内部客流分布数据采集可采用热敏和摄像技术,再经由后台分析系统进行统计,实现从"人工数人头"向"设备智能检测"的过渡,做到对车站客流流量、客流密度的实时监测和预警预报。

14.3 监控系统

上海城市轨道交通客流状态监控预警系统主要由网络及线路客流状态监控预警系统和车站客流分布状态监控预警系统构成。

14.3.1 网络及线路客流状态监控预警系统

网络及线路客流监控主要通过客流信息诱导系统(TOS)的功能完成。TOS 系统由运营状态信息发布系统、实时客流信息采集系统和运营状态分析系统三部分组成。

网络及线路客流状态和文本信息数据由信息发布系统通过控制中心下发至线路乘客信息系统服务器,通过线路乘客信息系统终端,显示包括本线路上下行、大客流站、折返站和其他线路枢纽站的相关客流信息。

线路控制中心实现应急信息发布系统与线路控制中心的乘客信息系统的接口,使得应急信息系统与既有的乘客信息发布系统进行信息传递,将监控中心下发的各种文字、多媒体信息导入到乘客信息发布系统,并能够采集线路控制中心的各种乘客信息。

车站层的乘客信息系统,接收来自线路控制中心乘客信息发布系统的应急信息,及时将信息发布至本站内的各终端设备。

14.3.2 车站客流分布状态监控预警系统

车站客流分布状态监控系统是以车站视频监控设备为基础，在重点车站配合热敏监控设备，对车站重点区域的客流情况进行监控，结合历史客流数据，在客流状况出现异常情况时，进行报警预警，并启动相关的客流管理预案。

该系统需针对各类车站的布局和客流情况细分监测区域、监测时段，根据乘客在车站内不同区域的走行特征，可将评估范围分为站厅、站台、换乘通道、楼扶梯四个部分。最后，将各监测点数据汇总并进行后台的实施数据处理，从区域密度、乘客走行速度、行人服务水平等多角度综合分析。

第 15 章 安全监控平台

15.1 功 能 作 用

安监平台能够有效汇集人工与自动化监测设备采集的各类监测数据，建立数据库，并具有多维度的统计分析功能，依据数字化的量化判别指标体系，进行自动对标，从而智能化地实现及时、准确预警，为日常运营维护和应急处置提供有力支撑。在网络化运营条件下，安监平台能够对各线、各专业系统的监测数据信息进行后台分析，综合分析其对本线及网络其他线路运营的影响，根据影响程度触发相应预警，发挥出多线、多专业、多工况的联控功能，为运营维护与应急处置决策提供更为有利的支持，充分保障城市轨道交通安全、可靠运营。

15.2 功 能 模 块

安监平台主要包括现场监测、数据交互、分析认证、预(报)警与反馈四方面功能，能够对各种监测信息能进行汇总、分析、判断，提供预警、报警信息。一方面为网络运营维护作业提供预警信息支持，为日常运营维护作业提供直接依据；另一方面为应急处置提供及时预警信息，实现快速响应和高效联动，确保轨道交通网络快速有效应对相关突发事件。

1. 现场监测检测功能

通过系统运行设施设备状态监测预警系统、车站状态监测预警系统和客流状态监测预警系统等监控系统，利用人工和自动化设备监测检测相结合的方式，监测网络运行状态，采集相关安全信息。

2. 数据采集和共享功能

通过网络运营协调系统、维护保障系统、社会预警系统、现场监测设备等获取相关信息，并对采集数据进行分析评估后，共享分析结果和相关的认证信息，为运营和维护作业提供支撑。

3. 分析评估和认证功能

分析评估和认证主要包括网络正常运转情况下的趋势分析和异常状态下的安全评估分析。该功能的重点是系统性地进行基于全网的安全评估分析，主要包括：**风险辨识**，识别设施设备固有的特性缺陷或潜在的错误操作、流程产生的负面影响等；**概率分析**，对识别的风险进行模拟和量化分析，并在分析的基础上评估风险产生的概率；**后果分析**，预测和量化风险，评估可能转化的相关故障和事故；**影响分析**，基于整个轨道交通网络，针对识别的风险进行全局的相关影响分析。在安全风险评估的基础上，对于关键环节和重要结论进行认证。

4. 预警报警和反馈功能

建立预警和报警指标体系，根据日常维修、临时补修和应急抢修不同需求，针对不同的风险影响程度，划分预警等级和指标。预警性信息主要向运营和维护部门发布，指导、监督全网的维修业务提供；报警信息主要向网络应急指挥部门发布，同时发布给运营和维护专业部门，作为网络应急抢修的快速反应支撑。

针对发布的各类预警报警信息的处置情况需进行反馈，并对处置完成后的现实状态进行评估和确认，并在必要时进一步进行分析认证，以核实预警效果或发布必要的二次预警指令。

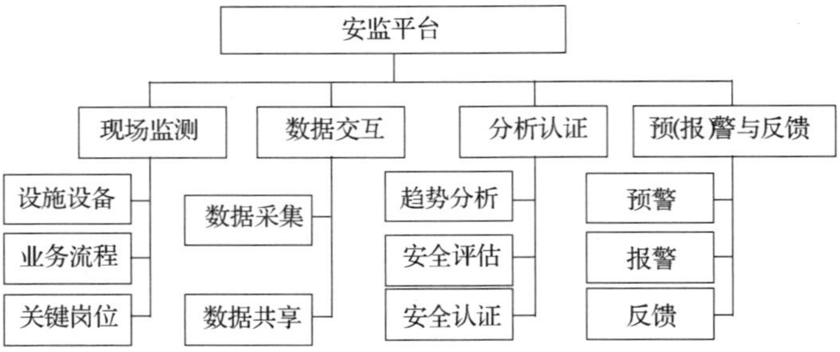

安监平台功能模块示意图

15.3 平台架构

安监平台需要完成现场数据获取、数据分析、结果输出、信息反馈等一系列的流程，其逻辑架构由监测层、数据接入层、分析认证层、数据共享层、预警层、反馈层组成。

1. 监测层

监测层主要是由现场监测的各类硬件设备组成，包括现场监视系统和现场检测传感设备等，是安监平台数据采集的基础支撑。

2. 数据接入层

安监平台不仅通过各监测预警系统内部的现场监测设备进行安全数据的采集，还通过数据接入层从网络通信平台获取各专业在线监控系统的相关安全信息。

3. 分析认证层

对于获取的大量数据进行综合分析评估，为运营和维护保障提供有效支撑。是安监平台的核心部分。

4. 数据共享层

安监平台分析产生的各类信息经过筛选和归类进入数据共享层，运营指挥系统和维护保障系统通过数据共享层可以获取相关信息。

5. 预警层

预警层是安监平台服务于整个轨道交通网络运营的终端输出。在分析评估的基础上，进行合理判断，根据分级预警机制进行预警和报警。

6. 反馈层

安监平台向外发布预警和报警信息后，通过反馈层获取现场处置后的状态信息，并对处置效果进行评估确认。

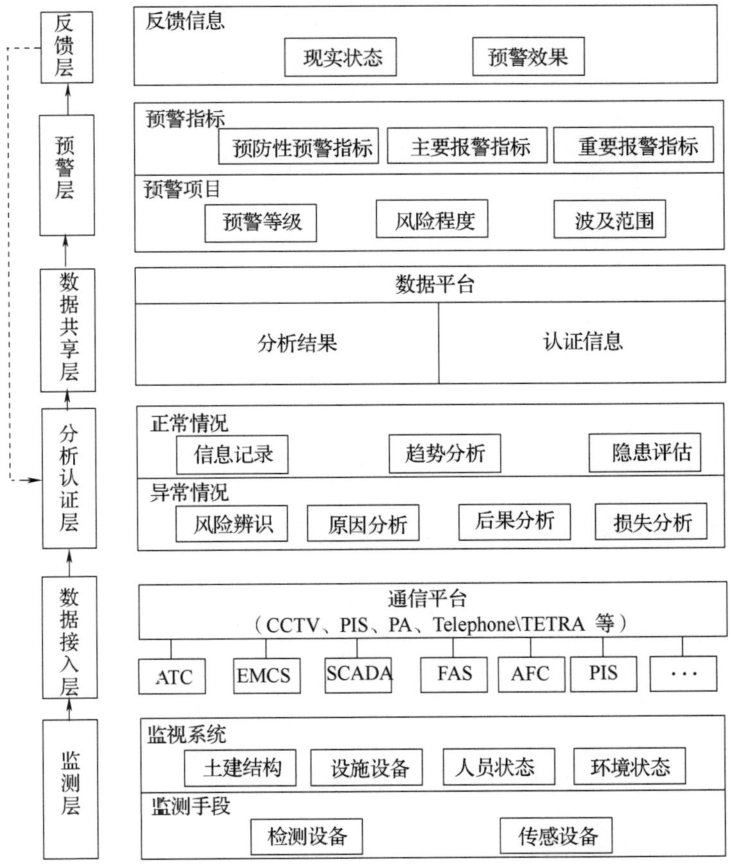

安监平台的逻辑架构图

15.4 信息流程

在网络化运营条件下，安监平台能够实现多专业系统之间监测数据信息的共享，综合分析其对本专业系统和相关专业系统以及其对本线和网络其他线路运营的影响，并根据影响程度触发相应预警和报警。对于不直接影响到正常运营的一般性预警类信息主要传递至运营管理平台和维护保障平台，采取相应的措施进行日常的运营服务优化以及养护维修作业；对于直接影响到正常运营、需要立即进行应急抢修或救援的应急性报警类信息，及时传递至应急平台，触发相应的应急预案进行应急处置，实现多专业联合处置，实现多专业联合处置，以满足轨道交通网络化运营条件下安全监控及应急处置的需求。

第4篇　应急机制

第 16 章 目标与构成

16.1 作用与重要性

16.1.1 网络化应急管理特征

1. 调度指挥统一化

线路式运营阶段，突发事件的影响一般局限于某个区段或某条线路，依托线路控制中心的调度指挥能够充分发挥出熟悉现场条件、线路设备性能以及岗位人员的优势，有效降低突发事件的危害程度。而在网络化运营阶段的应急处置过程中，面对突发事件影响范围广、传递速度快的特点，要求建立集中统一的网络调度指挥中心，掌控全网的应急资源，充分协调线路、部门之间的关系，统一下达调度指挥指令，确保指令的唯一、准确，并引领应急资源围绕统一的应急处置目标和方向进行协同运作，提升突发事件的应对能力。

2. 协调联动一体化

线路式运营阶段，应急管理过程中的协调联动往往以线路为单位，管理架构层次相对简单，重点关注线路内部专业之间、部门之间以及与外部单位之间的协调联动。网络化运营阶段，应急管理面向整个网络，管理架构方面增加了网络层。因此，需要以网络为单位，在线路式运营阶段的联动基础上，更加关注线路之间、网络内层间以及网络统一与外部单位之间的协同运作。协调联动的覆盖面更广、业务量更大、复杂程度更高，并要求对于网络内外的资源进行一体化规划和统筹，确保在进行应急处置时，能够组织各方围绕统一的指令进行协同联动，以达到应急处置合力的最大化，共同应对突发事件。

3. 资源配置集约化

线路式运营阶段，围绕快速响应到达现场的要求，不同线路往往在线路两端的车辆基地内均配置了较为完备的应急设备资源，因此易造成部分设备利用率不足的情况。网络化运营阶段，为确保应急管理的顺畅运作，要求应急抢修点采取区域化的方式进行布置，以满足快速达到现场的要求。同时要求采取集约化的方式，对网络内外的应急抢修设备进行统一配置，充分利用社会化专业设备资源，减少网络内利用率相对较低的大型专用设备的配置数量，并要求能够与外部相关单位建立联动机制，有效统筹资金、交通、安全场所等相关资源，为应急处置提供有力保障。同时，在采取“平战结合”管理方式的基础上，需要建立一支具有综合应急处置素质与能力的应急抢险队伍，专门从事网络范围内的应急抢修抢险作业，提升应急处置的效率与效果。

4. 信息发布开放化

线路式运营阶段的应急处置过程中，信息发布主要面向线路内部人员以及乘客，起到告知的作用。网络化运营阶段，由于线路之间的关联性更为紧密，社会关注度更高，要求面向换乘客流以及相关线路的工作人员及时发布信息，从而便于提前采取分流措施，避免客流集中在事发线路，并利于多方人员共同采取措施，有效应对突发事件。同时，要求面向社会，采取更加多元、开放的手段，增加社会受众接收信息的渠道，实现与社会的双向、及时沟通，创造相对宽松的舆论环境。这也有利于社会危机公关的顺利开展，降低突发事件的不利影响。

5. 管理流程标准化

线路式运营阶段，由于线路之间的具体情况有所不同，对于相同突发事件的应急管理流程和操作流程存在差异，易造成不同线路应急处置效率和效果的难以统一，影响到整体的应急处置能力。网络化运营阶段，突发事件影响范围更广，往往会影响到多条线路，需要采取定量化的方式，设计应急指标体系，规定不同突发事件的应急处置的时间和效果，采用倒逼的方式，促成不同线路形成较为统一的标准化应急管理流程和操作流程，并通过应急演练进行优化并固化下来，提升网络的整体应急效率和应急处置能力。

6. 应急管理信息化

线路式运营阶段，突发事件的发生次数相对较少，且危害程度也相对较低，采取人工为主的应急管理方式，在效率方面基本能够满足运营要求。网络化运营阶段，突发事件的发生次数和协调联动的作业量明显增加，仅依靠人工方式难以实现快速响应、高效处置的要求。因此，需要采取信息化技术，针对不同突发事件的应急管理需要，构建应急管理平台，更为高效、准确、智能的应对突发事件，提升应急处置效率与能力。

16.1.2 应急机制的作用与重要性

网络化运营阶段，城市轨道交通突发事件逐步呈现出数量增加、类型多样的发展趋势。一方面，由于安全风险隐患趋于复杂，多专业并发风险的发生数量明显增多，从而直接导致了突发事件类型的增加。另一方面，由于网络运营协调部门、网络应急指挥部门及信息网络等涉及运营安全的网络层面物理设施、系统设备的出现，增加了突发事件的发生场所与种类。同时，突发事件的影响传递速度更快，波及范围更为广泛，重新恢复运营秩序的调整难度明显增加，对应急处置效率和能力提出了更高要求，需要采取体系化的方式构建应急管理体系，全面提升应对能力，增强及时预警能力、快速响应能力、联动处置能力，将突发事件的危害限制在可控范围之内。

应急管理体系主要由应对主体、应对规则、应对工具、应对手段 4 项内容构成，分别表现为组织体系、应急预案、应急机制和管理平台。

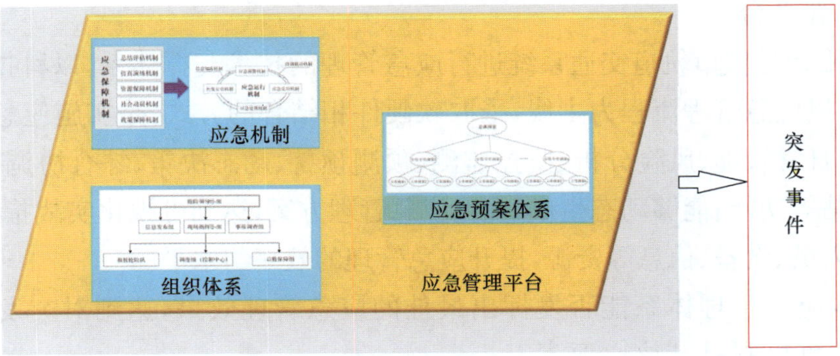

应急管理体系构成图

1. 组织体系

组织体系通过在组织上形成体系，充分整合人力资源和管理资源，明确不同人员与组织机构职责，保证不同岗位人员具备应有的应急管理能力，为应急管理提供有力保障。

组织体系是城市轨道交通系统“平时”运营管理、培训演练和“战时”对各类危害因素和突发事件进行全程应对的组织指挥和实施执行的机构体系，为应急管理的运行提供人力资源和管理资源的支撑。作为城市公共交通系统的重要组成部分，城市轨道交通系统根据突发事件的危害程度，一般设有城市与运营主体两级组织体系协同运作，共同保障应急管理的顺畅运作。

2. 应急预案体系

应急预案围绕应急处置目标，通过构建应急预案体系，实现对各种事故故障的全面覆盖，能够直观、形象化的明确“面对不同级别的不同事件时，不同组织人员按照怎样的流程采取怎样的应对措施，达到怎样的处置目标”，充分发挥出应急处置效果。

应急预案体系是城市轨道交通系统对各类突发事件实施应急处置的操作行为规程体系，是涵盖组织体系和应急机制的描述性文件。为保证各类预案之间的整体协调和层次清晰，实现共性与个性、通用性与专业性的结合，应急预案体系宜采用分层结构，划分为总体预案、分项（专项）预案和工作预案的三层架构，并确保总体预案、分项（专项）预案和工作预案之间顺畅衔接。

3. 应急机制

应急机制则是以相关法律、法规和规章制度为基础，应对突发事件而采取的一系列应急管理工作流程，是相关人员、机构协调组织各方资源进行全过程应急运作所必须遵循的规范和规则。根据突发事件性质和危害级别，确定更为合理、更为流畅的运转流程，并重点关注对应急效率具有较大影响的关键环节，确保应急管理业务运转的效率和效果，这是整个应急管理体系的运转核心，在应急管理运行中发挥驱动器的作用。

4. 管理平台

管理平台是城市轨道交通系统进行应急管理的技术支撑体系，以科技和信息技术为支撑，以应急管理流程为主线，采取软硬件相结合的方式，是实施应急预案的工具，并具备日常管理、风险分析、监控监测、预测预警、动态决策、综合协调、应急联动和总结评估等功能，能够动态生成、优化应急管理方案，达到可视化实战指挥的效果，全面统筹人员、设备、信息等资源，提升应急管理的效率与水平。

因此，应急管理体系能否发挥出最佳的应急管理效果，达到对突发事件的有效应对，应急机制是其核心要素。

16.2 目标要求

16.2.1 基本目标

预警及时：强调能够在对安全风险监控准确判别的基础上，对可能引发的突发事件进行及时的预警，以便于采取有效的应对措施。

反应迅速：强调在获得预警信息后，能够迅速做出反应，准确启动相应的应急预案，并通过多元化的信息渠道快速发布相关信息，确保相关主体能够快速做出正确动作。

处置高效：强调能够在确保人员财产安全的情况下，通过及时准确的指挥决策以及标准化的现场操作，快速排除事故故障，恢复正常运营。

16.2.2 建设要求

城市轨道交通应急管理宜按照“坚持以人为本，最大程度地保障公众生命安全、系统设施安全、运营秩序正常”的基本原则，将保障公众安全和降低财产损失作为应急处置工作的出发点，最大程度地减少城市轨道交通运营突发事件所造成的人员伤亡和财产损失，控制社会影响，并尽快恢复正常运营秩序。

在实际运作过程中，上海城市轨道交通按照“统一指挥、分级应对、专业处置、协同联动、全面覆盖”的要求开展应急处置工作，确保应急处置效果的最大化发挥。

统一指挥：根据网络管理架构，形成网络管理层、线路控制层、现场执行层的应急管理组织体系，明确不同层次的管理职能和职责，确保相关组织和人员在发生突发事件时按照统一的指令进行处置，实现应急处置合力的最大化。

分级应对：以分级预警作为应急处置流程的引领点，根据不同的突发事件性质以及预警等级，采取差异化的应对方式和流程进行应急处置，确保资源配置以及处置效果的针对性和实用性。

专业处置：采取专业优先的原则，按照“谁专业谁主导”的方式，由轨道交通所辖的专业抢修队以及公安、消防、生化等外部单位的专业化队伍，根据突发事件性质和预警等级确定现场应急处置的主导权，确保应急处置的有效性与高效性。

协同联动：要求能够根据不同预警等级，设定相应的应急指挥主体，统一发布应急指挥指令；并建立顺畅的传递渠道，确保相关信息及时、准确发布；同时，能够明确内部和外部人员、机构的职能职责以及不同情况下的联动作业方式和流程，确保应急处置各方协同配合，共同应对事故故障，获得最佳的处置效果。

全面覆盖：能够覆盖各类事故故障，包括不同事故故障同时发生的情况。同时，能够贯穿“预防－预警－响应－处置－恢复”的全过程，实现对各类事故故障的全过程安全管控。此外，能够采用“Plan(计划)－Do(实施)，Check(评价)－Act(改善)”的PDCA循环方式实现闭环管理，持续提升应急管理水平，不断提高安全性。

16.3 基本构成

16.3.1 应急机制的构成

应急机制主要针对各类突发事件，通过一系列流程运作，达到对突发事件的有效处置。在明确事件类型的基础上，一般可以通过预警等级、应急过程、目标时间三个维度进行全面的描述。同时，为便于理解，主要从应对对象和运作流程两个角度进行划分，明确应急机制的构成形式。

1. 基于应对对象角度的应急机制构成

从应对对象角度出发，可划分为三大类应急机制，即自然环境类突发事件应急机制、公共安全类突发事件应急机制、运营生产类突发事件应急机制，能够根据不同突发事件的性质形成针对性的应急处置流程。

2. 基于运作流程角度的应急机制构成

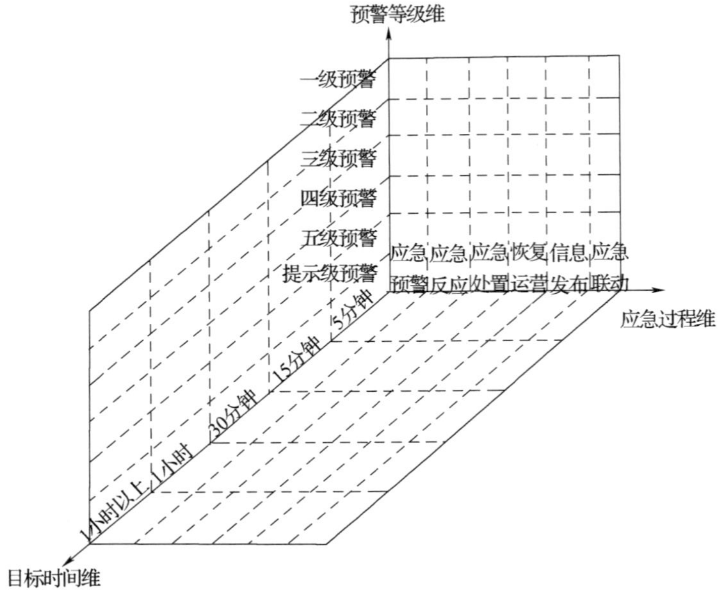

应急机制的多维度划分

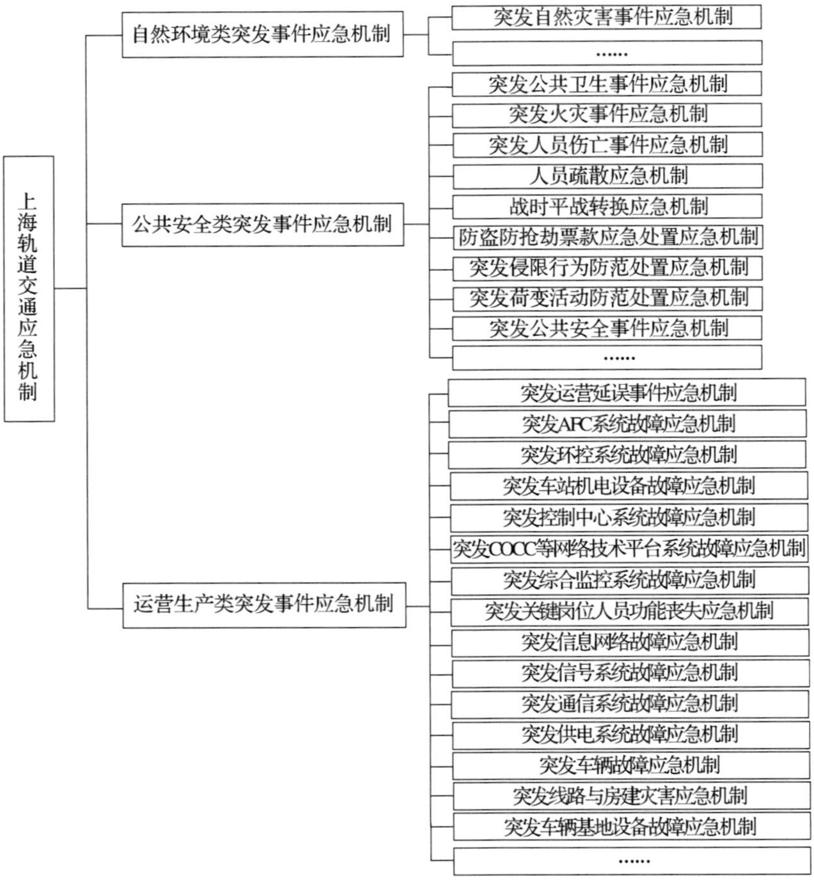

基于应对对象的应急机制构成

从运作流程角度出发，应急机制主要包括应急运行机制和应急保障机制两个方面。其中，应急运行机制重点围绕如何应对突发事件进行应急处置，以排除故障、恢复运营为目的，主要包括应急预警、应急反应、应急处置、恢复运营、应急联动、信息发布6项机制。而应急保障机制则是为应急处置作业顺利运转而提供保障的机制，主要包括政策保障、资源保障、公共沟通、仿真演练、总结评估等5项机制。

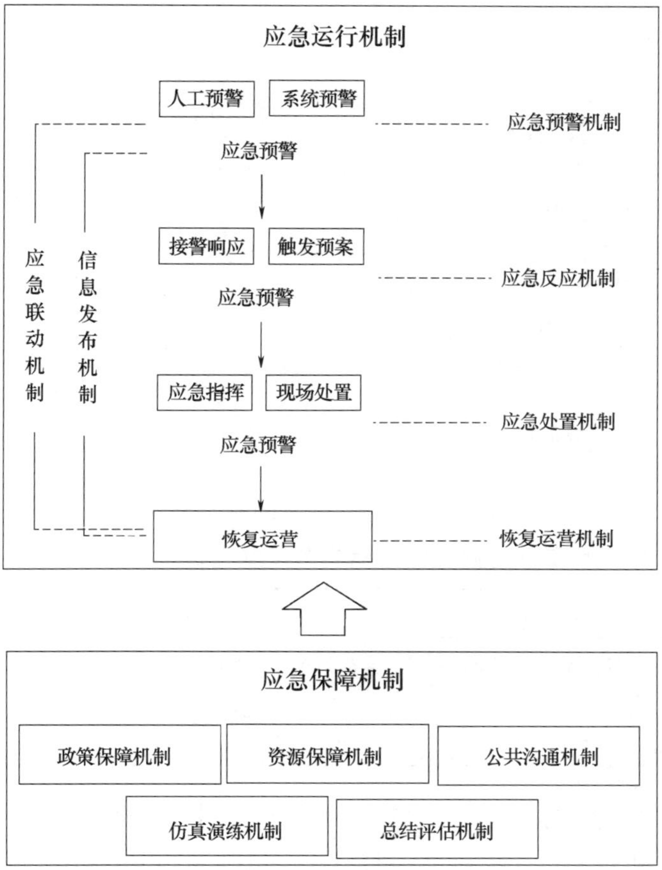

基于运作流程的应急机制构成

16.3.2 应急机制的基本运行条件

从体系化角度出发，为最大化发挥出应急管理体系的效果，确保应急机制的顺畅运行，需要三方面的基本条件，分别是明确的目标、关键的环节、有保障的能力。首先，采取定量化的方式，明确不同级别、类型突发事件的应急处置目标，并作为应急机制运行的导向。其次，清晰把握影响应急效率的关键环节，作为重点进行关注，理顺应急处置流程。最后，从人、物、技等方面确保具备足够的应急处置能力，保障应急处置作业的高效运作。

1. 定量的处置指标体系

围绕应急效率这个核心，针对不同的突发事件级别与类型，将应急处置过程中不同阶段的目标时间进行量化，构建定量化的应急处置目标指标体系，为应急指挥决策提供基本参考依据。

构建应急处置目标指标体系，首先，明确合理的划分层次与维度，一般可按照预警级别、事件类型、具体事件的顺序确定体系构建的三个维度。其次，确定定量指标的划分层次与维度，可根据应急处置的过程，划分应急处置总时间与分阶段时间确定各定量指标项。

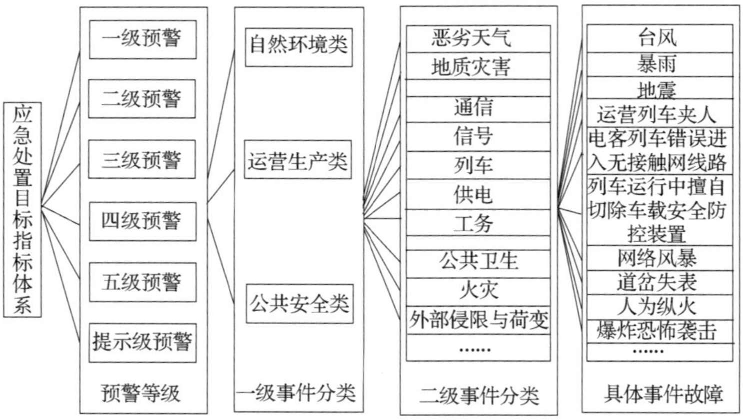

应急处置目标指标体系的基本构架图

应急处置目标指标体系定量指标构成表

应急处置时间							信息发布时间	
总时间	预警判断时间	应急响应时间	人员到场时间	设备到场时间	现场处置时间	恢复运营时间	对内发布时间	社会发布时间
…	…	…	…	…	…	…	…	…

针对发生频率高、危害程度大的主要突发事件，上海城市轨道交通基本制定了定量化的应急处置指标，按照 0～15 min、15～30 min、30～60 min 及 60 min 以上等级别，确定不同级别下主要突发事件的应急处置时间，如手摇道岔、人车冲突等事件的应急处置时间定为 15 min 以内。同时，对于应急反应时间，也要求相关人员能够在 30 min 以内到达事发现场。但对于分阶段的应急处置时间指标还未进行细化定量，仍采用应急处置总时间作为应急处置效果考核评估的主要依据。在应急处置目标指标体系的基本框架下，上海城市轨道交通正逐步探索并完善分阶段应急处置指标的量化工作，为应急处置的精细化管理奠定基础。

2. 清晰的处置关键环节

在应急处置过程中，直接影响到处置效果的关键环节主要有两个，一个是对事态进行评估判断并及时将信息进行准确上报，另一个是面对复杂的工况如何确保现场多专业之间能够顺畅的进行分工协作。

1)事态评估判断与信息准确上报

事态评估判断是应急处置的基本前提，主要是了解突发事件影响的过程，评估判断的准确与否直接影响到所采取的应急处置流程是否合理有效，而准确的判断对事发人员的应急经验和专业素养以及所需的基础性资料的储备与调用提出较高要求。同时，如何将评估判断信息及时、准确的上报给应急指挥机构也是影响应急处置效果的关键，两个环节紧密相连，且作业难度较大，需要进行重点关注。

对于事态评估判断，必须做到对事态性质、发生场所、危害等级、影响后果、预期处置时间等方面的全面准确判断，从而确保信息上报及时准确。

2)现场多专业分工协作

面临复杂工况时，需多个专业进行协同配合、分工协作，有序的开展现场处置作业，这对现场应急指挥处置小组的协调组织能力以及各专业小组的专业救援排故能力提出较大挑战，也成为直接影响应急处置效果的关键环节，且协调配合难度较大。

3. 综合的处置能力要求

为保证应急处置流程的顺畅运作，取得良好的应急处置效果，如何确保关键环节作用的充分发挥将会成为重中之重，而人员能力水平、基础资料管理水平、设备配套水平、标准化作业水平和现场分工协作水平成为影响关键环节作用发挥的五个重点与难点。

1)人员能力水平

应急处置的主体是人，人的能力水平将直接决定应急处置的效果。在应急处置过程中，具有决定性的能力水平主要包括事态判断能力、专业排故能力和统一指挥能力三个方面，而满足这些能力水平具有相当的难度。

事态判断能力要求事发人员或现场应急指挥人员具有敏锐的观察能力、冷静的判断能力、综合的专业能力、全面的思考分析能力和清晰的逻辑推理能力。专业排故能力要求现场处置人员具有高水平的专业技能、标准化的操作技能以及丰富的排故经验。统一指挥能力要求现场应急指挥人员具有全局的统筹协调能力、向心的领导指挥能力、快速的应急反应能力。

2)基础资料管理水平

在事态评估判断过程中，除了人因之外的重要因素就是基础资料的管理保障水平。无论在先期处置还是后期综合处置阶段，由于人难以对事发现场的结构设计以及设备规划配置等资料进行全面掌握，必须能够快速调用到事发现场或车站的结构与通道设计图纸、车站设备安装图纸等基础资料，为事态影响后果以及预期处置时间的判断评估提供基本保障。

随着网络规模的持续增加，整个网络的前期规划设计、工程安装建设以及运营维护改造的图纸、文件等相关资料的数量与规模也快速增长，这对基础资料的全程管理水平以及调用效率提出了高要求。

3）设备配套水平

面对比较复杂的突发事件，专业化的应急抢修抢险设备必不可少，设备配置水平直接影响到对突发事件的控制水平以及应急处置结果。如何确保面对各类突发事件，均能够配置有相应的专业应急设备，对轨道交通运营主体提出了较大的挑战和压力。

专业抢修抢险设备配置的难度主要表现为设备利用率相对较低与种类较多、价格较高、配套应用条件较高、技术更新速度较快等方面的矛盾。一方面要求根据不同设备的实际应用频率，采取自主购置与社会共享相结合的方式进行有效配置；另一方面要求满足足够的空间、水源、电力等资源保障设备的实用性要求。同时，为确保设备能够快速到达事发现场，要求采取区域化的方式进行应急抢修点的布局，并确定不同性质与级别的应急抢修点的应急抢修设备配置标准，以保证应急处置的效果。

4）标准化作业水平

效率是应急处置的核心，通过标准化作业，固化流程与环节要点，能够有效提升应急处置全过程的效率。其中，先期处置的效率决定了整个应急处置过程的效率，是需要进一步强化的重点。

在先期处置过程中，采取首地负责制的“人治”方式将会明显影响先期处置的效率与效果，因此需要采取“制度治”的方式，针对重点的工况，制定不同岗位人员的标准化流程和作业要求，能够自动进行快速反应，开展先期处置作业，提升先期处置的效率。但如何确保不同岗位的标准化作业能够适应实际需要，并能够与现场指挥人员的个人意志和经验相协调，仍具有较大的难度和复杂性，要求能够通过不断实践进行优化完善。

5）现场分工协作水平

对于现场分工协作，处置效率是核心要素。不同处置阶段的主体特点和作业要求存在差异，要求能够选择不同阶段的合理处置模式，保证应急处置全过程的高效顺畅。同时，要求现场应急指挥人员具备较高的协调管理能力，合理安排现场作业流程，提升专业间的协同配合水平，从而在后期综合处置阶段中，能够有效统筹现场资源，凸现出专业主导的理念，打破行政与管理级别的限制，有序开展各项现场处置作业，避免相互干扰与冲突的情况。

突发事件情况下的应急限流与组织

第 17 章 应急运行机制

17.1 应急预警

17.1.1 基本要求

应急预警机制是为有效监控预警运营风险而采取的一系列措施安排和制度，宜按照“全面覆盖、及时准确、智能预测”的要求进行运作。

全面覆盖：能够针对各类风险隐患采取有效手段进行监控预警，同时能够针对各类风险隐患可能引起后果的危害程度划分不同等级进行监控预警，实现横向上风险类型和纵向上风险等级的全覆盖。

及时准确：能够建立预警指标体系，实现对风险隐患类型和级别的准确判别，并建立更为快速流畅的信息传递渠道，对可能引发的突发事件进行及时预警，采取有效的应对措施，降低风险隐患的危害影响。

智能预测：能够进一步增强自动化监控设备的应用，实现对设施设备运行状态数据的实时采集与分析，自动对照预警指标体系生成风险类型与级别，实现对未来发展趋势的预判，具有智能化功能，提升监控预警的效率与准确性。

17.1.2 预警等级

根据上海城市轨道交通运营生产实际情况，依照已发生突发事件线路行车的受影响程度、人员伤亡数量、预判运营中断时间及事件类型，上海城市轨道交通应急预警等级划分为一～五级和提示级预警共 6 个级别。

17.1.3 预警发布

一级和二级预警信息由轨道交通运营主体上报市交通港口局后，由市交通港口局报请市政府同意后，通过市交通港口局交通港航指挥中心向各应急联动单位发布，并由市交通港口局、轨道交通运营主体组织协调相关单位向社会公众发布。

三级和四级预警信息，由轨道交通运营主体报市交通港口局同意运营后，通过市交通港口局交通港航指挥中心向各应急联动单位发布。

五级和提示级预警信息，由轨道交通运营主体报备市交通港口局，并主要由轨道交通运营主体的网络运营协调中心(COCC)向社会公众及时发布。

预警信息内容包括事件概况、受影响区域、预计恢复时间等内容。

上海城市轨道交通移动电视信息发布

17.1.4 运作流程

应急预警机制以数据信息的流转为主线，重点依托运营安全监控体系，按照“采集—判别—预警—继续采集”的方式进行循环运作，实现对风险隐患状态的全过程有效监控。

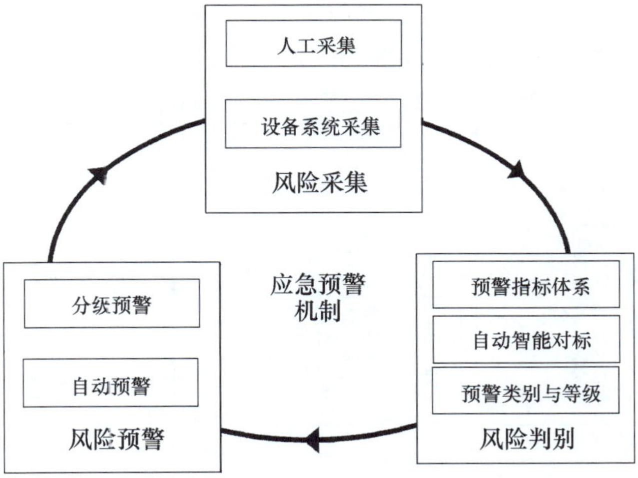

应急预警机制运作流程图

风险采集主要采取人机互补的方式对风险数据与信息进行采集，主要由在线监控系统以及人工和检测监测工具与设备，对运行系统设施设备、车站以及客流的状态进行监控，获取风险数据与信息。根据不同数据与信息的性质、类型、级别，建立相对应的信息传递渠道，并由地铁热线或官方微博、运营公司生产调度、线路控制中心、维保中心调度负责数据信息的收集、整理，最终汇集到网络运营协调与应急指挥中心(COCC&ETC)，完成风险采集工作。

风险判别主要通过运营安全监控体系中的预警指标体系，将采集的风险数据与信息进行自动对标分析，明确风险与突发事件的类型以及预警等级，完成风险的识别与判断。

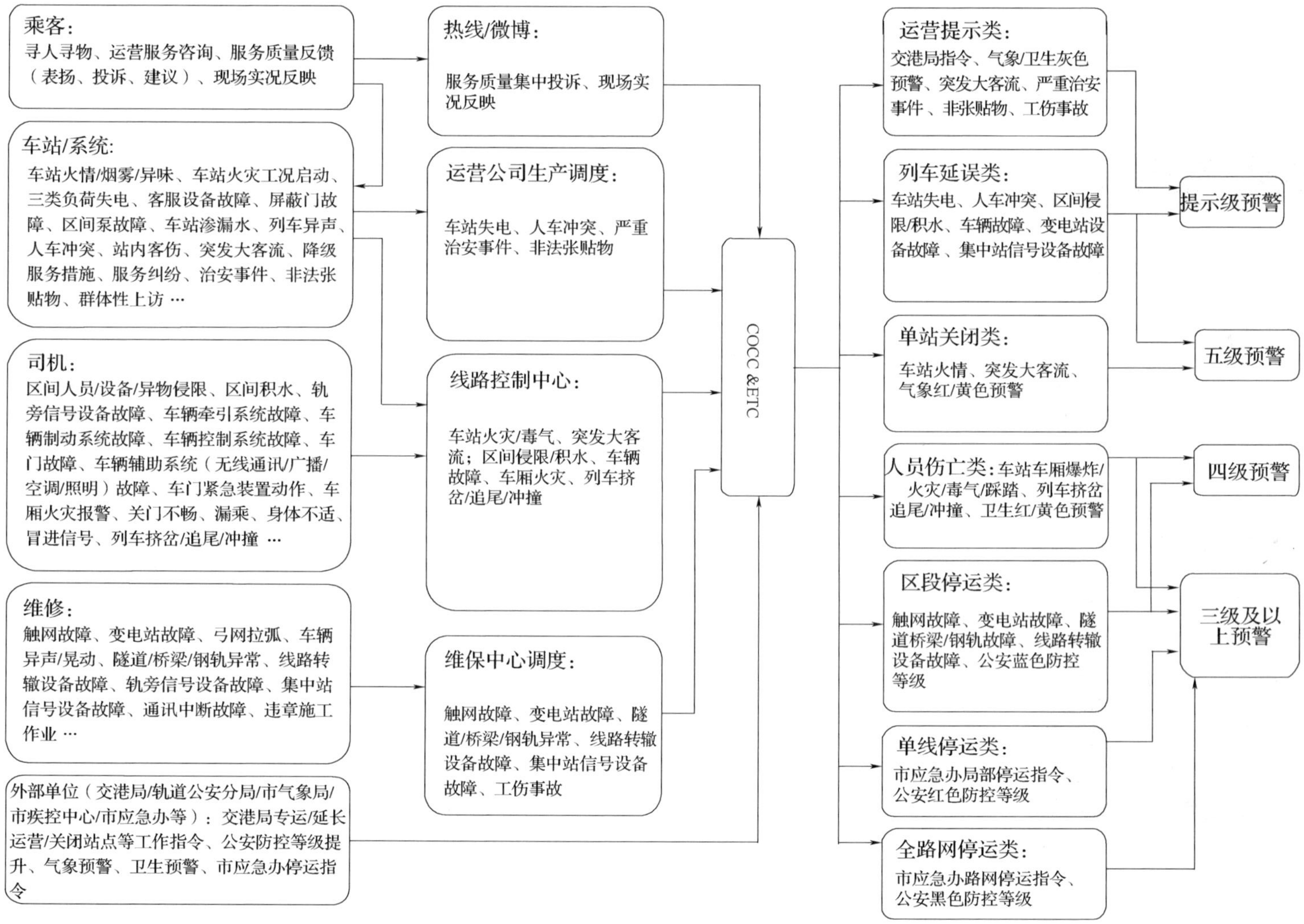

上海城市轨道交通应急预警运行流程图

风险预警主要根据判别后的预警等级，采取分级预警的方式，自动向相对应的组织机构和人员发出预警信息，启动应急反应机制。

17.2 应急反应

17.2.1 基本要求

应急反应机制是为响应预警信息启动应急预案而采取的一系列措施安排和制度，宜按照“分级响应、动态适应”的要求进行运作。

分级响应是指结合城市轨道交通网络层级式的管理架构特点，将响应主体划分为不同层级，根据预警信息，明确突发事件的发生场所、影响范围、预警级别等内容，实现“准确的主体响应准确的预警信息”，达到快速响应目的，并在第一时间发出应急指令，组织相关资源开展应急处置。上海城市轨道交通的应急预警响应主体包括网络层、线路层以及车站层三个层次。网络层的主要响应主体为网络运营协调中心，重点对五级及以上级别预警进行响应。线路层的主要响应主体为线路控制中心（OCC），重点对五级预警进行响应。车站层的主要响应主体为区域站长、车站工作人员和司机，重点对提示级预警进行响应。

动态适应是指由于突发事件具有动态变化、衍生扩散的特性，结合突发事件的影响范围、影响强度、事件性质以及控制事态能力等方面的变化情况，根据预警级别的动态变化，同步调整响应主体和流程，保证响应的准确性。

17.2.2 运作流程

1）三级及以上级别预警

一级、二级预警：在市委、市政府统一领导下，成立市应急处置指挥部，各应急联动单位按照应急预案迅速到位，开设相应协调组，统一指挥各专业应急队伍的现场抢险救援工作。

三级预警：根据突发事件性质，相应的应急联动单位共同成立事故处置现场指挥部，由现场指挥部组织实施预案，各相关部门和单位迅速到位。

2）四级预警

由市交通港口局、市应急联动中心会同相关部门组织实施，各相关工作单位迅速到位。

3）五级预警

由网络运营协调中心向运营主体的相关组织与人员及外部相关单位发布五级预警的工作指令，响应主体以网络层的应急指挥中心和线路层的线路控制中心为主。

4）提示级预警

由网络运营协调中心向运营主体的相关组织与人员及外部相关单位发布提

示级预警的工作指令，响应主体以车站层的车站班组、区域站长以及司机为主。

在接到分级预警信息后，根据不同等级的预警信息，应急反应的主体以及所承担的职责存在差异。

市委市政府及相关职能部门接到三级及以上级别预警启动申请后，快速做出响应，召集主要人员成立应急处置指挥部，承担应急指挥工作的职能，全面协调各方面资源，下达指令，完成对突发事件的有效处置。

市交通港航指挥中心及市应急联动中心等市级相关部门接到四级及以上级别预警启动申请后，快速做出响应，召集主要人员成立应急指挥小组，承担应急指挥工作的职能，全面协调各方面资源，下达指令，完成对突发事件的有效处置。

网络运营协调与应急指挥中心接到五级及以上级别预警信息后，快速做出响应。四级及以上级别预警时，在递交预警启动申请的同时，积极指挥轨道交通系统内部相关组织和人员开展先期应急处置工作，尽力控制事态发展，待应急指挥小组成立后，承担配合指挥的职能。五级预警时，对于涉及网络层面事件主要承担应急指挥工作，对于涉及线路层面事件则承担对线路控制中心应急指挥工作的督导职能。

运营主体领导接到四级及以上级别预警信息后，快速做出响应，第一时间到达网络运营协调与应急指挥中心，对应急指挥作业进行督导。

线路控制中心接到五级及以上级别预警信息后，快速做出响应。五级预警时，直接承担应急指挥工作的职能，指挥现场进行应急处置。五级以上级别预警时，根据应急指挥小组的指令，配合指挥现场应急抢修队。

运营公司、维保中心、各维护专业公司接到预警信息后，快速做出响应，根据应急指挥指令，提供所需的人员、技术和设备，承担应急处置过程中技术支持的职能。

应急抢修队接到五级及以上级别预警信息后，快速做出响应，迅速到达现场。五级预警时，组织成立现场应急处置小组，开展现场处置工作。五级以上级别预警时，对于轨道交通系统设施设备的事故故障，承担主导现场处置工作的职能；对于火灾、恐怖袭击、传染疫情等公共安全类突发事件，承担配合公安、消防等外部单位进行现场处置的职能。

公安、消防等外部单位接到预警信息后，快速做出响应。四级以下级别预警时，承担为现场提供技术支持的职能。四级及以上级别预警时，对于火灾、恐怖袭击、传染疫情等公共安全类突发事件，充分发挥专业优势，组织成立现场应急处置小组，承担主导现场处置工作的职能。

车站班组、区域站长以及司机等现场人员接到预警信息后，快速做出响应，第一时间开展先期处置工作。五级及以上级别预警时，在应急指挥小组成立后，根据应急指令配合完成现场应急处置工作。提示级预警时，直接承担现场处置的职能。

上海城市轨道交通应急反应主体职责分配表

	提示级预警	五级预警	四级预警	三级及以上预警
车站班组/区域站长/司机…	先期处置 现场处置	先期处置	先期处置	先期处置
应急抢修队	/	现场处置	现场处置或配合处置	现场处置或配合处置
线路控制中心	应急督导	应急指挥或配合指挥	配合指挥	配合指挥
运营公司/维保中心/维护专业公司	技术支持	技术支持	技术支持	技术支持
网络运营协调与应急指挥中心	/	应急指挥或配合督导	配合指挥	先期应急指挥、后期配合指挥
运营主体领导	/	/	应急督导	应急督导
市交通港航指挥中心/市应急联动中心等市线部门	/	/	应急指挥	配合指挥
市委市政府及相关职能部门	/	/		应急指挥
公安、消防等外部单位	技术支持	技术支持	现场处置	现场处置

17.3 应急处置

17.3.1 基本要求

应急处置机制是为确保快速排除事故故障而采取的一系列措施安排和制度，宜按照“先期介入、属地为主、公众动员、协同有序”的要求进行运作。

先期介入强调当突发事件发生时，遵循“第一时间控制事态发展”的原则，由最先发现突发事件和最接近突发事件发生场所的人员或组织，根据自身的工作职责，先期介入采取相应措施，实施紧急疏散，并最大程度减少次生灾害的发生，控制突发事件的影响范围和程度，为后续专业化应急处置的顺利开展争取时间、创造条件。

属地为主强调以现场应急指挥处置为主的原则，由现场应急指挥处置小组制定微观层面的应急决策，实行应急处置工作。而应急指挥小组依托现场，掌握第一手信息和资料，实时跟踪突发事件的变化情况，制定宏观和中观层面的应急决策，指挥相关组织和人员为现场应急处置工作的顺利开展提供资源保障。

公众动员强调依靠城市轨道交通运营方的日常宣传和演练，增强公众在突发情况下的自我保护和协同配合意识，能够在突发事件处置过程中，实现公众乘客的有效动员，积极配合完成人员疏散和救援，确保应急处置的顺利进行。

协同有序强调以专业为核心，在现场应急指挥处置小组的统一指挥下，有效统筹各专业资源，协同配合，共同处置，最大化地发挥出应急处置效果，实现对突发事件的快速有效应对。同时，重点明确在不同情况下的处置次序，有序进行人员疏散、人员救援、危害清除、设备抢修、故障排除、心理治疗等多项应急处置行为，确保应急处置过程的流畅性和有效性。

17.3.2 运作流程

应急处置机制主要包括应急决策机制、应急指挥机制和现场处置机制三个部分。其中，现场处置由先期处置和后期综合处置组成，按照“先期处置－应急决策－应急指挥－后期综合处置”的流程进行运作。

应急决策主要围绕突发事件的类型、性质和级别以及发生场所启动相应的应急预案，同时根据资源配置、事态发展等实际条件，由应急指挥小组根据现场应急指挥处置小组的意见，会同相关专家，制定统一的应急决策。

应急指挥由应急指挥机构负责人根据应急决策统一发布应急指令，明确不同组织与人员的职责以及作业要求，保障多专业、多部门之间高效的协同联动。

现场处置主要负责事故现场的处置作业，由先期处置和后期综合处置组成。

先期处置由最先发现突发事件和最接近突发事件发生场所的人员或组织进行，一般是车站班组、司机等车站层人员以及线路层和网络层值班人员，在预警信息发布的同时，组织、指挥、协调现有力量根据应急预案以及应急操作手册对不同的突发事件进行先期控制。

后期综合处置由现场应急指挥处置小组和对外公关小组根据应急指挥小组的指令，组织轨道交通系统内部与外部各专业人员共同进行现场处置作业，尽快排除事故故障和危险，保障人员与财产安全，并及时对外发布相关信息，为恢复运营创造环境。其中，现场应急指挥处置小组主要由抢险抢修小组、运营组织小组、信息传递小组组成。

1)抢险抢修小组：根据事故性质预判影响范围，尽快确定抢修方案，并提出降级运行等建议方式；调用各类资源，组织现场抢修，采取有效措施控制事态，尽快恢复设备运营状态；在事件处置完毕后，组织快速清场。

2)运营组织小组：根据突发事件的具体情况，及时采取适当的临时行车组织调整方案，并做好行车安全监护工作；组织事发线路车站和全网络及时采取相应的客运组织调整措施，并做好现场疏导工作，组织工作人员设置必要的警戒区，隔离事故现场，做好对乘客的安抚、救助、隔离、引导、疏散、乘客相关信息记录等工作，采取适当的设备运行方式维持或退出运营。

3)信息传递小组：指定若干信息联络员，并确保有1人驻守车站控制室。实时采集现场操作、流程运行、指令执行、进展情况等信息，按固定时间间隔(5分钟)及事件处置关键节点,保持事发现场与线路控制中心、网络运营协调与应急指挥中心等组织之间不间断的信息传递,并做好向线路控制中心抢修抢险的要点、销点工作以及对现场人员到达及操作作业的记录工作。

4)对外公关小组:由集团办公室、网络运营管理中心办公室负责突发事件下的对外宣传报道,统一发布运营信息,并根据需要启动集团运营新闻小组。线路控制中心或网络运营协调与应急指挥中心根据统一的运营信息,视情安排相应人员接受新闻媒体采访,其他人员引导新闻媒体采访指定人员。

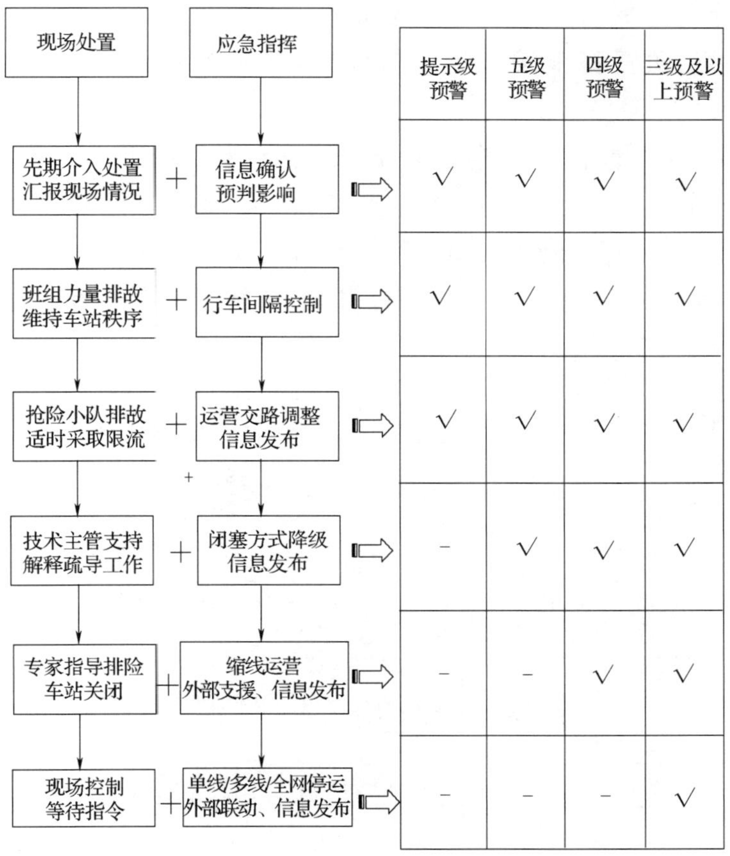

上海城市轨道交通不同预警级别下的应急处置作业内容

17.3.3 先期处置

先期处置按照"首地负责制"的原则,由事发现场的人员或组织承担现场处置作业,旨在尽力控制事态发展,为后期综合处置争取时间,并创造较好的处置条件。

先期处置小组主要包括协调指挥组、乘客疏散组、信息联络组、区域控制组、灾情控制组和后勤保障组。特殊紧急情况下，在人员数量不足时，部分人员可同时兼任2个小组(不建议超过2个)的职能。

协调指挥组：由组长和副组长组成，一般由车站站长或区域站长担当。组长负责现场处置的统一指挥，副组长负责相关人员和资源的协调统筹与联动。

乘客疏散组：负责组织乘客有序疏散撤离至安全场所，确保乘客人身安全，并负责对受伤乘客进行先期医疗处理。同时，组织车站限流，避免因站外以及换乘客流集中涌入而造成的踩踏、拥挤等事故。

信息联络组：负责与线路控制中心以及相关部门保持联系，实时进行信息采集与沟通，保证指挥部门实时了解现场情况。

区域控制组：负责将事发现场进行保护，并进行隔离，避免乘客误入，造成伤害。

灾情控制组：负责根据应急工作预案以及操作手册，力所能及的开展灾情控制与处理作业，避免事态进一步扩大，为后续综合处置创造条件。

后勤保障组：负责根据协调指挥小组的要求，提供所需的物资材料和器具等，以及根据情况关闭车站电扶梯、开启应急照明等，为现场处置工作提供有力保障。

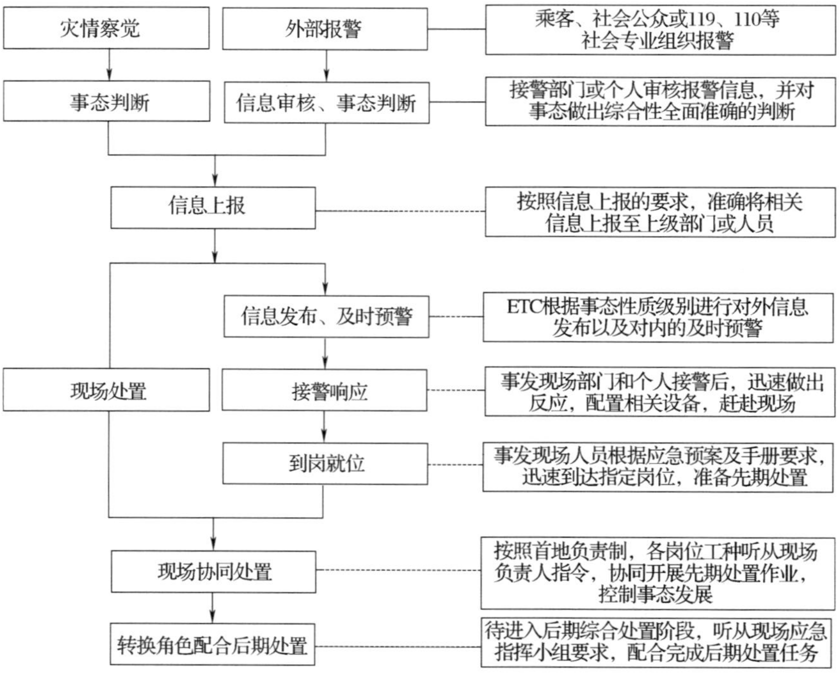

上海城市轨道交通先期处置流程图

17.3.4 后期综合处置

后期综合处置按照“专业主导”的原则，根据事件的性质，由专业部门及专业人员负责现场应急指挥，并由具有统筹协调各方能力的人员负责辅助指挥，保证现场指令的统一性、权威性、专业性。并在确保人员安全的基础上，尽快排除灾情，恢复正常运营秩序。

后期综合处置过程中，现场应急处置指挥小组主要包括统一指挥组、信息联络组、区域控制组、专业排故组、环境监测组、专家辅助组、协调保障组和配合处置组。特殊紧急情况下，在人员数量不足时，部分人员可同时兼任 2 个小组(不建议超过 2 个)的职能。

统一指挥组：由现场应急指挥组长、副组长组成，负责现场的事态评估以及统一指挥。

信息联络组：负责现场信息采集，保持通信通畅，保证现场与应急指挥中心、线路控制中心以及相关部分进行顺畅沟通。

协调保障组：根据现场应急指挥处置小组组长指令，由副组长负责，协调网络内外相关部门和人员有序联动，确保人力、设备等资源及时到位，包括治安隔

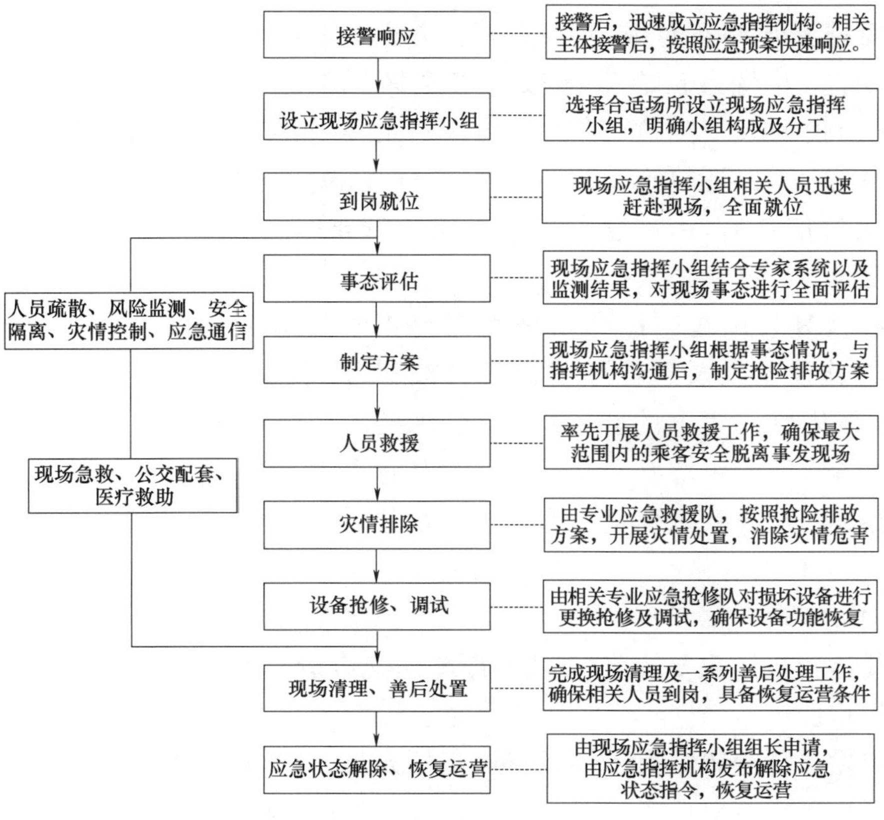

上海城市轨道交通后期综合处置流程图

离、医疗救助、公交配套、卫生防疫等。

专业排故组：由现场应急指挥处置小组组长负责，指挥具备专业抢险抢修能力的队伍开展排故作业，尽快排除故障，恢复正常秩序。

环境监测组：根据需要进行配置，对现场的环境进行监测，了解灾情的动态变化以及对周边环境的影响，为事态评估以及现场处置方案的制定提供依据。在火灾或生化袭击等突发事件时，具有重要作用。

专家辅助组：根据需要进行配置，根据专业特长，对现场情况进行分析，为现场应急指挥处置小组的方案制定和具体作业，提供辅助决策意见。

配合处置组：主要由车站工作人员组成，由先期处置小组转换角色而成，主要负责人员疏散、客流组织等作业，配合完成现场处置工作。

17.4 恢复运营

17.4.1 基本要求

恢复运营机制是为恢复正常运营以及妥善处理后续事情而采取的一系列措施安排和制度，宜按照“全面排查、持续跟踪”的要求进行运作。

全面排查强调在对因突发事件造成损坏的设施设备进行维修抢修和恢复基本功能，并将人员有效疏散到安全区域的基础上，对设施设备技术状态、关键岗位的人员到位情况、工作人员的工作状态、乘车候车环境等进行全面逐项排查，保证轨道交通网络系统安全稳定运转能力。在获得各方面准备就绪的信息后，由应急指挥小组组长发布解除应急状态的指令，并恢复正常运营。

持续恢复强调在通过全面排查恢复正常运营的基础上，继续对受影响区域的设施设备以及运行环境进行持续修复，使其完全恢复各项功能。同时，重点强化以人为本的服务理念，重视突发事件对乘客以及相关工作人员的心理影响，采取跟踪观察的方式，对其进行持续保护，并做好相关的乘客解释和退票、发放致歉信等后续工作，最终使系统设备、运行环境和相关人员得到完全有效的恢复。

17.4.2 运作流程

恢复运营机制主要按照“现场判断－递交申请－指令下达－信息发布”的流程进行运作。

当突发事件处置结束后，由司机、车站人员、应急抢修人员以及外部单位人员等现场处置人员对所负责的处置工作进行判断，向现场应急指挥处置小组组长报告“故障排除、可以运营”的信息，由组长进行综合判断，向最高级别的应急指挥机构提交恢复运营的申请，由应急指挥机构负责人下达“解除应急状态、恢复运营”的指令。

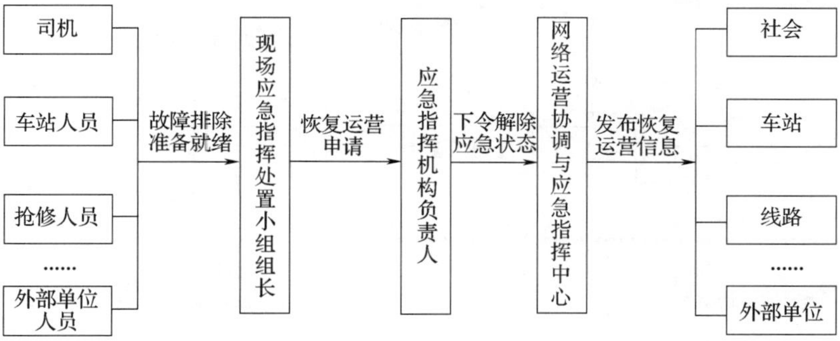

上海城市轨道交通恢复运营运作流程图

17.5 应急联动

17.5.1 基本要求

应急联动机制是为有效保证不同人员、组织能够协同运作产生最大化应急效果而采取的一系列措施安排和制度，贯穿于自应急预警到恢复运营的全过程，宜按照“横向联动、纵向贯通”的要求进行运作。

横向联动是指在应急处置的不同阶段之中，所涉及的网络内部和外部的组织、人员之间均按照应急预案的相关规定建立联动协调机制，确保多专业、多部门的组织和人员之间的顺畅联动，产生最佳的应急合力效应。

纵向贯通是指自应急预警到恢复运营的全过程，各个环节的组织与人员要在纵向上按照应急预案的相关规定建立贯通性的协调机制，结合自身的工作职责，理顺应急处置过程中的流程程序和关系，确保全过程的高效运转。

17.5.2 运作流程

从应急联动的主体看，城市轨道交通应急联动包括内部联动与外部联动。内部联动主要指系统内部组织人员之间的联动，重点通过纵向层间协同与横向部门协同，确保内部应急资源与力量形成合力，共同应对突发事件。外部联动主要指轨道交通系统与外部市级有关部门，以及公安、消防、医疗等外部专业单位之间的双向联动，通过建立接口、明确联动方式、制定联系人员等，确保应对不同突发事件时，能够快速实现联动，最大化统筹相关资源，借助专业化力量，实现对突发事件的有效控制。

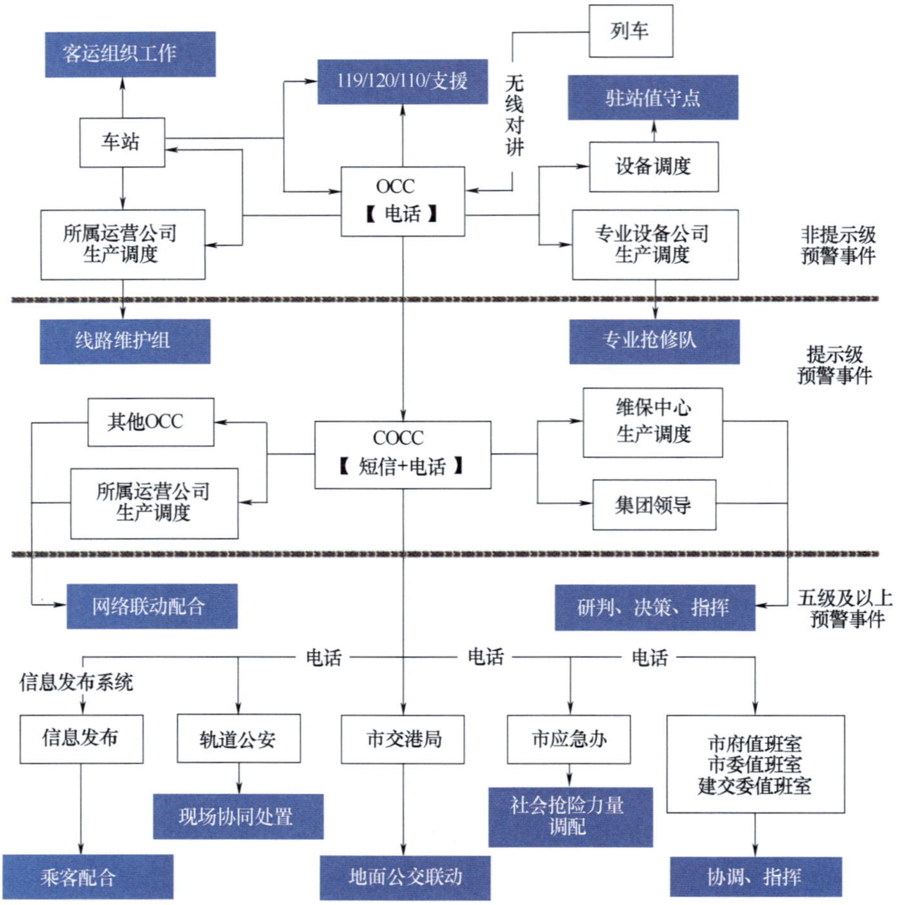

上海城市轨道交通应急联动机制运作图

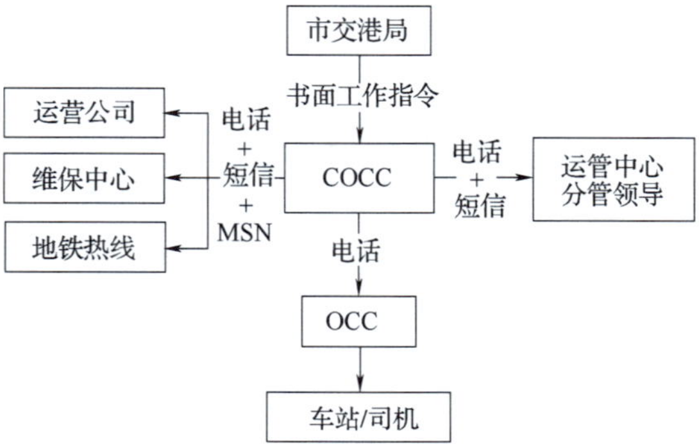

面向上海市交港局指令的应急联动机制运作图

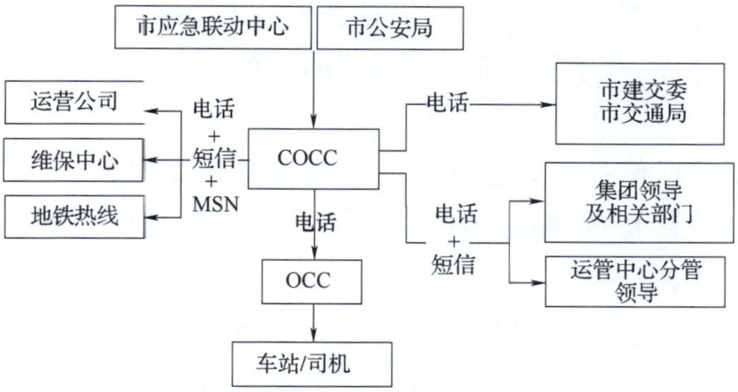

面向上海市应急联动中心和公安局指令的应急联动机制运作图

17.6 信息发布

17.6.1 基本要求

信息发布机制是为确保乘客、社会和相关工作人员能够及时获得准确信息而采取的一系列发布措施安排和制度。信息发布宜按照“及时、准确、客观、全面、规范、连续”的要求进行运作。

及时强调信息发布必须在快速反应的基础上，迅速进行发布，能够为乘客、社会和工作人员及时采取下一步行动或行为提供必要的保障。

准确强调信息发布传递出的内容和意思能够为乘客、社会和工作人员所准确认知，不会产生歧义而引起误读，避免影响信息接收主体的判断力和行动力。

客观强调发布信息采用客观的描述方式，不带有主观推断的内容，确保信息接收主体不会受到误导。

全面强调发布信息内容能够实现信息接收主体对所关注信息点的全面覆盖，满足信息接收主体的实际需要，利于做出判断和决定。

上海地铁官方微博(上海地铁 shmetro)

规范强调不同类型、不同主体的信息在发布时必须遵循统一的标准规范，确保信息传达的始终统一，不受时间、空间等因素的影响，是保证信息及时、准确发布的基础。

连续强调要根据信息接收主体的忍耐程度和需要，设定一定的时间间隔，周期性的连续进行信息发布，将最新的动态进展情况及时反馈给信息接收主体。

17.6.2　运作流程

轨道交通应急信息发布的对象主要包括乘客、社会公众、外部单位以及系统内部组织人员，根据不同的预警级别以及对象，采取差异化的流程和方式进行信息发布。对于系统内部的组织人员以及外部单位，主要采取电话方式将应急处置的进展、事态的发展等内容快速连续上报集团领导、主管单位和市级相关部门。对于社会公众和乘客，采取多元化方式进行信息发布，实现远端的及时告知，以降低对社会的影响程度和故障处置难度。

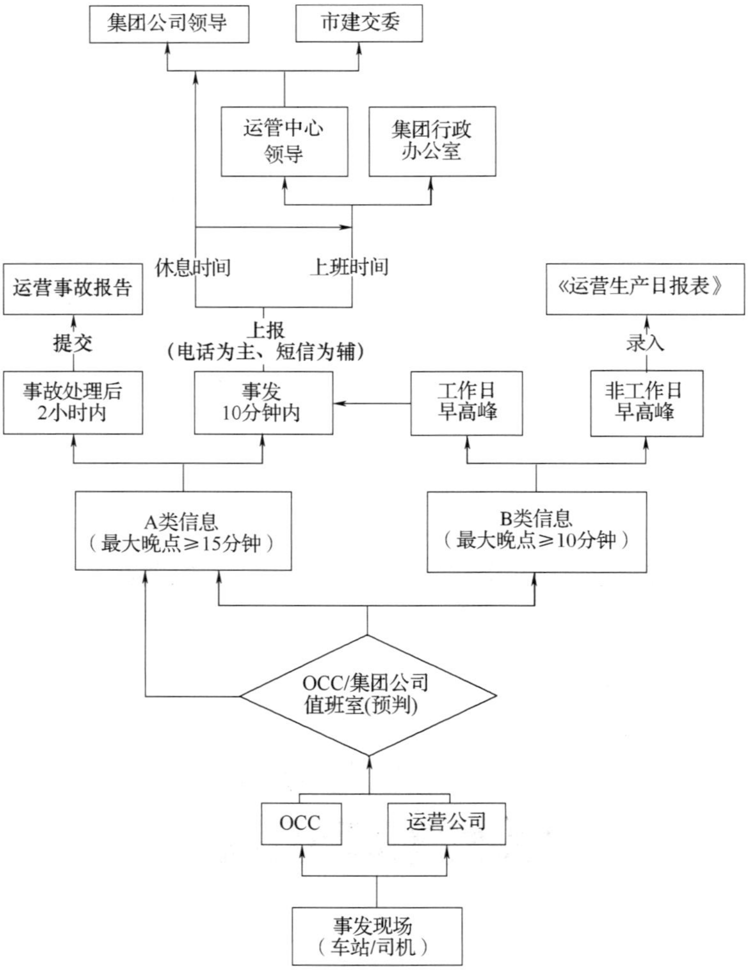

上海城市轨道交通应急信息上报流程图

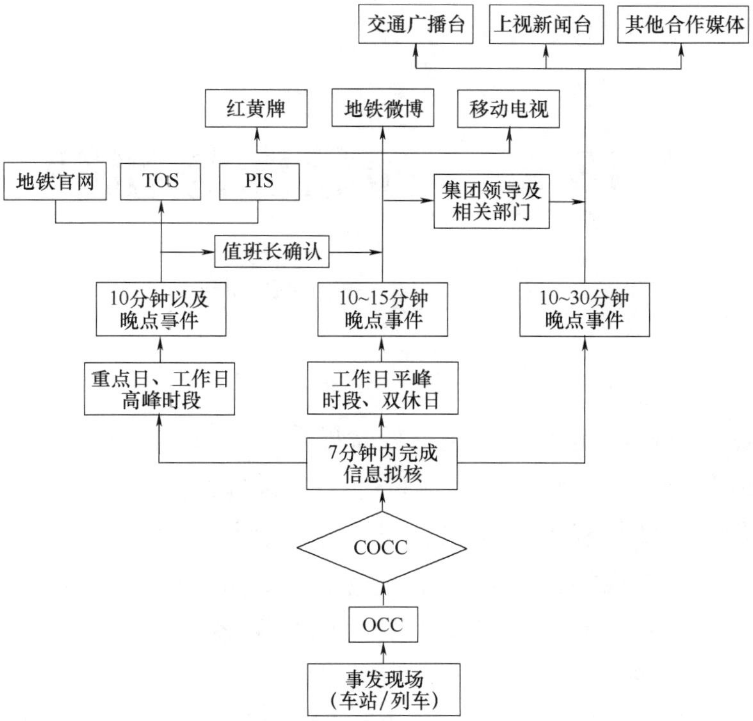

上海城市轨道交通面向社会应急信息发布机制流程图

17.6.3 应急短信

应急短信是发布突发事件信息的重要渠道之一,宜由政府相关部门组织,基础电信运营企业通过各自统一接入号,免费向全体手机用户发送应急短信。此项措施是应对突发事件信息发布的一种辅助手段。

上海城市轨道交通基于突发事件的等级预判情况,建立了应急短信发布的内部工作流程和配套机制,能够保证在突发事件情况下的应急短信对内、对外快速发布,不同的责任主体的主要职责如下:

市应急办:负责应急短信发布工作的统筹协调,承办应急短信的审批手续。

市通信管理局:负责向基础电信运营企业下达应急短信发布任务,并进行监督、检查和落实。

基础电信运营企业(上海电信、上海移动、上海联通):负责建立应急短信发布技术保障方案和业务流程,及时组织实施应急短信的发布。

上海城市轨道交通网络运营协调与应急指挥中心:负责根据城市轨道交通突发事件的类型和预警等级的划分,提出应急短信发布的需求,确定发布的对象、内容、持续时间、紧急程度等。

第18章 应急保障机制

18.1 政策保障

18.1.1 基本要求

政策法规保障机制是为保障应急处置顺利运行而从政策、法规、管理制度等方面明确组织职能、权限和义务，协调各方关系，规范运作流程各环节行为所采取的一系列措施安排与制度，宜按照“安全导向、便于操作”的要求进行运作。

安全导向强调围绕“安全为本”的理念进行政策法规以及管理制度的制定，有效控制应急处置的行为以及组织人员之间的关系，充分发挥出政策法规的导向作用，为应急处置的有效顺利进行提供保障。

便于操作强调按照系统化的方式构建政策法规体系，重点关注不同政策、法规、制度之间的接口关系与关联性，避免相互矛盾，确保不同层次、不同类型的政策、法规、制度具有较强的可操作性，能够在实际应用中发挥出良好效果。

18.1.2 主要内容

城市轨道交通应急政策法规主要包括国家、省市级政府及相关部门发布的具有指导性的政策和具有法律约束力的法规等规范性文件，以及轨道交通运营主体发布的面向应急管理与操作的制度性文件。

上海城市轨道交通应急政策法规以加强应急能力建设为目的，积极落实《中华人民共和国突发事件应对法》的各项规定，遵循《国家突发公共事件总体应急预案》、《国务院关于全面加强应急管理工作的意见》、《“十一五”期间国家突发公共事件应急体系建设规划》、《国家处置城市地铁事故灾难应急预案》等规范性文件精神，制定了包括《上海市突发事件应急联动处置暂行办法》、《上海市突发公共事件总体应急预案》以及《上海城市轨道交通运营突发事件应急处置预案》等在内的一系列政策法规，并重点从应急管理体制、应急运行、应急保障、应急宣传、应急信息化等方面逐步完善健全轨道交通政策法规体系。同时，重视关联性政策法规的衔接以及不同等级事件的接口，将大型枢纽站的应急疏散、区域性大客流、轨道交通恐怖袭击或重大火灾、公共卫生、大型自然灾害与地质灾害等涉及人员生命安全的轨道交通突发事件的政策法规上升到市级层面，为应急资源的有效统筹、应急处置的顺利进行提供有力保障。

同时,在轨道交通应急管理方面,围绕应急运行与安全管理,上海积极落实岗位安全生产责任制,并制定了《关于应急联动工作联席会议制度的暂行规定》、《现场指挥部工作规范(试行)》、《信息报送工作规范(试行)》、《突发事件应急处置工作证件管理方案》以及安全检查制度、职业危害预防制度、安全教育培训制度、生产安全事故管理制度、重大危险源监控和重大隐患整改制度、设备安全管理制度、安全生产档案管理制度、安全生产奖惩制度、应急物资储备管理制度、应急队伍管理制度、应急预案管理制度、作业安全规程和各专业操作规程等一系列制度性文件。

18.2 资源保障

18.2.1 基本要求

资源保障机制是为保障应急处置顺利进行及时供给所需各项资源而采取的一系列措施安排和制度,宜按照“统筹集约、有效供给”的要求进行运作。

统筹集约强调采取网络资源与社会资源统筹利用的方式,根据突发事件的类型以及发生概率,在充分利用社会专业资源的基础上,配置网络内的相关资源,实现资源的集约共享,有效提升资源的利用率,产生良好的综合效益。

有效供给强调资源配置时应综合考虑及时性与实用性的要求,确保资源布局能够快速提供至应急处置现场,提升应急处置效率,同时保证资源功能完备满足应急处置的实际应用需求,发挥出理想的效果。

18.2.2 主要内容

资源保障主要包括8项内容,分别是人才队伍保障、物资装备保障、交通运输保障、医疗卫生保障、治安秩序保障、安全场所保障、资金保障、技术支持保障。

1. 人才队伍保障

建立包括城市轨道交通运营主体、消防、公安等在内的城市轨道交通专业化应急处置队伍,并通过建立有效的协调调用机制,将地震灾害紧急救援队、核生化应急救援队、医疗防疫救援队、交通应急抢险队等政府专业化力量及武警力量吸纳其中,定期开展培训,不断提升应急处置能力。同时依托政府应急平台建立应急队伍数据库,定期对应急救援队伍、专家队伍、志愿者队伍进行普查,对各类应急队伍的区域分布、工作任务、人员、装备、教育培训、应急演练情况进行统计,更新数据库信息,为优化应急处置决策、完善应急预案提供依据。

2. 物资装备保障

重点针对运营生产类的突发事件，尤其是轨道交通专业系统的事故故障，自主储备足够的应急设备和装备，包括应急抢险车、接触网架放线车、牵引机车等。同时，针对公共安全类事件和自然灾害类事件，在自主储备适当的物资和装备外，重点通过建立社会物资共享机制，充分利用社会专业物资装备资源，如大型供电设备、应急通信车等，保障应急处置的顺利进行。

3. 交通运输保障

由市政府负责组织对城市轨道交通运营突发公共事件的交通运输保障工作，根据需要对事发现场和相关区域进行交通管制，协调地面公交配合，开设应急特别通道，确保应急物资装备和人员及时到位，满足应急处置需要。

4. 医疗卫生保障

由市各级卫生行政部门，负责城市轨道交通运营突发事件现场的医疗卫生保障工作，提供医疗救护方面的技术支持，成立医疗救护中心，组织人员指导、参与事故中医疗急救工作以及危重伤员的救治工作。

5. 治安秩序保障

由市公安机关负责事发现场的治安秩序保障工作，轨道公安与其他公安机关相互配合组织事故现场的治安警戒和治安管理，加强对重点地区、重点场所、重点人群、重要物资设备的防范保护，维持现场秩序，及时疏散群众。

6. 安全场所保障

市政府根据轨道交通各座车站的应急疏散要求规划、建设城市轨道交通运营突发事件发生时人员避难所需的安全场所，要求工程设计满足紧急救援、人员逃生的紧急通道和空间。

7. 资金保障

由市政府制定《财政应急保障预案》，做好城市轨道交通运营突发事件应急资金准备，主要用于应急预案演练、应急人员培训、应急知识宣传、社会物资征用补偿、应急设备和装备更新维护等方面，具体由城市轨道交通运营主体在监督下负责执行。

8. 技术保障

国家相关部门、市政府、城市轨道交通运营主体组织城市轨道交通安全保障技术的研究，开发应急新技术和新装备。

市政府组织不同主体、不同层次间的应急响应的相互衔接和协调，确保各级应急主体具备所需的应急响应能力。

由城市轨道交通运营主体、消防、公安等参加，市政府组织成立专家组对应急处置提供技术支持和保障。

18.3 公共沟通

18.3.1 基本要求

社会公关机制是为与社会建立良好的公共关系并最大化发挥社会力量而采取的一系列措施安排和制度，宜按照“全员参与、主动开放”的要求进行运作。

全员参与强调积极动员社会力量，全面补强应急处置力量，一方面吸收专业性强、主动性强的社会组织参与到应急处置过程中，提升综合应对能力。另一方面加强宣传教育，提升全民安全自救意识，能够有效配合应急处置工作的开展。

主动开放强调轨道交通运营主体在发生突发事件时，主动联系社会公众和媒体，及时公布披露相关信息，以主动的姿态赢得社会的理解和认可。同时，采取开放性的模式，将社会公众和媒体包纳进网络，共同建立流畅的信息沟通平台，实现高效的双向信息交互，对外形成良好的公共关系。

18.3.2 主要内容

在应急处置过程中，社会公关主要包括社会动员和应急公关两部分内容。社会动员强调充分发动社会力量有效参与到对突发事件的共同应对之中，降低突发事件的不利影响。应急公关强调在突发事件发生时，根据针对发生概率较大的事件所制定相关的工作程序、施救方法、应对策略及措施，积极开展对外公关处理，避免或者减轻突发事件所带来的损害和威胁。

1. 社会动员

社会动员要充分发挥乘客、社会公益组织、志愿者等社会力量作用，一方面需要经常性进行灾害应对教育与宣传，提升社会全员的安全意识。另一方面，建立广泛性的灾害社会动员体系，并通过日常性联动机制和协调管理，实现顺畅的信息交互与沟通，保证发生突发事件时能够快速发动相关力量共同应对，规避临时动员、临时应对不确定的缺点。

在动员手段上，一般以传媒动员和参与动员为主，适当兼顾竞争动员。传媒动员通过新闻、广播、电视、录音、多媒体以及互联网等传播媒介来发动社会力量，具有迅速性、持续性的优势，是社会动员的主要手段。参与动员通过日常性的志愿者活动、社会联建等方式，培养一批了解、关心轨道交通的社会力量，与轨道交通融为一体，具有属地优势。竞争动员通过有组织、有制度的评估、交流、奖惩、比较等具体方式，重点对社会公益组织进行竞争择优，采取激励的方式，充分调动起具有专业能力的社会力量，具有专业优势。

社会动员机制在实际运作过程中，还存在三个难点，需要持续进行改善。一是强化城市轨道交通与社会公益组织的接口关联，在市级政府的支持与指导下进行，进一步理顺两者的关系，充分发挥出社会公益组织的力量，避免社会公益组织有力使不出或组织无序的情况，提高社会动员的效率。二是统一社会动员的理念，避免因小失大，规避社会力量“为应对危机可以不惜一切代价”的认识，而采取不择手段的极端行为，影响到整个社会正常运行秩序。三是完善社会力量的分层分类分级的动员机制，建立包括社会公益组织、志愿者等在内的社会力量数据库，确保社会力量的高效动员。

2. 应急公关

应急公关的效果直接影响到城市轨道交通的品牌、信誉，是直接面向社会的窗口，是赢得应急处置时间与空间的重要保障，宜采取“战略高度、效率优先、沟通为本、追本溯源、坦诚担当、借助外力”的基本策略。

1)战略高度

回顾相关行业危机公关失利的案例，主要原因是没有重视突发事件的初期影响，导致事件影响与危害不断蔓延，直至完全失控的地步。应急公关应不论事件大小都高度重视，站在战略高度谨慎对待，由上至下全员参与其中，建立“决策机构、常务执行机构、现场操作机构”的三级组织三级管理方式，确保应急公关执行的有效性。

2)效率优先

速度是应急公关的第一要素，发生突发事件时的应急公关反应速度要快，避免错过了最佳处理时间，导致事态的扩大与蔓延，影响到轨道交通的品牌与信誉。

3)沟通为本

恰当的沟通能够便于事情的顺利解决。沟通是应急公关中的核心工作，首先建立双向信息传递渠道，实现与相关组织、人员的顺畅沟通，保持一致的口径与行为。然后，主动、迅速联系受害者，采取开通专线电话接听相关投诉、负责人亲自慰问与会见受害人等方式，平息受害者不满情绪。接下来，快速与媒体进行沟通，第一时间向媒体提供真实的事件情况，并随时提供事态发展信息，避免媒体和公众的推断与猜测。

4)追本溯源

针对突发事件，应客观全面的进行了解，冷静的观察分析核心关键问题及根源，研读相关法规与规定，做到举一反三，制定应急公关的计划，并定期进行预演，期待在实际处理中能够快速彻底解决问题，控制事态扩大，避免就事论事、治标不治本的表面处理方式。

5)坦诚担当

突发事件发生后，第一时间应将所有质疑的声音与责任都承接下来，不能含糊其词、态度暧昧、速度迟缓，而后拿出负责任、有担当的态度与事实行动，迅速对事件做出处理，赢得社会广泛的信任度，为应急处置创造相对宽松的社会氛围。

6）借助外力

在并非由于自身原因引起的突发事件并造成损失时，面对媒体与社会各界的质疑，应采取积极的态度配合调查，对质问不作过多的言辞解释，同时请第三方权威部门介入，根据权威部门结论，主动联系媒体，赢得媒体的认可。应避免在事件还未明朗、社会存在误解的期间去说话或解释。如果由于自身原因引起突发事件，更不要说过多的言语，重点要用诚恳的态度，在第一时间向社会传达歉意和担责，稳定公众情绪，依靠媒体与相关部门进行应急公关，及时公布整改措施和优化方案，为后期正常运营营造空间。

18.4 仿真演练

18.4.1 基本要求

仿真演练机制是为提升应急演练效果而采取的一系列评估措施安排和制度，宜按照“聚焦重点、定期实战”的要求进行运作。

聚焦重点强调应急演练重点关注火灾、列车迫停、降级运行等发生频率较高的、危害程度较大的事件，确保应急演练的针对性，充分发挥出应急演练的效果。

定期实战强调应急演练应贴近实际情况，定期开展不同类别的演练，确保应急演练的实效性。对于列车救援、大客流等具备较好现场演练条件的事件，采取实际演练方式。对于恐怖袭击、车站大面积失火等不宜进行实操演练的事件，采取模拟仿真的方式，借助信息化技术，为制定合理的应急处置流程提供支持。

18.4.2 主要内容

为确保获得最佳的演练效果，预案培训、实际演练和模拟仿真应作为应急演练的重点内容进行持续强化。

1. 预案培训

在实际演练前，应进行应急预案培训，加深相关岗位人员对应急预案的理解，掌握应急处置的关键要点。根据不同层面的组织与人员在应急处置过程中的不同要求，从集团到班组各个层面建立相应培训教育制度，进行全员培训。同时，在培训的手段和方法上尽量满足适用性和实用性的要求。

在培训内容上：一是要根据岗位、专业特点，对应急预案中的关键环节的操作要求具有针对性；二是要根据运营实际情况，对常犯、常发的故障和错误作为重点培训内容，保证培训的实操性；三是由于应急处置过程中涉及多岗位间的协调联动，岗位培训内容必须包含关联岗位的内容，体现复合性。

在培训手段上：一是采用集中培训、强化培训、现场带教相结合的多渠道培训方式；二是要理论培训、案例培训、实操培训相结合；三是要充分利用网络信息、模拟操作台、实训基地等先进技术和条件，丰富培训方法。

2. 实际演练

为切实提高员工现场应急处置能力、验证应急预案的合理性和可操作性，结合运营管理的要求开展各类应急演练，并设置应急管理办公室负责轨道交通运营突发事件应急演练管理的总体协调管理工作。演练内容的选取以实际运营过程中问题较为突出的、发生频次较多的、危害程度较大的事件作为重点，将各类应急预案根据重要等级的不同制定差异化的演练计划，定期开展实际演练。

根据演练涉及范围、参与单位不同，实际演练主要分为网络级综合演练、线路级综合演练和专(单)项演练。其中，网络级综合演练每季度至少组织开展一次。线路级综合演练，每季度每线至少组织开展一次。专(单)项演练，保证基层班组作业岗位人员每月至少参加一次。同时，针对新编预案，在 3 个月内组织人员开展一次演练。实际演练的科目主要包括：

1)客运组织类：应急公交联动、大客流限流/疏散、区间疏散救援等。

2)行车作业类：行车中断、非正常行车、电话闭塞行车等。

3)设施设备类：信号故障、通信中断、道岔故障、列车脱轨、供电失电、线路(车站)积水、线路中断等。

4)公共事件类：防恐处置、消防/火灾处置、防汛防台等。

3. 模拟仿真

采取信息化技术，通过对重点车站、区间以及线路建立三维立体化的结构模型，模拟火灾、恐怖袭击、传染疫情等突发事件的环境，对不同突发事件条件下人员疏散的路径选择进行仿真，根据应急预案的流程以及不同岗位人员与组织的职责，模拟应急处置过程。同时，比较不同应急处置方案的优缺点，发现应急流程以及相关人员操作要求设置方面的问题，及时进行针对性的完善与优化，提升应急预案的合理性和可操作性，充分发挥出仿真演练的效果。

18.5 总结评估

18.5.1 基本要求

总结评估机制是为持续改进应急管理水平而采取的一系列评估措施安排和制度，宜按照“过程跟踪、全面评估”的要求进行运作。

过程跟踪强调从预警报警到预案启动、应急处置、恢复运营的全过程，针对各个环节均进行相关信息的收集、整理，实现对全过程的紧密跟踪，为后期的整体评估与考核提供重要依据，确保评估的全面性和准确性。

全面评估强调一方面根据突发事件的级别，由相关领导、专家和应急人员组建差异化的分级评估团队，按照规范程序对事件全程进行客观评估。应保证评估团队独立、专业的开展评估工作，确保评估的客观性和公正性。另一方面，根据次生事件发生的规律，确定不同突发事件责任主体，参照相应的应急处置目标时间对不同责任主体的处置作业进行考核评估，并着重强化对引发次生事件的源头事件责任主体的考核，从机制层面降低源头型突发事件的发生概率，创造安全、可靠的运行环境。

18.5.2 主要内容

总结评估机制主要按照“信息采集－对比分析－评估考核－优化建议”的流程进行运作，以合理性、执行性和实效性为重点，围绕实际处置和应急演练，从发生原因、发展过程、造成后果、联动响应、处置流程、人员操作、处置效果、责任划分等方面进行分析、评价，总结经验、发现不足，提出优化完善方案，促进应急管理水平的持续提升。

对于合理性方面，重点关注应急处置流程设置、各组织人员的职责设置与操作要求、协调联动方式、系统设备功能设计等方面是否合理，是否具有可操作性和实用性，对于不合理之处进行修改调整，及时完善和优化应急预案。

对于执行性方面，重点关注组织人员在应急处置各环节是否严格按照要求与指令进行操作，是否存在操作不当、不操作或误操作，针对凸现出来的问题，形成典型案例，加大教育培训力度和演练强度，不断提升各个组织与人员的实操排故能力和执行能力。

对于实效性方面，重点关注应急处置的效果是否达到预期效果，并对相关组织和人员的处置效果进行考核，明确责任界定。同时总结应急处置的经验和暴露出来的问题，提出奖惩方案，提升组织与人员的责任意识和积极性。加强对源头型突发事件(主要为设施设备故障)的评估考核力度。例如，对于接触网断裂引起运营延误处置，需要改变过去根据接触网断裂到恢复运营秩序的总影响时间作为评判事件等级的依据，而是直接定义接触网断裂等源头型突发事件的事件等级，即使引起的次生事件的影响很小(5 分钟以内延误等)仍应按照相关等级进行考核，从而强化责任主体的养护维修与安全预警意识，进而提升设施设备的安全可靠性，实现主动性的风险预控，降低源头型事件的发生概率。

不同事件等级的总结评估主体构成表

<table>
<tr><th colspan="2">事件等级</th><th>负责主体</th><th>配合主体</th></tr>
<tr><td colspan="2">特别重大运营事故</td><td>国家安监总局</td><td>上海市安监局、市级相关部门、外部单位、轨道交通专家、上海城市轨道交通安全监察室等</td></tr>
<tr><td colspan="2">重大运营事故</td><td rowspan="2">上海市安监局</td><td rowspan="2">市级相关部门、外部单位、轨道交通专家、上海城市轨道交通安全监察室等</td></tr>
<tr><td colspan="2">较大运营事故</td></tr>
<tr><td rowspan="2">一般运营事故</td><td>一般事故 A、B 类</td><td>市交通港口局</td><td>上海城市轨道交通安全监察室、运管中心运安部、运营公司质安部、维保中心质安部、维护专业公司质安部等</td></tr>
<tr><td>其他</td><td>上海城市轨道交通安全监察室</td><td>运营公司质安部、维保中心质安部、维护专业公司质安部等</td></tr>
</table>

第19章 应急处置能力建设

19.1 人员能力培养

19.1.1 针对关键岗位人员，强化应急综合素质培训

针对列车司机、车站工作人员、调度人员、巡检人员以及应急抢修人员、应急指挥人员等分别在先期处置和后期综合处置阶段起到重要作用的关键岗位人员，基于在实际应急处置作业中形成的应急人员能力要求，在强化专业技能的基础上，重点关注应急综合素质的教育培训，采取自主培训与社会培训相结合的模式，按照定期递进式培训与不定期重点突破式培训相结合的方式，持续强化事态判断能力、专业排故能力和统一指挥能力培养，确保关键岗位人员能力能够有效应对各类突发事件。

针对人员平均年龄较低、经验较为缺乏的现状，上海城市轨道交通主要通过建立教育培训中心，划分操作层、管理层和决策层制定了体系化的中长期培训发展规划，充分利用系统内经验丰富的人员担任讲师，开展递进式的定期培训，全方位提升轨道交通系统内部人员的专业技能。同时，上海城市轨道交通教育培训中心积极探索多元化的培训模式，正在致力于建立培训资源数据库，针对人员的心理素质、思维能力、思考方式、意志力、执行力等方面，引入社会专业化培训力量，对关键岗位人员开展不定期的特色化培训，补强人员能力短板，快速提升人员的应急综合素质，弥补经验不足带来的问题，满足网络化运营阶段的应急处置作业对人员能力的要求。

19.1.2 贴近实战应用需求，全面提升应急演练实效

充分考虑到多专业、多部门的协调联动以及将人员知识储备与应急技能转化为实际解决问题的应急处置能力的需要，立足于实战，适当引入市民参与，营造更为贴近真实的应急处置环境，并从两个层面持续加强人员能力水平。一是，定期开展贴近实战的应急演练，重点强化对应急预案和现场操作步骤的执行与

检验，以及对协调联动机制的落实与优化，提升人员应急处置技能的掌握程度。二是，在实际突发事件处置过程中，重点强化过程跟踪与总结评估，提升人员应急处置技能的实际应用能力。

上海城市轨道交通主要采取定期实际演练的方式，针对不同车站、线路、区域，制定年度、月度的应急演练计划，选择火灾、断电、列车失去动力等发生频率较高、危害程度较大的突发事件，以综合演练方式为主，建立由运营维护和安全管理部门人员构成的总结评估组，全程对应急演练进行跟踪与总结评估，形成优化改进建议，并逐步提升不同岗位人员的应急处置能力。

同时，上海城市轨道交通正准备从三个方面进一步强化应急演练效果，持续提升应急处置人员能力。一是，演练范围由内部系统性演练向外部综合性演练拓展，由市应急联动中心牵头，涵盖消防、公安、医疗等外部机构，重点针对火灾、大客流等发生频率较高、危害程度较大的事件开展应急演练，并通过选取大型枢纽站与长大区间隧道、多工况同地同时（相继）发生或异地同时（相继）发生等方式，逐步增加应急演练的难度，模拟真实情况，强化现场处置的实战演练意义，推进深度演练，强化多专业、多部门的协调联动与现场分工协作的能力，为面对实际突发事件时的高效现场应急处置奠定坚实基础。二是，演练方式由实际演练向仿真演练拓展。对于大型火灾、恐怖袭击、水灾等难以进行实际演练的突发事件，采取仿真演练的方式。利用信息化技术，针对不同车站、区间等，模拟事件发展状态，仿真乘客行为，从而制定合理的应急处置方案与流程，明确不同岗位人员的能力要求。三是，演练主体由系统内部人员向社会组织群众拓展，定期邀请社会组织与群众共同开展应急演练，营造更为贴近现实的应急环境，进一步提升系统内部人员在紧急情况下的乘客服务能力，同时提升社会公众的安全自救意识与能力。

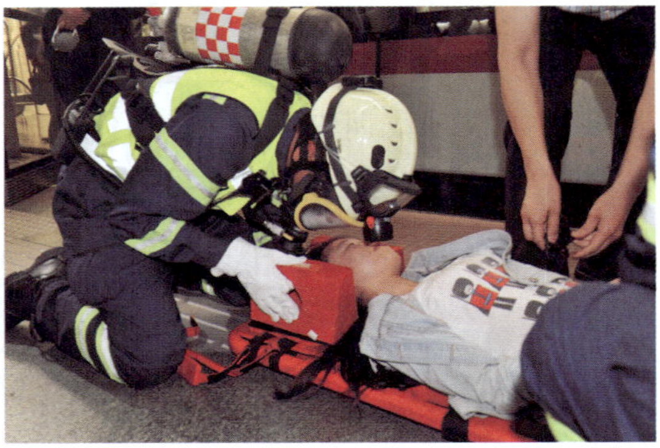

19.2 设施设备配置

19.2.1 自主配置与社会共享相结合，实现专用设备统筹利用

采取自购配置与社会共享相结合的模式，实现应急抢修专用设备的集约统筹利用。对于应用频率相对较低且社会资源丰富的设备，在满足应用需求的基础上，从成本效益角度出发，宜通过建立顺畅的合作机制和联动机制，主要采取

社会共享的配置模式，例如桥梁检测车、列车起吊设备、应急通信车、应急发电车等设备。对于应用频率较高且社会资源相对较少的设备，宜采用自购配置的方式，例如接触网架放线车、工务抢修车、应急救援车等设备。同时，充分利用广播、电视、网络、短信等外部信息发布资源以及乘客信息系统等内部信息发布平台，建立顺畅的信息发布通道，确保预警、响应、处置等应急处置全过程信息的高效流转，提升应急处置效率。

上海城市轨道交通采用“平战”结合的方式进行检修养护与应急抢修，对于工务、供电、通号、车辆、车站设备、物资后勤等专业系统配置了相应的应急抢修设备与器具，同时基于网络层面配置了工务抢修车、升降车、接触网架放线车、应急救援车、牵引机车等大型专用应急抢修设备，能够较好的应对发生概率较高的设施设备故障类突发事件。同时，上海城市轨道交通建立了“1+6”网络运营信息发布系统，结合服务热线，能够快速进行应急信息发布，确保乘客第一时间获取相关信息，调整出行计划。

此外，上海城市轨道交通将继续致力于进一步加强与铁路、通信运营商、市政供电部门、军队防生化部门的协调联动，建立更为紧密的联动机制，确保在紧急情况下，能够根据需要及时将列车起吊设备、应急通信车、防生化作业车、应急发电车等大型专用应急抢修设备运送至事发现场进行应急抢修或抢险，保证应急抢修效果。同时，积极将信息服务渠道拓展至新兴媒体平台，如手机、平板电脑等智能移动终端，为乘客和社会公众提供更加便捷的应急信息发布和人性化信息服务渠道，帮助和引导乘客出行与自救。

应急发电车与应急通信车

19.2.2 重点关注前期规划配套需求，确保设备实际应用效果

重点根据应急抢修专用设备的应用需求，在前期规划阶段，充分落实运输通道、作业空间和供水、供电等相关资源保障的要求，确保专用设备的可用性，并基于应急响应要求，在网络范围内合理规划布局应急抢修点。同时，通过应急演练和实战总结，针对影响设备应用的问题，进行配套升级改造，并将相关标准落实到后续新建线路之中，逐步完善应急抢修专用设备的配套要求。

上海城市轨道交通通过对运营线路进行系统性梳理，根据网络化建设与运营需求，更新制订了《上海城市轨道交通工程建设标准》，对于车站消防通道、区间紧急疏散通道、车站与区间泵站等部分设施设备的配置标准进行重新优化，进一步提高了相关标准，为紧急情况下的现场应急抢修作业的顺利开展提供了有力保障。同时，根据既有运营网络情况，按照中心城区 5～10 km、中心城外围区域 10～15 km 半径范围设置一处的原则，进行网络应急抢修点的布局设置，基本满足了应急响应的要求。

此外，上海城市轨道交通还将继续从应急抢修设备的实际应用需求入手，以标准化的方式进行落实，持续提升应急抢修设备的使用条件。同时，根据远景网络规划，进一步优化网络应急抢修点的布局，确定不同性质与不同级别应急抢修点的设备配置标准，满足网络化应急抢修的要求。

19.3 现场作业规范

19.3.1 推进标准精细理念，规范现场处置作业流程

充分根据不同车站、场所的具体情况，针对不同性质、级别的突发事件，梳理形成应急处置的差异化需求，包括人员疏散与返回路线等内容，进行相关岗位设置并制定标准化的现场处置流程与方案，形成工作预案层面的“一站一预案”，凸现出现场处置方案的实用性和适用性。同时，按照精细化的理念，推进现场处置作业的规范化进程，对相同岗位人员的作业步骤以及效果要求统一标准，实现对现场作业流程的有力管控，尽量避免由于负责现场指挥或操作人员素质的差异而影响现场处置作业的质量与效果，提升现场应急处置的效率与水平。

上海城市轨道交通根据不同岗位人员的差异，制定了车站工作人员的工作手册，对现场应急处置过程中的角色定位、职责职能等内容进行了明确。并按照“一站一预案”的方式针对火灾、大客流等重要突发事件制定了车站层面的工作预案，对现场应急处置的流程进行了标准化固化。

随着网络化进程的持续推进，上海城市轨道交通正重点致力于进一步对现场处置人员的现场操作程序和要求进行规范，在工作预案的框架下，针对不同岗位角色制定应急反应和应急处置标准，实现接到应急预警后，各相关岗位人员能够第一时间做出反应，根据规范标准，自动触发采

取相应的动作，而车站站长则主要侧重于现场处置的协调指挥，从而明显提升现场处置的效率。同时，进一步拓展工作预案的覆盖范围，结合上海地区的实际情况，增加台风、暴雨以及列车故障停车、接触网故障等突发事件，持续提升工作预案的实用性。

19.3.2 灵活运用处置模式，确保高效现场分工协作

先期处置阶段宜采用“岗位人员自动反应＋站长统一协调指挥”的自下而上模式，在接到突发事件预警后，各岗位人员按照应急预案自动进行快速反应，赶赴事发现场，进行相应的现场作业，而站长则根据突发事件的变化情况，进行统一的协调指挥，有效提升先期处置的效率。后期综合处置阶段宜采用“现场应急指挥处置小组统一指挥＋各处置小组协同作业”的自上而下模式，通过统一的指挥统筹，安排各个应急处置小作的现场作业，有效应对现场的各种变化，更有利于各个处置小组的协同有序作业，确保现场处置的效率与效果。同时，通过对多专业、多部门参与的深度应急演练进行总结评估，根据各方共识，持续细化、优化不同紧急情况下的现场处置流程，划分现场作业人员的明确分工，确定不同岗位、小组的作业方式方法以及相互之间的作业顺序，并进行有效固化，纳入应急预案，确保多专业、多部门现场应急处置作业的高效协同。

上海城市轨道交通在先期处置与后期综合处置阶段仍主要采取自上而下的处置模式，先期处置的效率与当班的值班站长的个人经验和协调指挥能力相关性较高，现场工作人员应急反应和先期处置的作业流程较为明确，但具体的标准化作业步骤尚未完全明确。上海城市轨道交通正重点针对现场工作人员的应急反应和现场处置作业步骤与效果进行进一步的深化、细化，能够在事件发生时，现场工作人员接警后根据岗位性质自动触发相应的标准化作业，有效提升先期处置的效率与效果。

19.4 信息技术应用

19.4.1 全程跟踪管理,构建基础资料管理体系

采取全过程跟踪管理的方式,构建基础资料管理体系,重点强化前期的规划与设计,明确设计、建设、运营与升级改造等不同阶段基础资料的管理要求,覆盖整个网络各条线路、各座车站,确保零遗漏、零遗失与及时更新,保证基础资料的可用性。

上海城市轨道交通各条线路的规划、建设以及后期升级改造的图纸、报告等资料采用集中统一管理的方式,由集团档案室负责建立资料档案库,利用信息化技术,提供查询功能,便于相关部门进行日常性的借阅。

此外,上海城市轨道交通将继续致力于进一步细化规划设计、工程建设、运营维护等全过程的基础资料管理标准,重点对于竣工验收过程中的资料移交进行强化,确保基础资料的完备、准确,避免出现保存的基础资料与实际情况不符的现象。同时,为确保紧急情况下,现场处置人员能够及时了解事发现场的建筑结构布局、设施设备配置等相关信息,上海城市轨道交通正积极探索基础资料"集中统管+分散备份"的模式,授予车站站长、调度主任等现场处置指挥人员相关基础资料的备份保管权限,并负责向现场工作人员进行日常性的基础资料宣贯与考核工作,构建形成分布式的基础资料管理体系,保证紧急情况下现场处置人员能够准确掌握相关基础资料,利于做出准确的判断,提升先期处置效率。

19.4.2 应用信息技术,提升资料调用管理效率

依托信息化手段,构建基础资料的数据库,通过数据库管理系统,有效提升基础资料的管理效率与调用效率。同时,可采取地理信息系统技术、三维立体技术、物联网等信息化技术,将海量的基础资料信息转化为数据信息流,为更为准确、高效的进行事态评估判断提供有力支撑。

上海城市轨道交通的基础资料仍主要以图纸、报告等实体形式存在,部分资料尚未完全电子化,在应用过程中效率相对较低。同时,对于电子化的基础资料,也尚未建立功能完备的数据库管理系统,直接影响了资料的调用管理效率。

为满足事发现场对准确基础资料快速调用的要求,上海城市轨道交通正致力于建立基础资料信息化的管理机制,确保各个阶段的基础资料均完成电子化,并进一步建立功能更加完备的数据库管理系统,实现一次录入、综合应用、智能挖掘,并结合信息模型技术,将基础资料相关信息数据作为基础,建立三维立体化模型,充分发挥可视化、协调性、模拟性、优化性和可出图性的特点,达到对基础资料的高效、智能信息化管理。同时,进一步应用先进的信息化技术,充分发挥轨道交通系统内部信息网络与网络综合协同平台的功能,通过权限管理,实现电子化基础资料的高效调用。

第 20 章 重点突发事件应急处置对策

据不完全统计，国外发达城市轨道交通的安全可靠度较高，事故发生率相对较低，但依然存在引起群死群伤、重大财产损失以及造成较大社会影响的安全事故，主要集中在自然灾害、火灾、恐怖袭击、客伤、列车相撞或脱轨以及大面积失电等方面。而北京、上海、广州、深圳、南京等国内主要城市轨道交通在近些年陆续发生了一系列社会影响较大的运营事件。其中，设备故障发生频率相对较高，客伤、火灾、自然灾害次之，其他运营事故发生频率相对较低。

上海东面临海，台风、暴雨等自然灾害经常发生，且多条地下线路穿越黄浦江，过江段的安全风险较高。同时，随着网络化进程的不断推进，网络客流压力越来越大，大客流风险日益凸现。在实际运营过程中，包括火灾、自然灾害、突发大客流、列车相撞或脱轨及重要设施设备故障等会造成较大人员伤亡以及社会影响的突发事件将成为上海城市轨道交通的关注重点。

20.1 火　灾

针对乘客乱扔烟蒂及厕所内吸烟等不当行为、施工人员违章作业、电器设备老化与短路、系统设计和施工方面存在不足、安全逃生疏散设施设备配置标准不完善、车站消防联动机制不完善、乘客安全教育宣传力度不够、动火施工和外委施工管理制度尚不完善等引起城市轨道交通火灾的主要原因，围绕“火灾的报警预警、事态评估判断、灭火系统配置以及设施设备配套”等四个直接影响火灾应急处置效率与效果的重点环节，按照“**加强火灾报警能力、提升灭火处置能力、完善应急联动机制**”的目标原则，采取相应的对策措施，有效应对各类火灾事件。

20.1.1 加强火灾报警能力

应用火灾报警系统。在列车、区间以及车站内安装自动火灾报警系统，通过温感、烟感等方式，自动触发火灾报警。同时，在车站和站台内设置火灾报警按钮，可由乘客或车站工作人员在发现车站火灾的情况下第一时间进行火灾报警，有效提升火灾的报警预警效率。

安装列车摄像系统。在车站安装视频监控系统的基础上，延伸至列车车厢之内，供列车司机使用，能够第一时间观看到列车火灾情况，从而对灾情做出更为及时、准确的判断，上报给线路OCC，对于争取火灾处置时间、选择最佳的处置方案具有十分重要的作用。

20.1.2 提升灭火处置能力

采用先进灭火系统。借鉴西班牙马德里地铁以及其他国内外轨道交通系统的应用经验，研究配置车站与列车高压细水雾自动灭火系统以及设置隧道消火栓自动喷淋系统的可行性，进一步增强轨道交通应对火灾工况的灭火处置能力。

强化车站资料管理。要求每座车站备有本站以及相关区间的建筑结构、设备安装、系统配置等方面的最新图纸资料，由车站站长专门管理并负责日常宣贯，在发生火灾时，第一时间获取事发现场灭火器材、电源、水源、风机位置等相关信息，以便快速制定出最为合理的处置方案，更为高效的开展现场处置作业。

完善应急配套系统。在新线建设和老线改造中，进一步加强区间逃生疏散平台的设置，提供足够的空间供区间乘客快速疏散逃生；在区间隧道内设置清晰、醒目、可调节的应急疏散导向标志，保证区间乘客在火灾情况下能够按照准确的方向进行疏散逃生；根据车站和列车区间火灾的不同工况，明确区间与车站事故风机的通风方向，并加强日常维护与演练应用；研究应用列车应急动力系统的可行性，保证在失电情况下列车能行驶至车站，为火灾处置创造较好的处置环境。

20.1.3 完善应急联动机制

优化消防区域属地配置。根据轨道交通网络以及城市布局，采取区域化配置方式，进一步优化城市消防资源配置，确保消防队伍能够在城市轨道交通车站发出火灾报警后的规定时间内迅速到达现场，开展火灾处置工作。同时，继续完善属地化消防联动机制，实现消防与城市轨道交通有机融合，以利于加强演练频率，提升火灾应急处置效率。

加强火灾安全宣传教育。充分利用城市轨道交通内部信息发布系统与社会外部多媒体资源，围绕学校、社区、商务办公楼等城市轨道交通客流来源的主要社会场所，建立日常性的联动机制，持续进行火灾应急处置方面的宣传教育，强化乘客与公众的消防安全意识和火灾自救能力。

20.2 自然灾害

城市轨道交通对于地震、风、雷击、暴雨、大风等自然灾害在设计规范中明确规定了相关建筑结构与系统设备的设防等级，根据自然灾害的发生性质，按照**“提升预警装备能力、完善应急设备配置、强化社会联动机制”**的目标原则，采取相应的对策措施，有效应对各类自然灾害。

20.2.1 提升预警装备能力

根据城市的自然地理情况以及城市轨道交通的敷设方式，对于影响运营安全且难以通过气象预报进行精确预警的自然灾害，进一步提升预警装备配置，包括在高架线路适时安装风速仪等设备，提升沿线大风预警的准确性；开展适应极端天气下的轨温检测装置的研究，利于及时发现钢轨裂缝或断轨；对于防雷击设备，选择更为可靠、先进的技术等。

20.2.2 完善应急设备配置

重点从应急设备的配置标准和应用功能两个角度出发，一方面对车站与区间必备的防水栅栏、排水泵等应急设备的配置数量、配置位置等内容从规划设计阶段不断完善优化，适应实际应用需求。另一方面，针对极端天气，可采用自主购置与社会共享相结合的方式配置抽水车、清雪机等大型专用设备，提高应急处置效率与效果。

20.2.3 强化社会联动机制

与社会气象和地质灾害监测部门建立联动机制，充分利用社会专业化预警资源，搭建顺畅的信息传递通道，及时获取准确的台风、暴雨、高温、大雾、大风、冰冻、寒潮等天气预报信息，实现及时预警。同时，加强对轨道交通沿线地震敏感点的监测装置布设，纳入城市地震检测网，提高地震预警水平，并建立信息化的地震预警管理系统，通过与国内地震多发区及周边省区的地震监测部门建立联动机制，利用信息传递速度快于地震P波传导速度的优势，提前进行地震预警，采取有效措施，降低地震造成的危害。

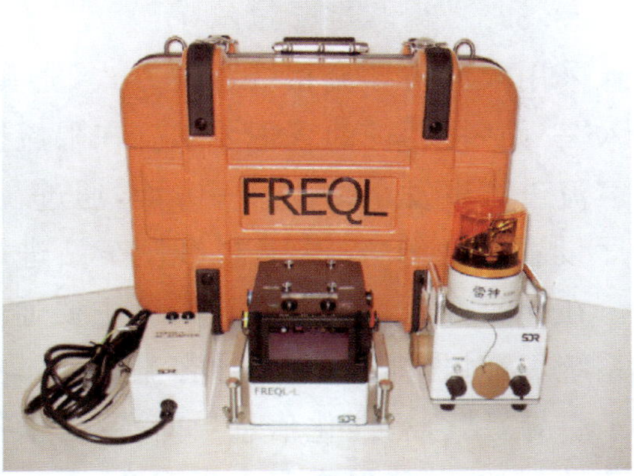

便携式地震检测设备

20.3 突发大客流

突发大客流的产生一般由于运营大间隔或其他突发事件造成局部区域、线路与车站短时间客流过度集聚所致，应对突发大客流的重点在于如何安全将客流向站外疏散，按照“**均衡客流分配、提高预判能力、完善运营组织、保证公交配套**”的目标原则，采取相应的对策措施，有效应对突发大客流的安全风险。

20.3.1 均衡客流分配

考虑网络客流均衡分布的要求，合理规划线路走向以及换乘节点，重点解决网络层面客流合理分布和均衡分配的问题，从规划源头层面，避免客流过度集中在某一区段或车站而引发高峰时段的大客流。同时，在发生突发大客流情况下，也可通过及时的信息发布提示乘客通过换乘节点利用其他通畅的路径到达目的地，减轻对事发线路或车站的客流压力。

20.3.2 提升预判能力

根据历史客流统计数据进行深度分析挖掘，明确客流流向的规律和特点，建立突发大客流的预测模型，能够在某一车站或某一区段发生不同级别突发事件的情况下，及时准确预判突发大客流对其他线路或车站的影响，从而提前进行预警，便于相关线路或车站及时调整行车方案、采取限流和导流措施，有效降低突发大客流产生的不利影响。

20.3.3 完善运营组织

采用限流与导流相结合的方式，完善运营组织方案，根据车站的具体情况，纳入”一站一预案”的管理要求。在限流方面，一方面通过行车组织调整，避免增量客流进入事发车站。另一方面，通过在站外和通道(含换乘通道)设置栏杆、在展厅设置闸机等方式，限制事发车站进站客流的流量和流速，有效缓解客流压力。在导流方面，对于网络客流，主要通过列车广播、车站广播以及其他信息发布系统，及时告知乘客，引导客流合理、均衡分布。对于事发车站客流，重点通过人工引导，结合智能化信息导向系统，依托清晰的导向标志，引导客流安全、有序的疏散到站外，确保乘客人身安全。

20.3.4 保证公交配套

在规划层面，充分考虑城市轨道交通发生突发事件时的公交替代需要，避免由于城市轨道交通线路的分流作用而进行过度的公交线路退线与改线。同时，城市轨道交通部门与市公交部门建立畅通的联动机制，能够保证足够的机动公交车短时间内到达事发车站，承担滞留乘客的运输任务。

20.4 列车相撞或脱轨

通过对国内外城市轨道交通列车相撞或脱轨事件的梳理分析，人员操作失误和设施设备故障是引发事故的主要原因，可从技术手段和操作规程两方面着手，按照"**提升防护技术、加强预警能力、严格操作程序**"的目标原则，采取相应的对策措施，有效应对此类突发事件。

20.4.1 提升防护技术

从技术角度入手，应用基于通信技术的自动记点系统和列车防撞系统，创造安全的列车运行环境，降低列车相撞的风险。同时，进一步加强列车防爬装置、车钩缓冲装置等列车安全防护设计与装备研究，降低列车脱轨风险。

20.4.2 加强预警能力

重点针对转向架、车轮、齿轮箱、转辙机技术状态开展在线监测预警技术的研究，提升列车与道岔关键部件的故障预警能力。同时，进一步完善断轨检测预警技术，能够适应不同的信号系统制式以及外部环境，为列车安全运行创造条件。

20.4.3 严格操作程序

积极吸取国内外列车相撞或脱轨事故中人为操作失误的经验，加强列车调度与司机培训，细化两者的联动操作规范，严格执行操作规程，防止冒进信号。同时，不断完善上岗管理规范，确保司机和调度在上岗前具备良好的身体和精神状态。

列车司机严格执行手指呼唤

20.4.4 配置专用设备

根据列车复轨、起吊、切割等应急抢修作业，配置复轨器、切割机、吊车等专用设备，确保应急处置作业的顺利进行。同时，对于利用频率相对较小的重型起吊设备和大型切割设备，可采取社会共享的方式，充分利用铁路以及其他行业的相关设备资源，实现集约利用。

20.5 重要设施设备故障

针对车辆区间迫停、接触网断裂、变电所失电、网络风暴、ATP切除、隧桥受损、隧道结构变形等重要设施设备的故障，按照"**建立设备监控预警体系、完善维护与移交管理、配置专用应急抢修设备**"的目标原则，采取相应的对策措施，有效应对各类设施设备突发事件。

20.5.1 建立设备监控预警体系

针对车辆、供电、通信、信号和工务的各个专业系统建立监控预警系统，实现对关键系统设备和部件的有效监控，提升监控预警的效率和准确性。同时，建立信息化的安全监控平台，将各专业系统的监控预警系统的预警信息进行有效集成处理，综合考虑专业系统之间的相互影响和派生故障情况。此外，针对故障率较高的设施设备或部位，进一步完善养护维修规程和巡检制度，强化养护维修管理，确保巡检的到位率以及养护维修的有效性，从而构建起全面覆盖、智能高效、多式联动的设备监控预警体系，提升设施设备的总体预警水平。

20.5.2 完善维护与移交管理

重点针对隐蔽工程较多、工程验收移交资料与实际情况不符、病患位置难以准确判断、养护维修难度较大等问题，进一步全面细化工程移交管理制度，确保验收质量以及各项文档资料的齐全、准确，有效降低养护维修的难度，并在发生突发事件时，能够为准确预判提供基础保障，确保应急处置的高效进行。

20.5.3 配置专用应急抢修设备

对于接触网断裂、桥梁受损等设施设备故障，配置接触网架放线车、桥梁检测车等大型专用抢修设备，提升应急处置效率。同时，进一步完善应急救援车的设备配置标准，充分发挥应急救援车机动灵活的特点，实现对主要设施设备故障的快速、有效抢修与抢险。

第 5 篇　安全管理体系

第21章 构建目标

21.1 作用与重要性

安全管理是为实现安全目标而进行的与安全有关的决策、计划、组织和控制等方面的活动。作为现代管理科学的一个重要分支，通过建立安全管理体系，可以实现从事后到事前、从开环到闭环、从个人到组织、从局部到系统的安全管理。同时，建立安全管理体系对于运营体制还具有以下作用：

提高规章制度的符合性：形成基于安全绩效驱动，符合上级法律、法规、规范、标准和运营生产实际需求的安全管理模式，提高规章制度的符合性。

提高风险控制能力：形成一系列可操作的、高效的风险管理程序，实现主动的安全管理，提高安全风险控制的能力和效率。

建立积极的安全文化：倡导和营造积极的安全文化，把各种有利于安全管理的政策、方针、程序、标准转化为全体员工的价值观和行为方式，落实"预防为主"的基本原则。

促进安全管理的持续改进：制定运营主体内部安全管理实时监控、定期评估的制度，促进安全管理的闭环运行和持续改进，健全自我监督、自我审核、自我完善的长效机制，更好履行安全生产责任主体的责任。

具体而言，安全管理体系理论与实践已在航空、航运、化工、铁路等行业得以广泛应用。欧盟已立法要求所有成员国铁路及城市轨道交通企业建立安全管理体系。运营安全是城市轨道交通运营管理工作的重中之重，涉及行车、客运、设施设备、消防等诸多领域，呈现出专业众多、内容丰富、关系复杂的特点，必须寻找一种系统的安全管理方法，建立运营安全管理体系，将轨道交通运营状态控制在企业和社会认可的安全水平之上。

21.1.1 城市运行安全的重要组成

城市轨道交通具有人员高度密集、空间相对封闭、地下空间利用较多的特点。进入网络化运营阶段，城市轨道交通单点安全事件影响具有更强的网络内传播性。同时，城市轨道交通与城市运行安全相关系统的关联程度也不断加强，城市运行对城市轨道交通的依赖程度不断提高。城市轨道交通运营安全关系到城市正常运转和公共安全，也容易造成重大社会影响事件，直接关系到社会的安全稳定。

21.1.2 市民出行安全的有力保障

城市轨道交通是市民公共交通出行的主要方式之一，城市轨道交通运营主体是城市公共服务产品的提供者，保障市民出行安全是轨道交通运营管理部门的核心职责。同时，社会对公共交通服务不断增加的运能需求和质量要求，对运营主体的安全管理也带来了严峻挑战。面对网络化运营阶段安全风险增加、安全管理难度增大的压力，立足于网络，采用系统化理念，建立网络运营安全管理体系能够更好地促进运营主体履行安全管理职责，提升运营服务质量和安全保障水平，切实保障市民出行的生命和财产安全。

21.1.3 轨道交通持续发展的前提

城市轨道交通的建设与运营发展过程中，运营管理模式通过不断探索进行优化调整，运营安全管理体系也随之不断发展完善。与其他公共交通方式相比，城市轨道交通的安全特性十分明显。在网络化运营阶段，运营安全管理体系所发挥出的安全保障作用将更为凸现，成为城市轨道交通行业可持续发展的重要前提。

21.1.4 运营安全保障的重要基础

由于管理对象多、管理流程多、管理跨度大，城市轨道交通运营安全管理较为复杂，需要通过固化流程、规范操作，保证运营安全管理的顺畅运行。建立运营安全管理体系，重点对日常安全管理流程、管理规章制度进行持续的优化完善，为安全监控和应急处置的高效运行提供有力支撑，从而为城市轨道交通的总体运营安全提供基础保障。

21.2 目标要求

21.2.1 基本目标

规范作业：改变传统重点强调依托“技控风险”的方式，强化对现场作业管理的标准化与规范化，实现“技控”与“管控”的有机结合。逐步健全传统运营管理、维护保障等生产部门重视安全并签署安全责任的体制，进一步强化组织内部全体部门与全体员工共同关注安全的理念，使决策者、管理者和操作者人人都是责任人，实现上下贯通的全员安全监管，最终落实到现场作业规范，提高城市轨道交通系统运营安全的整体水平。

降低风险：逐步改变传统以事故或事件为管理对象的事后被动式运营安全管理模式，在防范重复发生同类事故的基础上，实现安全管理前移，形成事前主动式运营安全管理模式，以事态或风险为管理对象，通过风险辨识和风险控制主动降低安全风险的发生概率。

营造文化：理性认识规章制度对于安全管理的覆盖极限，积极推进人文安全文化建设。认识到安全文化对规章制度、操作手册和运行程序不能详细、具体覆盖到的安全风险的管控作用。促进被动执行规章制度向安全文化主动引领应对安全风险的转变，最终实现"安全第一"思想的全面贯彻和有力执行。同时，深化运营安全内涵，从"以事为主"向"以人为本"进行转变，改变将运营安全等同于减少事故或故障发生频率的观念，拓展为"安全人行安全事建安全体"的"人本"安全文化内涵，并作为企业文化的核心部分。从管理制度、考核体系、运行载体、思想理念等四个方面构建系统性的安全文化框架。

21.2.2 建设要求

以人为本：坚持"以人为本"的安全管理理念，使之成为全员的行为准则，持续改进运营安全管理体系；要坚持以满足乘客出行需求为运营工作的价值导向，以乘客安全作为一切安全工作的出发点和落脚点。

领导负责：确立运营安全管理体系建设工作机制，各级单位主要领导要逐级负责；各级管理部门确立服务生产一线的理念，解决影响运营安全的突出问题；各级领导干部、管理人员强化作风建设，提高发现问题、解决问题的能力。

重在执行：建立运营管理标准体系，持续推进运营安全标准化管理；立足提高员工标准化作业程度，实现各岗位、各工序日常工作质量的稳定可靠；注重各专业、各岗位、各工序之间结合部安全的关键对策研究，实现非正常情况下的安全可控；立足岗位标准化作业，不断提高员工能力与岗位需求的匹配性。

广泛参与：围绕深化企业民主管理，确立全体员工"安全第一管理者"的地位，调动广大一线员工参与安全管理的主动性；开展社会性安全主题活动，争取社会舆论对轨道交通的理解和支持，听取市民诉求和乘客意见，增强乘客安全出行意识，提高城市运行安全保障能力。

第22章 体系框架

上海城市轨道交通通过建立“层次化组织、系统化制度、精细化监督、体系化指标、信息化手段”，构建“基于现场控制的立体化安全管理体系”，主要由安全组织机构、安全管理制度、安全监督检查、安全指标评价、安全信息化手段等五项内容构成，实现安全保证、安全控制、安全促进的系统功能。

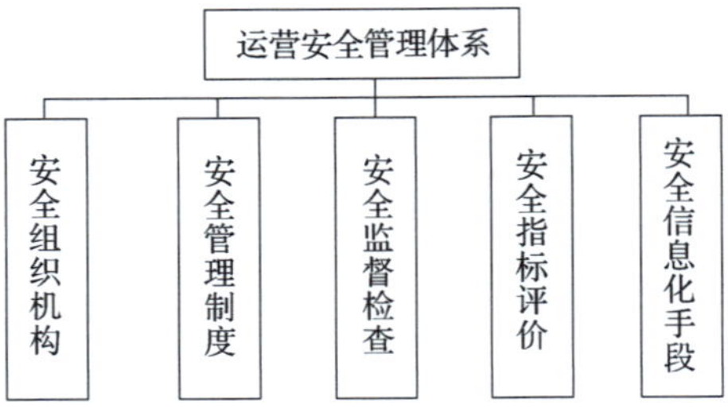

运营安全管理体系基本构成

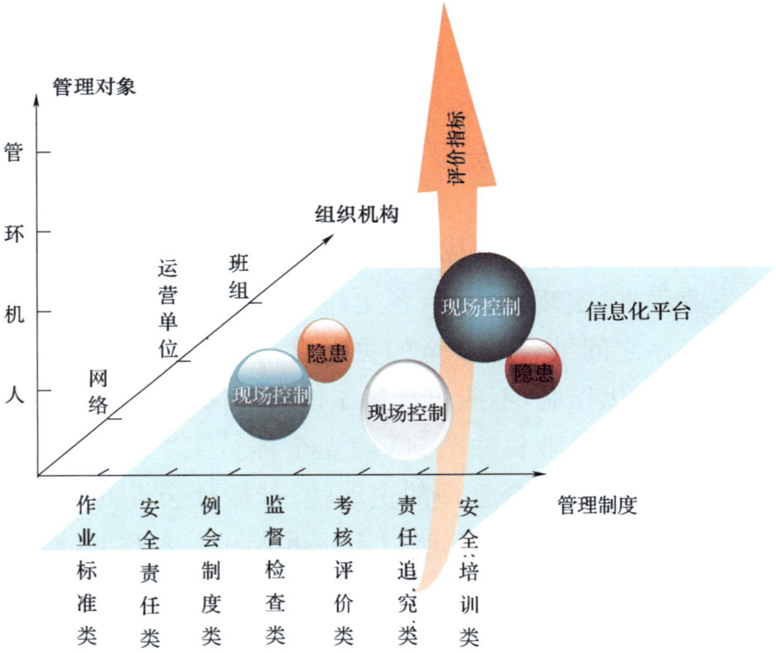

运营安全管理体系基本框架

22.1 安全组织机构

安全组织机构为运营安全管理提供组织保证，贯穿于运营生产的全过程，既可通过对运营主体各层次部门进行横向管理，确保安全决策方案的有效沟通，更能通过对各专业、系统的纵向管理，最终达到各岗位人员安全行动的高度一致。

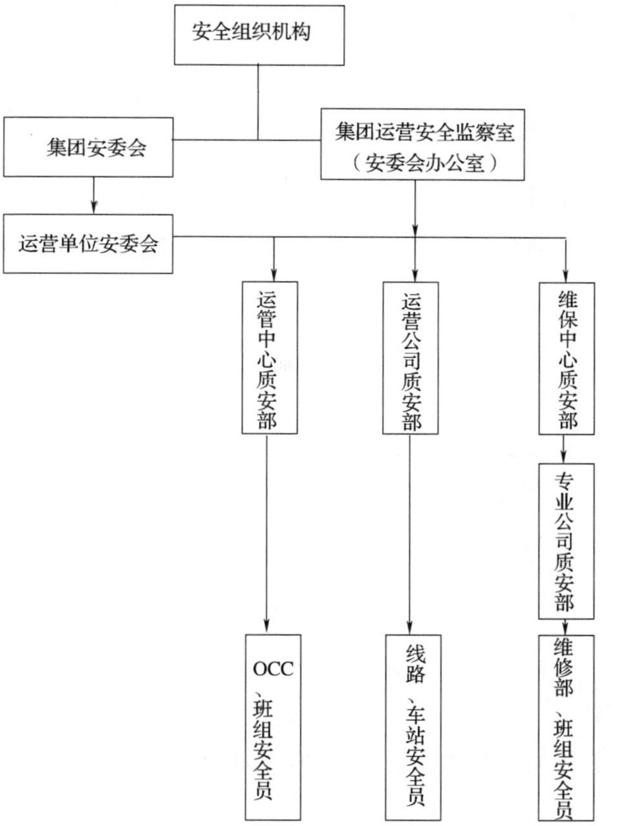

上海城市轨道交通安全管理组织机构

1. 设立“两级”安全生产委员会

按照《中华人民共和国安全生产法》要求，结合运营安全管理需要，上海城市轨道交通设立网络、运营单位两级安全生产委员会，建立相应的会议制度、安全决策管理制度。安全生产委员会是运营安全生产的最高管理机构，对运营主体的安全生产工作具有规划、组织、决策、指挥、协调责任。安全生产委员会应设立具体相应办公室，并建立例会工作制度。

2. 建立“三级”运营安全管理网络

上海城市轨道交通建立了由网络、运营单位、车间班组构成的运营安全三级管理网络。网络及运营单位设置专职安全质量管理机构，配置专职安全管理人员，主要进行运营安全生产的监督检查、安全事故的调查处理及相应的安全基础管理工作。同时，维护专业公司维修部及班组、线路及车站、控制中心及班组设置专(兼)职安全员。

22.2　安全管理制度

安全管理制度是运营安全生产管理的依据和前提，具体反映了全面安全管理的思想理念。管理制度应确保运营安全管理体系内每个岗位，纵向从最高管理者到每个作业人员，横向则包括各个部门的每个岗位，都有一个明确的、可操作的安全责任。

通常情况下，城市轨道交通运营安全管理制度按功能可划分为七大类：作业标准类、安全责任类、例会制度类、监督检查类、考核评价类、责任追究类、安全培训类。

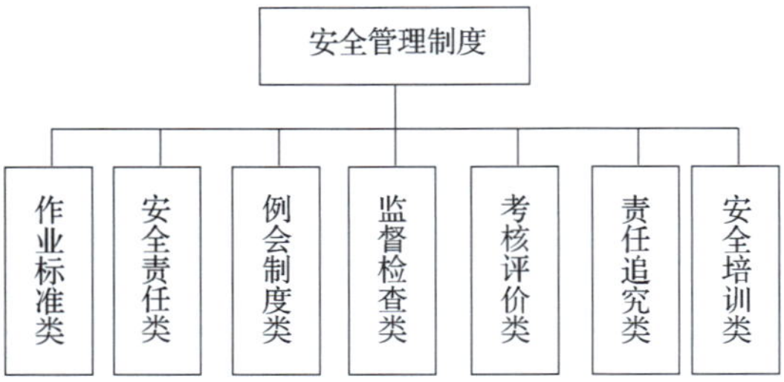

运营安全管理制度基本构成

1. 作业标准类

各类作业标准是实现城市轨道交通各岗位人员作业质量稳定、安全可控的基础。主要包括：

1)制定行车调度员、设备调度员、列车司机、车站(车场)值班员、站务员等主要行车工种人员及车辆、供电、通号、工务等设施设备维护检修作业人员的岗位作业标准、安全职责、安全操作规程，提高一线岗位标准化作业水平。

2)建立设施设备运行质量控制体系，完善各类设施设备的保养、维修、试验、验收规程，实现设备运行质量稳定可靠。

3)建立健全各级干部、管理人员现场保驾、安全盯控制度，对主要行车岗位运营安全控制关键点，制定跨工种、跨岗位的安全作业联控办法。

4)制定运营线路检修施工管理办法，按照轨行区、车站、车辆基地不同特点制定细化规定，严控运营期间施工安全。

5)明确各类列车降级运行场景，优化技防、人防标准，强化非正常行车安全管理。

6)制定网络、线路、车站各类应急预案，不断通过实际演练提高预案的可操作程度，提高各级人员的应变处置能力。

2. 安全责任类

安全生产责任制是各项运营安全生产规章制度的核心。根据《中华人民共和国安全生产法》中关于生产经营单位必须建立安全生产责任制度的规定，网络管理层以及各运营单位必须制定运营安全生产责任制等基本制度，按照“管生产必须管安全”和“安全生产，人人有责”原则，明确纵向到各级人员、横向到各单位及职能部门的安全生产责任。

3. 例会制度类

加强日常运营安全生产管理，必须建立安全生产例会制度，对网络中发生的各类问题做到实时掌握、实时分析、实时解决，不断提高运营安全质量水平。例会形式主要包括网络运营安全生产日、周、月度例会，会议对前一日(周、月)网络运营生产情况、存在问题、处置情况进行汇总分析，并在会上进行通报，布置各类临时性运营安全生产工作重点。

4. 监督检查类

根据网络各个发展时期运营特点和阶段性重点工作，必须开展安全监督检查和问题整改督查，做到安全监督检查的日常化、制度化、规范化。

1)各运营单位领导干部对所辖生产重点岗点、班组、区域进行安全工作定点联系，指导帮助联系点加强安全基础建设、制度管理和提高员工业务素质，实现安全生产目标。

2)各运营单位领导干部开展登乘列车检查，落实定量检查要求，并与司机室录像调阅检查、区域巡查等相结合，做到对所辖线路、区域、专业全覆盖，对运营作业、设备、现场管理全覆盖，对以早晚高峰和夜间施工为重点的生产作业时段全覆盖。

3)建立运营安全隐患排查治理长效机制，落实安全生产主体责任，加强运营安全隐患监督管理。按照“分级管理、分线负责”的原则，明确隐患分级标准，规范隐患排查、报告、治理、建档、监控、资金保障、效果评价、奖惩等流程，落实责任主体，夯实安全基础，主动预防运营安全事故。

5. 考核评价类

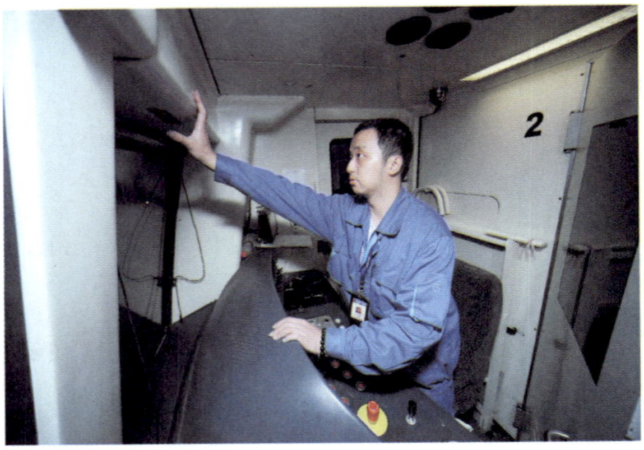

安全考核评价是推进运营安全目标管理的重要内容，是建立运营主体安全文化和价值观的重要环节，主要包括：

1）建立有利于可持续发展的、调动员工积极性的分配制度。

2）建立符合轨道交通运营安全管理实际需求的岗位管理和考核制度。

3）建立安全专项奖惩激励制度，确保适当安全专项投入。

4）建立安全生产责任书制度，履行全员安全承诺。

5）建立领导干部安全约谈制度，提高干部履职效能。

6）建立领导干部运营安全风险抵押制度，加大安全经济考核力度。

6. 责任追究类

轨道交通运营主体必须建立内部事故管理制度，规范事故处理流程，落实事故相关责任追究。

1）制订运营事故调查处理规则，按照"四不放过"原则，严格运营事故的界定标准、调查处理程序，明确分析工具、人员资质、信息流转、记录保存等相关要求，及时、准确、公正地调查处理运营事故。

2）建立运营安全事故责任追究制度，落实领导干部安全责任，严肃追究事故责任，防止和减少运营事故的发生。

7. 安全培训类

根据运营安全管理体系运行特点，适时开展多领域、多形式、多层次的安全培训，促进系统安全运行；着力提高从业人员的综合素质，提高岗位工作的胜任能力；推动安全文化建设，提高全员安全意识和制度意识，促进体系持续改进。

安全培训按照培训对象不同，大致可以分为：新员工三级安全教育、全员安全培训、管理人员安全培训、专业技术人员安全培训、岗位技能培训、安全管理人员特定培训六大类培训。

上海城市轨道交通运营安全培训概况

序号	培训项目	培训内容
1	新员工三级安全教育	主要包括运营单位、车间、班组三级安全教育
2	全员安全培训	主要包括轨道交通运营安全知识、安全管理体系相关知识、事故事件案例、专题安全宣传教育、技术练兵活动等
3	管理人员安全培训	主要包括轨道交通运营安全知识、安全生产法律知识、安全规章制度、安全管理理论等
4	专业技术人员安全培训	主要包括特种作业人员上岗资格、特殊工种从业资格、专业技能提升培训等
5	岗位技能培训	主要包括岗前培训、转岗培训、在岗复训、重新上岗再培训等
6	安全管理人员特定培训	主要包括安全事故事件调查、安全绩效考核、安全信息管理、安全管理工具等培训

22.3 监督工作机制

安全监督检查机制为运营安全管理提供纠偏控制功能，是为保证体系内部各行为主体在不断变化条件下，按照事先拟定的计划和标准，通过采取各种检查方法和监督手段，对安全生产过程中发生的各种实际值与计划值进行比较、引导和纠正，以保证计划安全管理目标得以实现。主要包括：

1)制订运营安全监察工作规则，明确运营安全监察部门对运营安全工作实行严格的监察，维护运营安全规章，落实安全过程控制。

2)监督检查各运营单位贯彻落实政府有关运营安全生产法律法规和企业运营安全生产工作要求，完善运营安全生产条件、落实运营安全生产工作责任制及加强安全管理和现场作业控制。

3)建立健全安全保障体系与监督体系。

4)组织开展运营安全生产抽查、互查和专项检查工作，保证设施设备和日常运营的安全可控。

5)组织对各单位运营安全生产管理、年度运营安全生产目标等执行情况的考核工作，进行定期评估和阶段性安全检查考评。

6)研究有关运营生产安全的重大事项，审核涉及运营安全生产方面的重大运营安全生产技术项目。

22.4 指标评价体系

指标评价体系为运营安全管理的正常运行提供充分和必要的评价指标，发现和提供体系持续改进的动力。为持续提高网络运营安全管理水平，必须分层细化各类可衡量的安全评价指标，建立完整的安全管理指标评价体系，为安全监督和考核提供科学依据。

运营安全管理评价指标体系主要从安全管理机构设置、安全管理制度建设、安全管理基本条件、人员和设备安全运行、事故和隐患管理五个维度指标进行构建，各维度指标实绩点连线围成的面积，表示评价的总体结果。

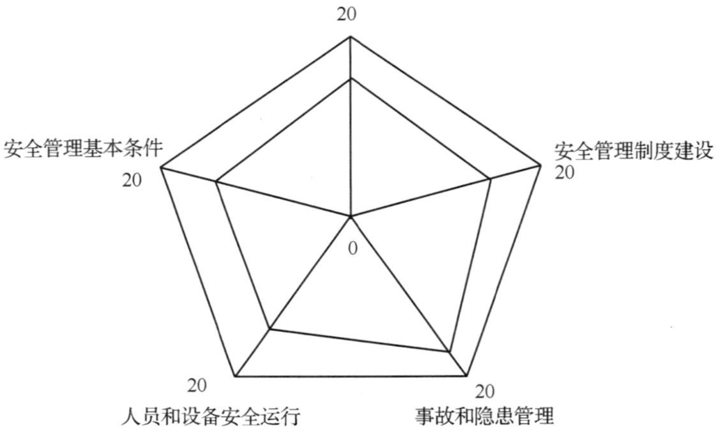

运营安全管理评价指标体系基本框架

评价指标满分 100 分，每个维度 20 分。对照指标具体内容逐项考核评分，合计总分 95 分及以上为“优秀”，85 分及以上为“良好”，75 分及以上“合格”，75 分以下为“不合格”。

此外，由于轨道交通运营主体网络规模、发展阶段的不同，也可以根据评价目的、评价频次、评价主体等对运营安全实际情况开展评价工作，适当调整每个维度的分值权重。

上海城市轨道交通运营安全管理评价指标内容

序号	指标维度	指　标　内　容	得分
1	安全管理机构设置（20 分）	1. 机构设置合理、完善，符合运营企业管理和运营需要。 2. 机构人员数量、资质符合运营安全管理文件要求。 3. 机构工作职责、工作流程、奖惩办法、信息处理等有明确管理制度。	

续上表

序号	指标维度	指 标 内 容	得分
2	安全管理制度建设（20分）	1. 安全管理目标体系完善，有明确的安全管理目标，有可衡量的阶段性安全控制指标。 2. 安全管理制度体系架构合理，层次清楚，覆盖全面。 3. 不同设施设备、生产场所有完善的安全操作和管理制度。 4. 不同岗位人员、工作流程有完善的安全管理制度。 5. 安全投入保障制度健全。 6. 安全考核奖惩制度健全。	
3	安全管理基本条件（20分）	1. 从业人员持证上岗，人员数量符合工作任务要求。 2. 安全培训教育制度健全，相关记录齐全。 3. 系统设施设备技术标准、性能指标符合运营安全管理要求，状态稳定。 4. 安全防护设备设置符合安全管理文件要求，状态良好。 5. 工作场所环境符合设备运行和安全生产要求。 6. 安全管理制度落实情况良好，相关记录齐全。	
4	人员和设备安全运行（20分）	1. 在岗人员行为符合安全管理制度要求，"两违"发生率、事故发生率及影响程度满足安全管理文件规定要求。 2. 运行设施设备状态良好，安全标识齐全，故障发生率、事故发生率及影响程度满足运行质量安全控制指标。 3. 安全记录、设施设备运行记录符合系统运行和安全管理规定。	
5	事故和隐患管理（20分）	1. 事故分类统计、分析对策、调查处理制度完善，台账齐全。 2. 定期开展安全事故状况分析评价，提出相应整改措施。 3. 安全隐患排查治理制度完善。 4. 事故处置应急救援组织机构设置、人员及管理制度完善。 5. 事故应急救援预案完善，备品备件满足事故处置要求。 6. 安全信息交流渠道通畅，及时处理员工意见和乘客反馈。	
合计总分			

22.5 信息管理平台

安全管理控制的中心就是安全信息的流动和处理。对于运营安全管理体系，信息化安全管理系统必不可少。我国城市轨道交通运营安全管理由于普遍缺乏安全信息理论指导以及管理体制的影响，易造成安全信息流通不畅，相关数据被职能部门、单位分割，甚至被个人垄断，使得安全数据中蕴载着的有用信息不能充分共享，用以指导运营安全管理体系内各行为主体的行动。

因此，城市轨道交通必须建立合理的组织信息流结构，搭建性能良好、信息流畅的安全信息管理平台。通过运营生产管理信息网络，及时、准确、有效地搜集、传递安全信息，提供各级管理人员和领导进行管理和决策；建立隐患控制、安全责任、安全统计分析、事故管理、安全档案管理子系统，提高安全信息管理平台的预警和预控功能，保障运营安全管理体系的高效运作；实现安全管理的办公自动化，使工作流程规范化、制度化，提高工作效率和工作质量。

1. 运营事故统计分析

规范事故统计分析流程，统一相关报表记录，实现按事故等级、事故原因、事故频次、事故地点等多维度分析，全面加强对典型、易发性事故分析数据的利用，查找倾向性问题，消除安全隐患，为事故预防和控制提供有效的决策依据。

2. 运营事故案例管理

按照系统专业分工建立安全管理、设施设备、运营质量三大板块案例库，明确编制、审核、发布、更新流程；通过权限管理严格控制案例应用范围，确保运营主体内部信息安全；结合员工岗位需求，开展案例学习培训，确保安全信息流通顺畅。

3. 运营安全信息化应用

实现运营安全情况报告、运营服务质量指标统计、设施设备故障报修跟踪、安全监督检查写实、施工计划管理、隐患排查管理、行车文件流转等无纸化办公，实现信息共享和过程控制，提高工作效率和信息统计标准化程度。

4. 运营安全评估预警

实现网络及各运营单位运营安全天数、百日期间事故控制指标、年度事故控制指标、年度消防安全指标、安全管理基础指标的实时显示和在线告警功能；按照运营事故风险发生的可能性和严重程度两个维度，建立事故风险等级评价和预警机制，做到运营安全“预防为主、状态受控、应对及时”。

第 23 章　建设路径与实施要点

轨道交通运营主体应当倡导科学健康的安全文化，探索运营安全管理体系在日常运营安全管理工作中有效融合的方法和途径，致力于建立运营安全管理的长效机制，有计划、有步骤地推进运营安全管理体系建设。

23.1　建设路径

1. 健全制度，落实责任

建立运营安全管理基本组织架构，明确安全重大事项决策机制，确保安全管理制度充分有效；建立安全目标管理机制，细化安全责任考核制度，确保全员落实安全生产责任制。

2. 强化监督，确保执行

建立内、外部运营安全监督检查制度安排，调动各方资源，形成运营安全管理组织合力；建立各级干部、管理人员现场监督检查制度，提高现场发现问题、解决问题能力。

3. 安全管控，消除隐患

建立现场作业、设施设备保障的标准化管理体系，提高安全工作的可控程度；建立重要安全风险分析控制机制，持续消除安全隐患，为防止和减少事故发生提供有力保障。

4. 安全培训，提高技能

建立员工岗位安全教育培训基本制度，提高全员安全操作和安全管理技能；建立员工岗位安全资质管理，落实岗位考核淘汰机制。

5. 科技创新，攻克难点

建立企业科技工作基本制度，激励广大员工结合安全重点和工作实际开展技术攻关；建立科技成果的孵化机制，提高安全管理的科技含量。

6. 安全竞赛，营造文化

建立安全专项竞赛评比制度，加大员工岗位安全绩效激励；发挥各级组织合力，探索安全生产管理的新思路，倡导企业优秀安全文化。

7. 规范流程，严格落实

建立运营事故调查处理规则，严格运营事故的界定标准，及时、准确、公正地调查处理运营事故；建立事故报告、统计、分析、通报、问责机制，落实问题整改，严肃追究事故责任，防止和减少运营事故的发生。

23.2 实施要点

23.2.1 增强“以人为本”的安全管理理念

充分重视运营管理过程中对员工安全理念宣传和运营安全教育培训工作，使全体员工系统、全面地掌握运营安全管理体系的内涵本质，坚持“以人为本”的安全管理理念，使之成为行为准则，推动安全管理体系持续改进；要坚持以满足乘客出行需求为运营工作的价值导向，以乘客安全作为一切安全工作的出发点和落脚点，建立健全社会、乘客参与机制，营造乘客、员工、运营主体共赢的良好环境和氛围，聚集社会各方力量管轨道交通、保运营安全。

23.2.2 落实领导干部深入基层解决问题的责任制

建立运营安全管理体系建设工作机制，各级单位主要领导逐级负责，进行实际情况差异化分析，制定具体可行的安全管理体系建设实施计划，明确阶段性任务，并亲自负责落实；各级管理部门确定服务生产一线关注运营安全的工作宗旨，积极开展管理和科技创新，解决影响运营安全的突出问题；各级领导干部、管理人员强化作风建设，紧密领导干部与现场一线的联系，畅通各类安全信息流通渠道，提高各级管理人员发现问题、解决问题的能力。

23.2.3 完善安全生产各工序环节间的管控措施

持续推进标准化管理进程；提高员工标准化作业程度，实现各岗位、各工序日常工作质量的稳定可靠；制定非正常情况下的人防、技防管控措施，实现正常与非正常情况下的安全可控。

1. 主要行车工种安全重点环节控制

行车安全是城市轨道交通运营安全的核心内容，主要包括行车调度员、列车司机、车站(车场)值班员等对象。对于行车调度员，重点关注对运营中的调度监督和列车调整、调度命令的发布、特殊情况下的调度处置、夜间动车施工的运行组织和监督等作业的控制。对于列车司机，重点关注对出乘前检车、站台作业、折返作业等作业的控制。对于车站(车场)值班员，重点关注对列车运行监控、电话闭塞法行车、站控模式下的施工管理等作业的控制。

2. 跨工种、跨岗位的作业安全联控重点环节控制

运营安全管理必须注重上下道工序间、各工种间的安全管控，主要包括车调联控、列车上线运营联控、道岔联检联控。对于车调联控，重点关注对列车出入场、列车折返作业、列车无 ATP 防护功能运行、电话闭塞法行车、列车进路信号出现非正常情况、列车发生事故时等作业的控制。对于列车上线运营联控，重点关注对投运列车计划管理、列车运营联动、列车维修上线等作业的控制。对于道岔联检联控，重点关注对车工电联检作业的控制。

3. 非正常行车安全重点环节控制

在主要行车设备降级运行或者退出运行的情况下，为了降低对运营服务的影响，需采取非正常行车模式维持运行。这种工况伴随较大的安全风险，必须根据不同场景，强化安全环节重点控制，主要包括列车限速运行、列车人工限制向前运行、列车退行、列车切除 ATP 运行、救援连挂列车运行、手摇道岔接发车、列车反向运行、行车闭塞方式降级运行、运营中断等作业。

23.2.4 提升基层员工安全操作的执行和实践能力

立足岗位标准化作业，不断提高员工能力与岗位需求的匹配性。通过一线岗位"应知应会"培训，提高岗位实际操作基本能力和安全关键把控能力。充分利用员工岗位轮训、脱产培训、业余进修等有效机制，建立技能提高和个人专业成长通道，不断提高自身价值。积极开展岗位实操技能比武，不断提高员工岗位培训的针对性和实效性。立足作业标准的可操作性，逐步实现一线作业的流程化、口诀化。

23.2.5 发挥基层员工参与安全管理的能动作用

围绕深化民主管理，调动广大一线员工参与运营安全管理的主动性。建立安全隐患举报制度，开展身边隐患排查，鼓励职工报告和举报运营安全隐患，对报告、举报和在隐患治理过程中的有功人员予以奖励，对瞒报事故隐患或者排查治理不力的人员，按照有关制度予以处理。以运营安全为中心，结合组织优势，开展 QC 攻关、立功竞赛等主题活动，形成全员参与、共保安全的组织合力。

23.2.6 开展市民乘客参与运营安全的各类活动

结合"安全月、防灾减灾日"等社会性安全主题活动，开展城市轨道交通运营

安全专题教育，开展企业、社区共建活动，争取社会舆论对轨道交通的理解和支持。通过行业服务质量评比、乘客满意度调查等渠道，虚心听取市民诉求和乘客意见，不断提升运营服务质量。利用公共媒体、轨道交通媒体，对市民乘客持续开展安全知识宣传，提高乘客安全出行和文明出行意识，增强紧急情况下的自救、互救能力。积极开展与政府城市运营管理部门的联动合作，进行消防、公交、反恐等科目预案演练，提高保障城市运行安全的能力。

第6篇　服务品牌

第24章 建设目标

24.1 作用与重要性

24.1.1 展示上海城市文明形象

作为城市公共交通骨干力量，城市轨道交通不仅是一种单纯的交通工具，也是城市重要的公共生活空间，承载着丰富的城市文化。上海城市轨道交通已经成为上海创建精神文明和展现城市形象的重要窗口。

通过现代化的硬件设施和人性化的软件服务，上海城市轨道交通的服务水平快速提升，并经受了世博会的考验；通过市民志愿者和工作人员的共同努力，“先下后上”等文明乘车风尚正逐渐成为乘坐的行为准则，“文明车站”、“文明班组”的创建活动同步进行深入开展；通过艺术规划设计和公益活动策划，以“地铁壁画”和“中外诗歌进地铁”等系列公益宣传为主的公共文化艺术空间正在逐渐成熟。

上海地铁壁画“再现老上海”

城市轨道交通以其超越城市公共交通平均建设水平的硬件设施，具备了领先一步的服务优势；依托大规模客流的关注度和网络化分布的空间特征，又具备了“轨道交通文明引领城市文明”的可行性。

以服务品牌建设为抓手，不仅有助于提升城市轨道交通行业整体素质，而且将成为城市建设的重要抓手和创建文明城市的重要窗口，成为市政府关心、市民关切、市场关注的重要工作。

24.1.2 体现上海城市轨道交通服务水平

上海城市轨道交通员工队伍总体年龄结构较轻，服务成熟度难以完全统一。随着网络运营规模扩大，上海城市轨道交通服务覆盖面更广、点更多、人员分布更加分散，员工队伍将持续出现规模增长的情况，管理力量、技术骨干将进一步摊薄稀释。由于运营客流持续攀升，新技术和新系统仍需不断磨合完善，现场运营管理和维护技术挑战依旧，而突破网络运营转型期的发展瓶颈，需要一支高素质的员工队伍。

正处于向网络化运营进行转型的上海城市轨道交通，必须对所提供的服务进行主动关注和综合评价，全面、客观地认识服务水平，并着力整合全网络资源，充分借鉴国内外同行业以及相关行业的先进服务理念，不断致力于人性化服务探索，优化服务流程，持续改进服务质量，有效增强网络整体服务水平，适应网络化运营管理的需要。

“服务没有最好，只有更好”。从乘客角度而言，服务品牌是上海城市轨道交通建设、运营以及管理、服务等方面优势的综合体现，之所以能够称为服务品牌，源于所获得的社会认同度和美誉度，必然要求各项工作都要达到与品牌化的社会、市场享誉度相一致的层次上来。“品牌机制”必然促使运营主体不断苦练内功，建立健全各项规章制度，强化管理与服务手段，以提高企业工作纵深发展的业绩来保证品牌长盛不衰。

以服务品牌建设为抓手，主动、系统、持续的提升服务品质，可以有效改善市民乘客的“所见”和“所感”，实现“人无我有、人有我优”的增值效应。这将有助于展现上海城市轨道交通良好的服务形象，并为今后的发展提供基础，进而形成一整套完善的适应行业发展、满足乘客安全有序乘行需求的服务运行机制，并促进服务水平提升到一个新高度，力争始终处于国内城市轨道交通领先地位。

24.1.3 鼓励市民乘客参与监管

城市轨道交通准点、快捷、方便的特点受到广大市民乘客的欢迎，“安全便捷、文明有序”的乘行服务是乘客们希望的。城市轨道交通服务是以乘客位移为中心，由票务服务、导乘服务、行车服务、问询服务、特殊服务和应急服务等一系列具有无形性活动所构成的一种过程。该过程侧重于服务的“过程性”和乘客的“满足感”，其实质是最大程度地满足乘客需求，并为其创造价值、增加价值。

随着“社会公民”角色意识的逐渐显现，市民在作为乘客角色的同时，也容易主动或被动地转换角色身份，通过身体力行成为参与城市轨道交通运营服务的志愿者，或者通过建言献策成为第三方的监督者，成为轨道交通运营服务框架中的重要组成部分。

以服务品牌建设为抓手，进一步坚持并倡导实施“开门办地铁”的理念，通过第三方社会监督及常态化听取市民巡访团、地铁督察员、市民乘客等多方建言献策，建立健全乘客投诉与意见的快捷响应机制，增强对乘客各类投诉处理的高效性和有效性，及时整改管理和服务中的不足，从而营造乘客、员工、企业、社会同步发展、共同成长、和谐共赢的良好乘行环境和氛围，带动社会各方共同参与轨道交通运营管理。

24.2 目 标 要 求

24.2.1 基本目标

出行首选：通过优化乘客感知，提升服务竞争力，提高乘客认可度和满意度，以“安全、便捷、和谐”为重点，凸显“上海地铁，您的出行首选”的上海城市轨道交通服务品牌内涵。

城市名片：秉持“开门办地铁”的理念，主动对接社会资源，优化社会参与度，提升社会美誉度，建成展现上海城市精神、表现社会建设特征、体现上海城市轨道交通特色的城市窗口。

24.2.2 建设要求

系列定位：采用差异化定位的方式，构建服务品牌体系，使服务品牌具有系统性。同时，划分服务对象、服务主体、服务内容等多个维度进行合理区别定位，形成矩阵式的系列服务品牌，为乘客和社会公众以及企业客户提供全方位的优质服务。

环境和谐：通过全面梳理服务对象需求，在满足安全、便捷需求基础上，重点推进服务手段、服务设施与乘客市民之间的良好互动，提升人性化服务水平，建设界面友好、互动顺畅的沟通平台，营造具有城市轨道交通特色的文化氛围，为乘客和社会公众创建和谐的服务环境。

第25章　基本要素与实施要点

25.1　基本要素

服务品牌由上海城市轨道交通运营主体创立，以服务为主体内容，是上海城市轨道交通行业形象和行业综合管理水平外在形式上的集中体现，融员工的职业道德、专业知识、情感化的服务艺术为一体，以标准的服务、可靠的技术、严格的管理以及别具特色的服务形成“磁场”，受到乘客、社会的广泛赞扬。

上海城市轨道交通服务品牌标志色：红色。

上海城市轨道交通服务品牌标志(LOGO)：。

上海城市轨道交通服务品牌内涵：“上海地铁，您的出行首选”。

上海城市轨道交通服务品牌关键词：“安全、便捷、和谐”。

上海城市轨道交通服务品牌基本要素主要包括安全可靠、方便快捷、环境温馨、服务规范、特色服务和社会参与。随着网络化运营管理发展、乘客群体利益诉求日趋多样等变化，上海城市轨道交通服务品牌的基本要素将定期适时进行调整与更新。

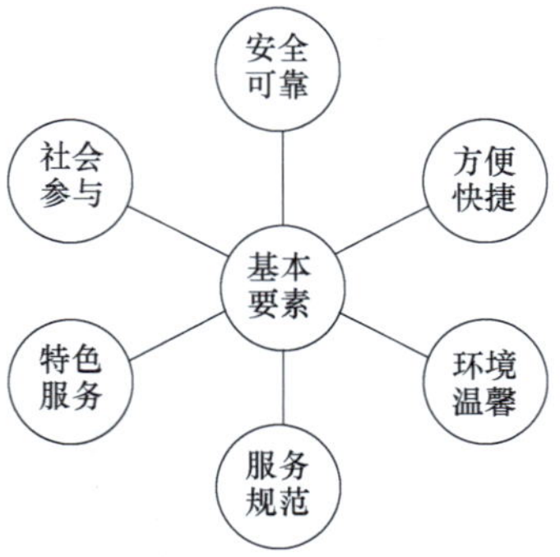

上海城市轨道交通服务品牌基本要素

25.1.1　安全可靠

安全可靠是乘客运输的基本要求。密闭式的构造、密集式的运输、网络化的运行以及地下空间的局限，使得城市轨道交通运营安全和应急处置面临前所未有的压力。运营安全始终是上海城市轨道交通的重中之重，包括乘客在乘行过程中进出站秩序是否良好，候车乘车是否安全以及在突发情况下为乘客提供高效的应急服务等，确保城市轨道交通始终在安全、有序的可控状态下运行。

25.1.2　方便快捷

城市轨道交通作为市民乘客的重要出行方式，是城市基本公共服务的重要内容。城市轨道交通发车频次密集，列车开行快速，运能安排科学，网络化运营使得乘客的出行效率得到明显提升。与国际先进水平相比，上海城市轨道交通在承运比例、服务水平和营运效率等方面还存在一定差距，将以服务全过程中各环节为切入点，提高人性化服务、信息化服务等，最大限度地满足乘客准点、快捷、方便乘行的需求。

25.1.3 环境温馨

面向乘客的服务设施状态保持良好，导向标志清晰醒目，站、车环境美观和谐、整洁卫生，导乘信息服务准确及时，服务人员形象亲和、态度诚信、服务规范，努力为乘客打造一流的服务环境，提升车站空间环境质量，创建秩序井然、文明谦让、和谐舒适的乘车氛围。同时，积极倡导弘扬文明理念，引导市民乘客养成良好的文明乘坐习惯，进而为倡导上海城市文明提供支持。

25.1.4 服务规范

以乘客需求为导向，在为乘客提供完善客运服务设施的同时，上海城市轨道交通运营主体采用统一理念指导班组建设及日常服务，确保网络运营常规服务具有统一标准，即实现服务标准化；通过持续推进岗位标准化作业，提高员工的主动服务意识，包括行为礼仪、规范用语、现场处置服务等；致力于创建文明行业，不断推出便民利民举措，形成服务标杆，努力与国际大都市的服务水准接轨。

25.1.5 特色服务

充分考虑乘客在乘坐轨道交通过程中的各种复杂因素，始终把乘客利益放在第一位，从乘客的角度对服务过程以及处理乘客诉求的过程进行优化设计，增强乘客对服务质量的信心和安全感，鼓励窗口服务创新，以人性化服务给予乘客关心和个性化的服务，感动乘客，使乘客感到自己是唯一的、特殊的和愉悦的，进而更深切地感受到上海城市轨道交通对乘客的尊重和重视。

25.1.6 社会参与

城市轨道交通是与市民乘客生产生活息息相关的重要基础设施，公益性和市场化的双重性质使其具有很强的社会属性和对社会舆论的高度敏感性。上海城市轨道交通服务品牌必须凸显和承担运营主体的社会责任，强调“公益地铁”、“乘客参与”、“社会互动”，建立“乘客—社会—企业”互动平台和沟通渠道，营造良好氛围，使市民乘客、社会组织、合作伙伴更加关注、理解和支持上海城市轨道交通。

25.2 实施要点

服务品牌建设是上海城市轨道交通网络化运营服务发展到一定阶段的必然要求，实施过程中要重视“突出四个理念、推动四个转型”，即网络优化的理念、以人为本的理念、资源共享的理念、效率成本的理念；努力实现从线路型向网络型转变、从经验型向科技型转变、从劳动密集型向管理集约型转变、从被动型向主动型转变，强化搭建平台、树立标杆、标准示范、绩效考核问责、联建共建、第三方测评、乘客与媒体监督等服务品牌管理机制创新，重视依靠信息化手段，推进人性化服务、精细化管理，打造服务样板，建立标准化服务模式、树立国际化服务品牌标杆，全面提升上海城市轨道交通服务能力和综合服务水平，打造成为乘客满意、政府放心、国内领先、国际知名的品牌。

25.2.1 坚持以人为本的服务理念

坚持“以人为本”的服务理念，因地制宜，以“人性化服务”为出发点和落脚点，以乘客满意为中心，全面梳理不同乘客群体的需求，不断完善服务设施设备，提供安全、可靠、高效的人性化服务新举措，推进服务业务流程的再造，系统性引领服务提升工作，循序渐进地打造“安全地铁”、“文明地铁”、“标准服务”、“特色服务”。在服务品牌建设中，坚持以个性化、人性化服务，切实提升乘客的认可度、满意度和美誉度，引导乘客共同参与维护运营安全，培养文明乘车习惯，倡导有序出行秩序。

25.2.2 健全服务品牌的组织体系

建立健全服务品牌建设组织体系和工作长效机制，加强组织领导；通过建立服务品牌建设和推进管理例会制度，定期分析和研究相关重大问题和重要事项，并以第三方测评作为提高行业整体服务水平的重要抓手，逐步有序地推进服务品牌内化，定期对服务品牌建设工作进行总结与部署，建立具有可操作性的、落实到现场细节的服务标准；制定服务品牌监督、评估、考核及奖惩体系，着重解决服务组织、服务流程和服务行为的优化；定期组织员工培训，注重调动员工的积极性，确保员工服务的主动性和服务技能的持续提升，不断改进服务质量。

25.2.3 注重信息技术应用创新服务

城市轨道交通服务的质量标准、环境条件、服务项目、服务时间、服务设备等是否满足乘客需求，除了舒适的候车环境，更依赖必备的技术装备，如自动售检票系统、乘客导乘系统、客服查询系统、服务援助系统等。随着上海城市轨道交通进入网络化运营阶段，网络规模效应和人力成本摊薄等情况要求以科技助力服务应用，以强化“信息化”手段创新服务为突破，推出方便乘客的信息化服务，促使信息服务从空间和时间上不断延伸，建立全方位信息互通的乘客服务系统。在科技创新服务的同时，运用智能化、信息化手段进行日常监测和评估，以确保网络的“安全、可靠、高效”运营。

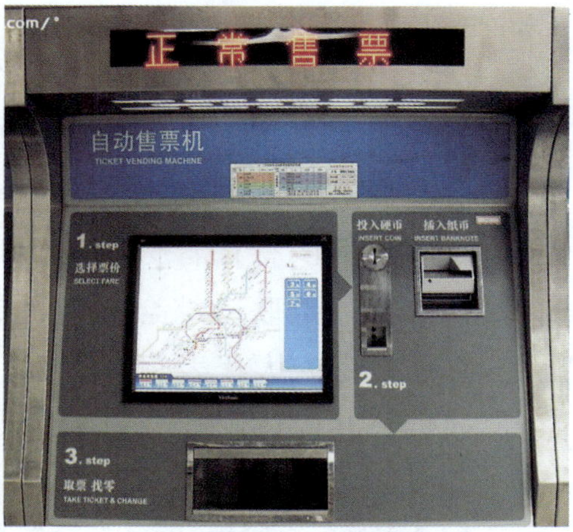

25.2.4　着力品牌服务系列形成和完善

通过国际对标，学习先进的公共服务企业的服务品牌理念和服务品牌价值要素，借鉴国内外交通行业先进服务管理经验，努力为乘客提供增值服务（超出常规范围的服务）或惊喜服务（采用超出常规的服务方法提供）、品牌服务，形成标准化服务、增值服务与品牌服务的相辅相成、相互支撑、互动提升，即以构建标准化服务流程、规范和设施为核心，通过具有鲜明特色的上海城市轨道交通标准服务、增值服务、品牌服务建设，使服务人员和面向乘客设施设备具有友好形象，提升网络整体效应，以适应网络化运营管理发展和乘客不断提高的乘行需求。

25.2.5　激发员工主动服务和劳动创造性

围绕安全运营和乘客服务需求，突出“人性化、精细化、标准化”的工作导向，培育和弘扬团结奋进的文化氛围，提高员工的自豪感和使命感，强化全体员工安全生产的忧患意识、责任意识、创新意识、法制观念和社会敏感性；通过定期组织全覆盖、多层次、针对性培训，特别是围绕服务难点组织开展服务评比、立功竞赛、技术大比武等活动以及安全标兵、示范岗评比等活动，鼓励职工岗位技术创新，积极主动的转变观念、改进工作、自我完善，使上海城市轨道交通网络管理和服务能力明显增强，同时促进员工队伍整体综合素质的提升。

25.2.6　大力开展服务品牌公共宣传

借助现代社会各种先进的信息传播工具和媒体的放大作用影响社会公众对上海城市轨道交通服务品牌的接受和认同，充分运用各种自有媒体以及多种形式社会媒体（包括报纸、杂志、广播、电视、网站和微博客等）进行广泛传播，通过策划一系列专题活动，吸引乘客参与、媒体关注，积极宣传和推广服务品牌建设新成果。服务品牌是实实在在地“做”出来的，因此，运营一线服务人员是最实效、最权威的品牌传播大使。通过各种宣传渠道，挖掘、培育、弘扬先进人物和事迹，以“地铁人”、“地铁情”等感动市民乘客，进而理解、支持和参与轨道交通发展，提高对上海城市轨道交通服务品牌的认可度和美誉度，实现对服务品牌的维护。

25.2.7 不断探索社会各方参与共建联动机制

由于具有公益性行业性质，上海城市轨道交通服务品牌建设以及服务质量的提升，必须努力通过建立与社会各方合作共建的运作机制，发挥社会资源的作用，形成品牌建设的良好氛围，包括与社区、企业单位、社会团体的共建联动机制，与新闻媒体的合作宣传机制，与市民乘客对话、参与、沟通的活动机制，与公安、城管等部门的联动综合治理机制，与全国轨道交通同行间交流、学习的促进机制，主动接受人大代表、政协委员、社会各界和新闻媒体的监督，进一步发挥志愿者、社会公共媒体和社会组织的力量。

第26章 测评体系

不断延伸的城市轨道交通网络，已经成为上海城市综合交通的主要组成部分，以及市民出行的首选公共交通工具。预计到2015年，上海城市轨道交通客运量占城市公共交通客运量的比重将达到50%。作为得到市场认可的个性化服务标识，上海城市轨道交通服务品牌应是基于市民乘客良好的乘行感知体验基础之上的，品牌建设必须得到社会、市民乘客的广泛认可。

上海城市轨道交通服务水平高低的最终评价者是乘客和社会公众，测评体系针对服务品牌建设的3个维度、9类指标和16项基本要求，分别设计制作相关的调查表，从乘客与社会公众感知体验的“认可度”、“满意度”、“美誉度”、“参与度”进行测评，测评分5个等级。其中，在“好”、“较好”两个评价等级的指标为良好。

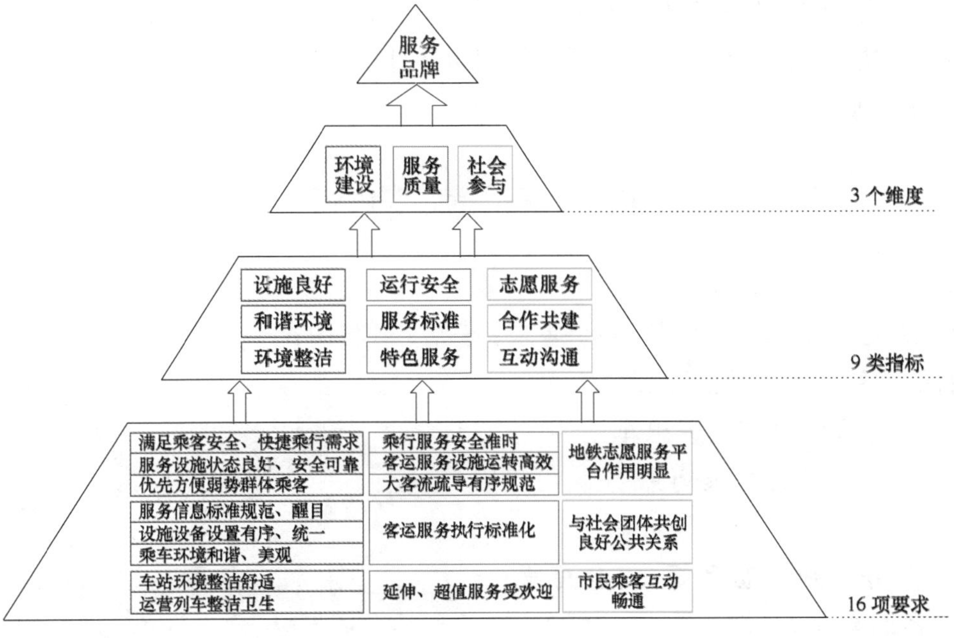

上海城市轨道交通服务品牌测评指标体系基本构架

上海城市轨道交通服务品牌建设与测评指标

	建设维度	指标	测评维度	
地铁服务品牌建设	环境建设（硬件）	设施良好	认可度	乘客感知体验测评
		和谐环境		
		环境整洁		
	服务质量（软件）	运行安全	满意度	
		服务标准		
		特色服务	美誉度	
	社会参与（互动）	志愿服务	参与度	
		合作共建		
		互动沟通		

城市轨道交通服务指标的评价标准

评价等级	好	较好	一般	较差	差
评分取值标准	100～80	80～70	70～60	60～40	40～0

测评由第三方负责对服务品牌建设情况进行抽样调查和测评工作，包括网上调查、车站现场拦截调查、入户调查、志愿者调查、员工调查、专家调查等形式，每年一次，并出具相关年度服务品牌建设情况总体报告及详细的各线路测评和数据分析，提供给城市轨道交通运营主体进行持续改进，以进一步规范运营管理和提升服务质量。

26.1 环境建设

26.1.1 设施良好

1. 满足乘客安全、快捷乘行需求：车站、车厢内配置适合的服务设施与设备，确保乘客能安全有序、快捷方便地购票、安检、候车、乘车、进出车站，乘客对安全、可靠、高效的乘行服务认可度达到优良。

2. 服务设施状态良好、安全可靠：面向乘客的车站、车厢内配置的服务设施设备均符合国家、省市相关标准，并保持设施设备运转安全可靠、状态良好。根据季节调控适宜的车站、车厢温度，让乘客享受到舒适的乘车环境。

3. 有优先方便弱势群体乘客的措施:车站、车厢内的无障碍设施建设规范、标准,并保持通畅与良好,满足特殊群体乘客安全、有序的乘行需求。

26.1.2 和谐环境

1. 服务信息标准规范、醒目:车站、车厢内配置的服务设施设备,均按统一标准规范配置,标志清晰、醒目,相关服务设施设备的维护、维修以及服务信息更新及时有效,并采取多种方式及时、准确的向市民乘客公告列车运行、票务等服务信息。

2. 设施设备设置有序、统一:车站、车厢内配置的所有服务设施设备布局合理、衔接顺畅,形式上协调统一,功能上相辅相成,乘客乘行环境秩序井然、安全顺畅、温馨和谐、文明谦让。

3. 乘车环境和谐、美观:车站、列车车厢的装修和装饰力求简洁、时尚、美观、艺术,具有现代感和城市特色,让乘客享受到具有艺术气氛的乘车环境。

26.1.3 环境整洁

1. 车站环境整洁舒适:车站的站厅、站台、出入口、楼梯、通道、公共卫生间、无障碍设施以及所有服务设施设备保持清洁卫生,空气无异味。

2. 运营列车整洁卫生:列车车厢内座椅、地面、扶手杆、拉环、车窗及车门玻璃、通风口等保持清洁卫生。

26.2 服务质量

26.2.1 运行安全

1. 乘行服务安全准时:列车严格按计划编定班次运行,发车频次基本满足乘客需求,列车开行安全可靠、快速准时,乘客在线路之间换乘方便快捷,乘客出行效率较高,列车延误晚点及时通告,超过15分钟要说明晚点原因并致歉。

2. 客运服务设施运转高效:车站与车厢内的客运服务设施设备功能完善,包括票务设施、导向标志、通风空调、站车广播、乘客信息服务系统、无障碍设施等,运转安全可靠,乘客满意度达到优良。

3. 大客流疏导有序规范:高峰时段车站客流现场疏导井然有序,车站与列车突发故障延误晚点事件信息告知及时,应急救援措施到位。

26.2.2 服务标准

客运服务执行标准化:工作人员严格执行岗位工作规范及岗位工作标准,包括着装统一整洁,佩戴服务标识,举止规范,用语文明,礼貌待客,形象亲和,态度诚信,得理让人,不与乘客发生争执,引导乘客文明乘车。

26.2.3 特色服务

延伸、超值服务受欢迎:在实施标准化服务的同时,根据乘客多样化需求,结合车站周边环境等开展个性化的特色服务，重视服务创新，主动为乘客提供温馨、周到、及时的服务，更好的满足不同乘客群体的个性化服务需求，感动乘客，提升乘客对上海城市轨道交通服务的美誉度。

26.3 社 会 参 与

26.3.1 志愿服务

地铁志愿服务平台作用明显：积极组织、引导市民和乘客成为志愿者。通过志愿者服务活动，不仅践行“奉献、友爱、互助、进步”的志愿者精神，而且与运营主体共同创建秩序井然、文明有序、和谐舒适的乘车氛围，保证志愿服务参与度达到优良。

26.3.2 合作共建

与社会团体共创良好公共关系：依托党建联建、警民共建、大团建等工作模式，运营主体加强与周边社区、公安、消防、学校以及企事业等单位的合作，以轨道交通为合作平台，以社会和谐、合作共赢为目标，创新开展形式多样的社会公益活动，保证社会团体联建共建参与度达到优良。

26.3.3 互动沟通

市民乘客互动畅通：主动创建适应各种乘客群体的沟通平台，引导市民乘客通过服务热线、官方网站、微博以及传统媒体等多种渠道，对于运营服务中的意见和建议，与城市轨道交通运营主体开展良好互动交流。

第7篇　标 准 体 系

第27章 构建目标

27.1 作用与重要性

标准是用以衡量多种事物的客观准则。通常,标准定义为:在一定的范围内获得最佳秩序,对活动或其结果规定共同的和重复使用的规则、导则或特性的文件,该文件经协商一致制订并经公认机构批准,以科学、技术和实践经验的综合成果为基础,以促进最佳社会效益为目的。

标准体系是指一定范围内的标准按其内在联系所形成的科学的有机整体。"一定范围"可以指国际、区域、国家、行业、地区、企业范围,也可以指产品、项目、技术、事务范围;"有机整体"是指标准体系是一个整体,标准体系内各项标准之间具有内在的有机联系。

网络运营管理标准以"安全、可靠、高效"运营为目标,是按网络运营管理需求及其内在联系形成的有机整体,也是对运行及服务过程或结果规定共同的规则、导则等规范性文件。

27.1.1 确保网络运营安全、高效的基础性管理手段

城市轨道交通是一个多线路、多系统、多人员组成的复杂巨系统,对网络运行而言,协同、联动是最为重要的需求,联动运行的准确、有序和高效需要建立一套系统、完整和科学的标准体系,以及相关标准的严格执行和落实。网络运营管理标准体系既是运营主体内部协调联动机制的基础,也是运营主体与城市相关部门联动机制的重要载体。

27.1.2 体现人性化服务、平衡服务主观性感受的重要手段

人性化服务需要通过网络运营管理标准体系作为载体实现具体化,达到可衡量、可操作、可比较的目的。人性化服务强调能够满足不同群体 多样化需求,而城市轨道交通的大众化、公共服务属性难以完全兼顾每个乘客的个体感受进行定制化服务,人性化与大众化之间存在着一定的矛盾,迫切需要建立一个相对统一的标准,以平衡和协调不同群体对服务体验的主观性差异,最大程度提高乘客满意度。例如,列车车厢内的温度,既要考虑不同外界环境温度下的温度可调节性,以提高大众乘坐舒适度,也需要规定一个相对合理的范围来协调不同人群对温度的主观感受。

27.1.3 实行精细化管理、持续提升管理水平的重要措施

网络运营管理标准体系是依据网络运营需求及管理要素建立的一个有机整体，这种系统性、完整性和严密性的特性，要求在管理体制相对明晰的前提下理清部门之间的职能分配，制订作业技术要求，明确岗位工作要求。因此，在体系建立的过程中，必然会出现现行管理工作的薄弱环节或真空现象；出现既有管理办法的职能交叉，以及作业规程的不协调现象；出现管理规章与现实要求之间的时效性较差的问题。通过网络运营管理标准体系及其运行机制的建立，可以持续、及时、有效完善管理，提升管理水平。

27.1.4 顺利推进工程建设、提升建设品质的前提条件

高品质建设为运营设施设备的安全、可靠运行奠定了基础条件，而高品质建设的前提是对运营维护需求的透彻、准确把握。因此，运营维护的流程相对固化、配置基本稳定、形成相对统一的网络运营管理标准体系对城市轨道交通工程建设至关重要，是规划设计的输入条件和源头。网络运营管理标准体系的建立必将更为明晰地明确工程建设的目标与要求、提升网络系统制式的统一性、减少系统建设的协调工作、降低设施设备采购成本、缩短建设与试运营移交时间。

27.1.5 强化质量管理、树立品牌的重要举措之一

网络运营管理标准体系是质量管理体系、运营安全管理体系等其他体系高效运作的基础。质量管理、安全与职业健康管理和环境管理等管理业务运作提供了管理要素和管理方法，而网络运营管理标准体系根据这些管理方法，结合运营实践进行了定性或定量的规定，并上升为标准形式，更具严密性和科学性。因此，规范化、标准化的运作必将为树立运营运营主体的品牌形象奠定坚持的管理基石。

27.2 目标要求

27.2.1 基本目标

规范服务：围绕网络运营管理业务的服务目标制定系列化、定量化标准指标，形成规范化的流程和要求，确保面向乘客和社会公众的服务规范统一。

规范技术：围绕网络运营管理业务运作过程的质量、方法、工艺等技术层面事项制定统一的标准，确保技术规范统一。

规范管理:围绕网络运营管理业务管理过程的程序、职责、流程等管理层面事项制定统一的标准,确保管理规范统一,实现职责清楚、程序分明。

27.2.2　建设要求

服务导向:强调将服务对象的需求放在首位,按照不同的服务对象、不同的服务层次确定不同的服务标准,引领技术标准和管理标准的制定。

全面系统:强调按照系统性方式构建标准体系,全面覆盖各项管理业务以及运营服务的各个环节,并针对网络层、线路(系统)层、车站(段场)层的不同要求以及网络运营管理不同业务板块的特点,形成相对应的标准规范,体现出"全方位、多层次、模块化"的特点。

方便实用:具备实际可操作性,能够适应先进运营管理模式下的各项运营管理业务的运作要求,确保在实际应用中能够发挥出最佳的效果。

第28章 体系构成

28.1 构建依据

28.1.1 基本概念

1. 标准体系的结构

标准体系主要由标准体系结构图、标准明细表、标准统计表和编制说明四部分构成。标准体系结构图以图的形式直观反映标准体系的结构关系、逻辑关系、层次关系;标准明细表则对应于标准体系结构图,给出具体标准的编号和名称;标准统计表则对不同层次的标准给出应编、现有和待编的数量;编制说明一般包括编制体系表的依据和需要达到的目标,结合统计表分析现有标准与国际、国外的差距,以及专业划分的依据和划分情况等内容。

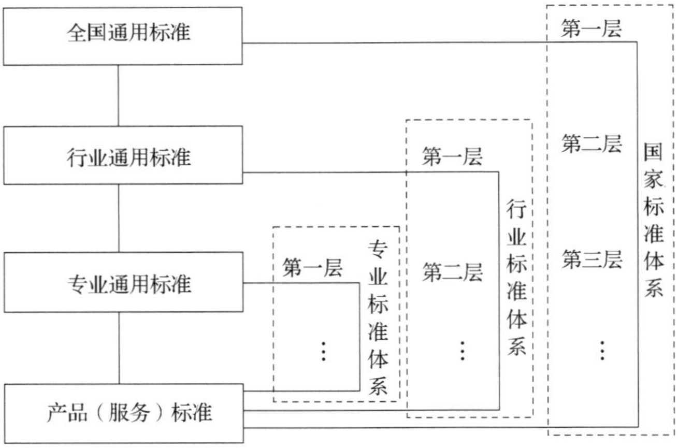

全国、行业、专业标准体系的层次结构

通常,标准体系结构包括层次结构和序列结构两种形式。其中,围绕着产品、过程的标准化建设,按生命周期阶段的序列,或空间序列等可形成序列状标准体系的结构。

2. 标准体系的种类

随着我国标准化工作的发展,对于企业标准体系而言具备两种标准体系的形式,一种是企业标准的标准体系,适用的企业是以生产具体产品为主的工业型企业;另一种是服务业组织标准体系,适用的企业是以服务为产品的服务性企业。

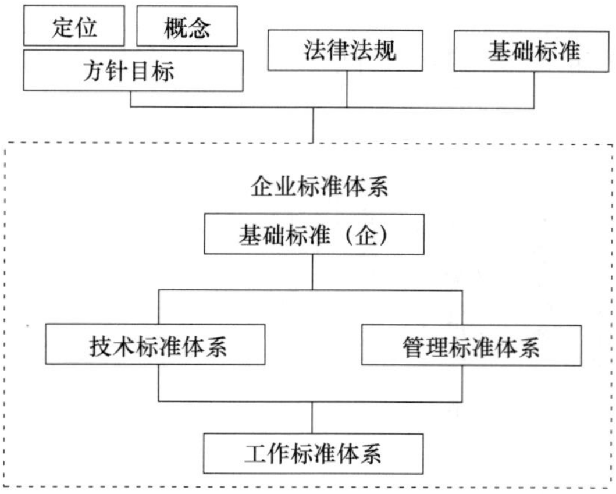

企业标准体系的层次结构

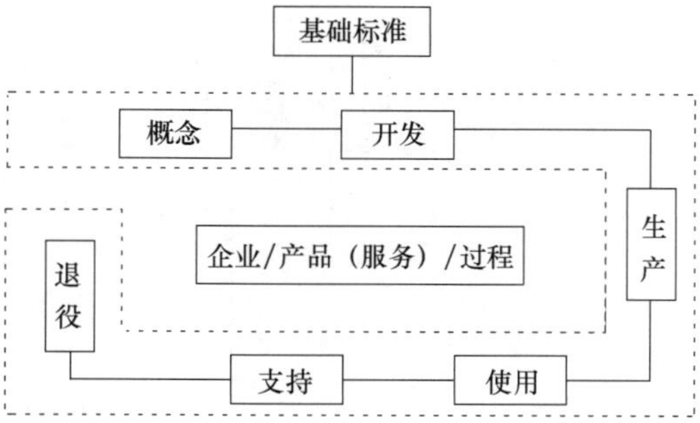

标准体系的序列结构

企业标准体系以技术标准为主体，与管理标准和工作标准一起构成完整的企业标准体系。服务业组织标准体系从服务的角度出发，主要以服务提供标准和服务保障标准为主体，与通用基础标准一起构成完整的标准体系。两种标准体系的侧重点不同，前者偏重于技术标准，后者关注服务标准。

3. 服务业组织标准体系的基本构成

从服务行业整体上分析，服务指为满足顾客的需要，供方和顾客之间接触的活动以及供方内部活动所产生的结果。根据 ISO 对标准化对象的划分，服务标准是相对于产品标准和过程标准而言的一大类标准，与服务有关的标准都可以划入这一类别。

GB/T 24421 中规定了服务业组织标准体系的总体结构与要求，并明确规定了服务通用基础标准体系、服务保障标准体系和服务提供标准体系的构成与要求。服务业组织标准体系，通常由服务通用基础标准、服务保障标准和服务提供标准构成。其中，服务基础标准是后两者的基础，而服务保障标准是服务提供标准的支撑，服务提供标准促使服务保障标准的完善。

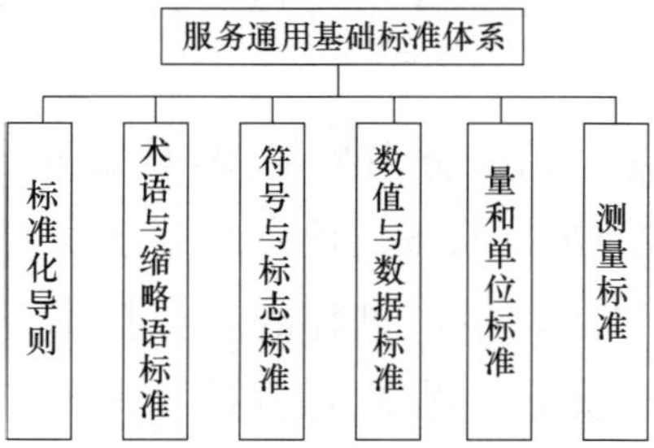

服务通用基础标准体系的构成

服务通用基础标准是在服务业组织内被普遍使用，具有广泛指导意义的规范性文件。

服务保障标准是为支撑服务有效提供而制定的规范性文件。

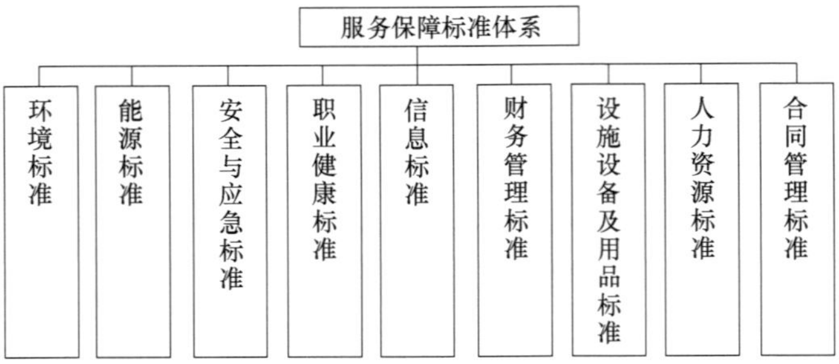

服务保障标准体系的构成

服务提供标准是为了满足顾客的需要，规范供方与顾客之间直接或间接接触活动过程的规范性文件。

28.1.2　标准分类

根据网络化运营管理的特点，结合标准体系的构建要求，网络运营管理标准体系可以采用霍尔三维结构，对体系内的标准，均可以从类别、层次和模块等三个不同的维度进行划分。

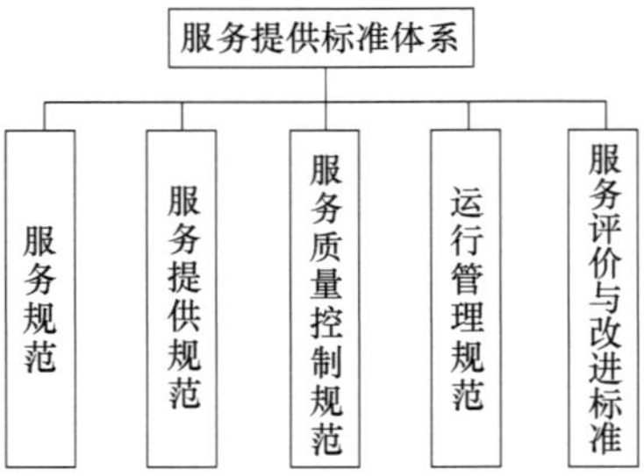

服务提供标准体系的构成

1. 标准的类别

从类别角度划分，标准体系总体上可以分为运营服务标准、运营技术标准和运营管理标准。

运营服务标准是为满足运营服务对象需要，从服务于乘客、公众、社会等不同对象角度出发，规范运营主体与运营服务对象之间相互发生关系时所制定的各类标准。

运营技术标准是对网络运营生产过程的各类技术事项所制定的标准。根据城市轨道交通运营管理业务模块进行划分，运营技术标准包括行车组织技术标准、客运组织技术标准、票务组织技术标准、维护保障技术标准和物资后勤技术标准。

运营管理标准是对网络运营生产过程的各类管理事项所制定的标准。对五大运营管理业务业务模块，运营管理标准包括行车组织管理标准、客运组织管理标准、票务组织管理标准、维护保障管理标准和物资后勤管理标准。

2. 标准的层次

从层次角度划分，标准体系可以分为网络层标准、线路层标准和车站层标准。

网络层标准立足于网络，是对需要在全网络进行统一制定的标准。例如，对于行车组织模块，需要在全网络范围内制定相对统一的《行车组织规程》。

线路层标准立足于单线，是在单线范围内进行统一制定的标准，这类标准既要严格执行相对应的网络层标准，又对车站层相对应的标准制定起到指导作用。例如，对应行车组织模块，各条线路均需要针对本线运营设施设备的实际情况制定相应的《行车组织办法》。

车站层标准立足于现场制定的车站范围内各项工作细则，以指导现场生产。例如，对应行车组织模块，各集中站(车站范围含有道岔)需要制定《车站行车工作细则》。

3. 标准的模块

从模块角度划分，标准体系包括行车组织、客运组织、票务组织、维护保障、物资后勤等五大模块。

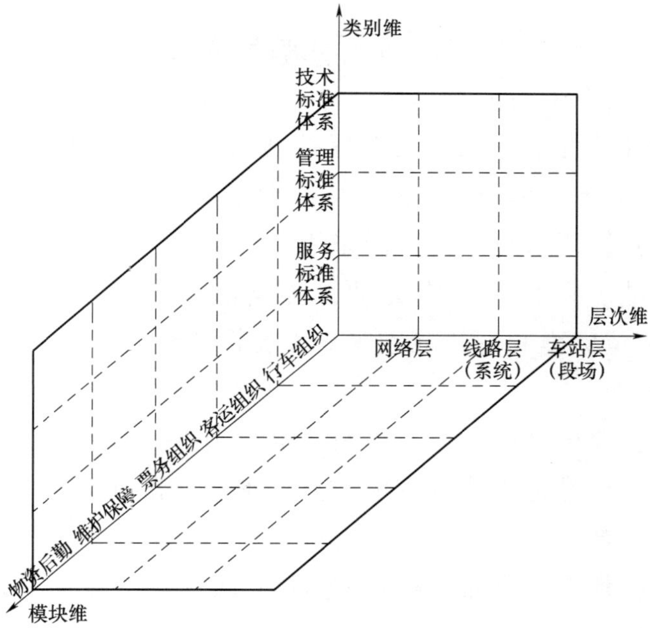

网络运营管理标准体系霍尔模型图

28.2 总 体 构 成

城市轨道交通行业属于服务性行业，标准体系的构建，应该遵循国家服务业组织标准体系的要求，并充分体现网络化运营管理的特点。

网络运营管理标准体系主要由通用基础标准，运营服务标准，运营保障标准三类标准组成。通用基础标准是运营服务标准和运营保障标准的基础，运营保障标准是运营服务标准的直接支撑，运营服务标准促使运营保障标准的完善。

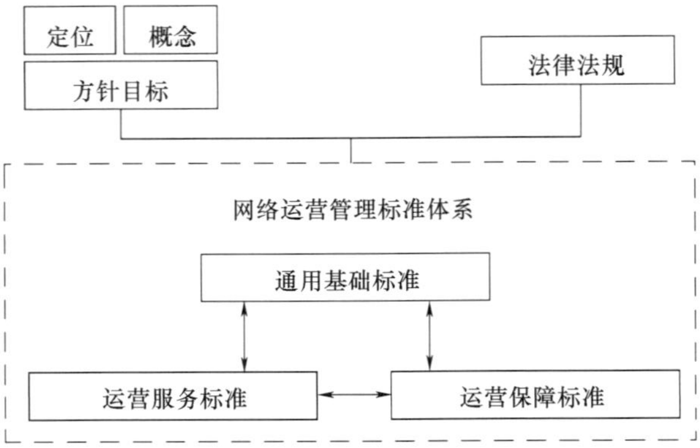

网络运营管理标准体系总体框架图

28.3 通用基础标准

通用基础标准是标准体系中其他标准制定和实施的基础，并不受到网络运营服务水平、运营业务类型、运营技术水平、运营管理水平等因素的限制，但在网络运营服务和运营管理过程中被广泛采用。

通用基础标准由标准化导则、术语及缩略语标准、符号与标志标准、数值与数据标准、量与单位标准和测量标准等 6 大类标准组成。

1. 标准化导则

标准化导则主要由网络运营管理标准化工作的相关标准组成，包括适用于城市轨道交通行业标准化工作的国家、行业、地方标准和为网络运营管理标准化工作制定的相关标准。

在国家、行业、地方标准层面，城市轨道交通行业一方面要执行国家质量技术监督总局制定的相关标准化标准，同时还需要执行住建部组织编制的相关国家标准和行业标准，住建部的标准则需满足住建部《工程标准编制指南》的编制要求，与 GB/T 标准有所区别。

网络运营管理标准化工作顺利开展，还需要针对标准化工作的特点，制定标准化工作推进的相关标准。

2. 术语与缩略语标准

城市轨道交通网络运营涉及的专业多,专业内的术语与缩略语多。从网络层面,需要对全网络各专业的术语与缩略语进行统一、简化。

术语与缩略语标准,既包括城市轨道交通网络运营过程中涉及的各专业相关的国家、地方、行业的此类标准,也包括为满足网络运营管理需要而制定的术语与缩略语标准。

3. 符号与标志标准

在网络运营服务和运营管理过程中,制定的关于符号与标志的样式、颜色、字体、结构及含义制定的标准。

4. 数值与数据标准

在网络运营服务和运营管理过程中,制定的对各种数值和数据的判定与表示的标准。

5. 量和单位标准

在网络运营服务和运营管理过程中,制定或采用的关于量和单位的选用和确定的标准。

6. 测量标准

在网络运营服务和运营管理过程中,制定或采用的测量标准,包括测量方法依据和程序、测量设备使用的技术规范、测量设备检定规程、计量基准等方面。

28.4 运营服务标准

28.4.1 总体构成

根据GB/T 24421《服务业组织标准化工作指南》的要求,服务业组织标准体系中服务提供标准,共划分为服务规范、服务提供规范、服务质量控制规范、运行管理规范和服务评价与改进标准等五大类。这五类标准,从服务的目标、服务实现过程、服务的质量控制、服务的组织流程和服务的评价提升等方面保证服务品质。

由于城市轨道交通运营服务贯穿于整个乘客运输的过程之中,服务提供规范与运行管理规范,均是针对运营各个环节提出的管理标准,将两者结合为运营管理规范,更能体现城市轨道交通行业的特色。因此,将通常情况下的五类标准整合为四类标准,分别为运营服务规范、运营管理规范、运营质量检验规范和评价与改进标准,更符合城市轨道交通运营服务的要求,保证运营服务的品质。

运营服务规范确定运营管理的目标,运营管理规范保证运营管理目标的实现,运营质量检验规范保证运营服务关键环节的服务质量,评价与改进标准促使运营服务水平不断提升。

28.4.2 分项标准

1. 运营服务规范

运营服务规范是为满足服务对象需求，根据运营服务的目的、环节、类别等属性而规定的特性要求。运营服务规范应包括功能性、安全性、时间性、舒适性、经济性和文明性六个方面的规定。

上海城市轨道交通服务对象包括乘客、社会和公众，其中主要服务对象是乘客，兼顾社会与公众。服务乘客主要涵盖在乘客进站－售检票－候车－乘车－验票－出站的全过程之中，服务的工作量较大；而服务社会与公众则是从便利性角度出发，在车站范围内提供银行、信息查询等具有社会服务功能的商业设施等。结合这些要求，运营服务规范主要有客运服务规范和便民服务规范两类标准，从层次上分为国家标准和地方标准。

1)客运服务规范

国标《城市轨道交通客运服务》对客运服务的基本要求、服务管理、服务质量、服务设施、服务安全和服务环境等方面进行了规定。在此框架下，上海城市轨道交通制定了《上海市轨道交通运营服务规范》、《上海市轨道交通乘客守则》、《上海市轨道交通运营服务信息管理办法》、《上海城市轨道交通车站公告栏规范及管理办法》等一系列客运服务规范。

2)便民服务规范

在便民服务规范方面，上海城市轨道交通制定了《便民信息发放管理办法》、《英文翻译管理办法》、《智能查询系统管理办法》、《车站商业网点管理规定》等规定。

2. 运营管理规范

运营管理规范是对运营服务实现过程中的管理要求、实现手段、采用程序、运行管理等内容制定的标准，根据运营管理业务进行分类，主要包括客运组织管理标准、票务组织管理标准、行车组织管理标准、运营设施设备配备标准、运营人员标准等五类标准，从层次上分为国家标准和地方标准。

1)客运组织管理标准

《客运组织规程》是客运组织管理标准最为重要的标准，该规程主要对客运机构职责、客运组织、服务规范、车站管理(票务、乘客乘降管理、客运设备管理)、站/车信息、站/车环境卫生、客运安全管理(包括客伤处置)等方面进行原则性的规定。

以《客运组织规程》为基础，还需要对重要规定进行细化，形成相关具体标准，包括车站运营准备相关标准、广播管理标准、客伤处置标准等。

2)票务组织管理标准

票务组织主要包括票制、票卡、票款等相关内容。根据业务运作需要，主要形成网络票价标准、票务管理标准、车票管理标准、票款票卡监控管理标准、赠票管理标准、票款收缴/结算标准等票务组织标准。

3)行车组织管理标准

行车组织是运营管理的核心业务，主要包括行车和调度两部分工作，可以从网络层、线路层和车站/段场三个层次上进行标准划分。

网络层标准：行车组织规程、行车调度规程、运行图管理标准。

线路层标准：行车组织管理办法、行车调度作业细则、线路间的转线作业管理办法。

车站层标准：车站/站段行车工作细则、列车到发作业标准、车调联控作业标准、出入场作业标准、电话闭塞法作业标准、施工检修管理标准等等。

4)客运设施设备标准

客运设施设备主要指直接面向乘客服务的设施设备，为了区别设施设备的种类，首先需要制定生产设施设备管理界面划分标准。在界面清晰之后，对于客运服务直接相关的设施设备均需要制定相应的管理标准，包括车站专用通道管理标准、自动扶梯使用管理标准、无障碍电梯使用管理标准、车站服务设施设置标准等。

5)运营人员标准

运营人员标准主要由人员配置标准和人员工作标准组成，包括客运服务人员通用服务工作规范及岗位工作标准、“窗口”员工佩带服务标志和着装标准、运营岗位工作标准等。

3. 运营质量检验规范

运营质量检验规范是对运营过程中，识别、分析对运营质量产生重要影响的关键过程，并加以控制而收集、制定的标准，主要包括运营评价标准与控制标准、乘客不满意的处置标准和预防性措施的要求标准，从层次上分为国家标准和地方标准。

客运服务质量标准、服务评定管理规定、服务监督管理规定等属于运营评价标准的范畴。

乘客满意度测评管理规定、服务质量投诉管理规定等属于乘客不满意处置标准范畴。

志愿者管理规定、运营保驾管理规定等属于预防性措施要求标准范畴。

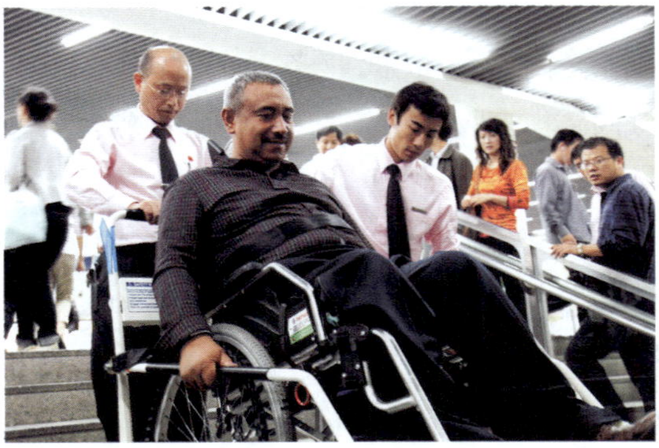

4. 评价与改进标准

评价与改进标准是对运营服务的有效性、适宜性和乘客满意度进行评价，并对达不到预期效果的运营服务进行改进而收集、制定的标准。与运营质量检验规范着眼运营服务全过程不同，评价与改进标准重点针对运营服务的关键环节，主要包括运营评价标准和运营改进标准两类，从层次上分为国家标准和地方标准。

评价与改进标准主要包括国家地方服务业的评价与改进标准、基于行业特点的乘客满意度测量控制程序、内部审核控制程序、过程监视与测量控制程序、不合格服务控制程序、数据分析和改进控制程序等。

28.5 运营保障标准

28.5.1 总体构成

GB/T 24421《服务业组织标准化工作指南》从企业运作的角度，将标准体系中服务保障标准划分为安全与应急标准、设施与设备标准、信息标准、环境标准、能源标准、职业健康标准、人力资源管理标准、财务管理标准、合同管理标准等九类标准。

对于城市轨道交通网络运营管理标准体系，重点在于与网络运营管理直接相关的标准。通过对网络运营管理业务的分析，行车组织、客运组织、票务组织、维护保障以及物资后勤五类管理业务对应九类服务保障标准。其中，安全与应急标准、设施与设备标准两类标准，能够通过标准的实施保障城市轨道交通在正常与非正常情况下的安全运行，是运营保障标准的核心。

28.5.2 分项标准

1. 安全与应急标准

安全与应急标准，是以保护城市轨道交通服务对象生命和财产安全为目的收集、制定的标准，包括应急类标准和安全管理标准。

1)应急类标准

应急类标准主要针对突发事件所制定的一系列标准，包括突发事故(件)报告/发布/处置标准、应急预案管理标准、各专业根据自身特点编制的本专业应急预案等。

2)安全管理类标准

安全管理类标准主要针对运营安全事故处置、安全保卫、消防安全、各专业系统作业安全等作业制定的标准,包括车站日常巡检标准、治安保卫管理标准、消防安全管理标准、动用明火作业管理标准、登高作业管理标准、动车调试安全管理标准等。

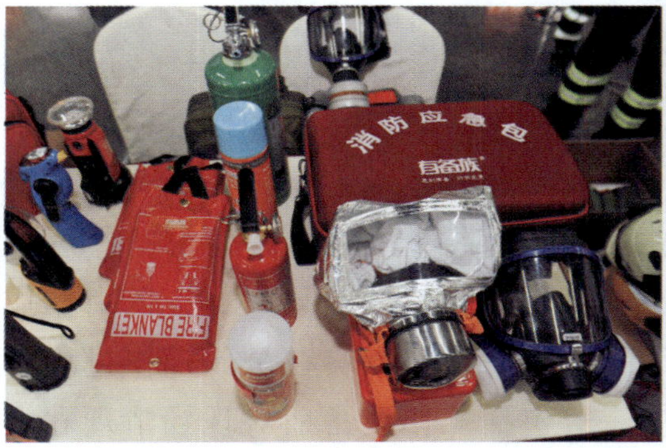

2. 设施与设备标准

从设施设备的全寿命周期分析,此类标准包括选购标准、储运标准、安装与调试标准、运用与维护保养标准以及停用改造及报废标准。从专业系统角度,此类标准又分为设施设备通用、车辆、通号、供电、工务、车站机电、物资后勤、维修器具等标准。

确保设施设备的运用与维护保养规范有序是保障城市轨道交通运营安全的重点,按技术和管理两个维度可以形成不同专业的技术标准体系和管理标准体系。

1)主要专业设施设备

车辆专业设施设备主要包括各种电动客车。

通号专业设施设备主要包括通信设施设备传输系统、程控系统、专用无线系统、广播系统、视频监控系统、乘客信息系统、时钟系统、电源接地系统、消防无线系统、OA 系统等)、综合监控系统设施设备、信号系统设施设备(各种 ATC 系统、电源及道岔系统等)。

供电专业设施设备主要包括变电系统、SCADA 系统、接触网系统、杂散电流防护系统的设施与设备。

工务专业设施设备主要包括车站/隧道结构、轨道、桥梁。

车站机电设备房建装饰主要包括通风空调、给排水、消防报警、BAS、屏蔽门/安全门、门禁、电梯/自动扶梯、低压电器、AFC、气体灭火、房建装饰等。

维修工器具装备主要包括机加工设备(如车床、铣床、刨床、钻床等)、轨道车辆类、试验检测台架类、特种起重设备类、计量仪器类等。

2）主要设施与设备标准

设施与设备标准基本上分为技术管理标准、运行操作规程、维修规程、验收规程；车辆专业相对特殊，维修规程需要根据车辆生产商制定的车辆检修制度确定相应的维修规程，上海城市轨道交通基本采用了日检、均衡修、架修、大修四级修程。

① 运用操作规程

运用操作规程指对操作人员正确运行操作设备的有关规定和程序，为保障设备安全运行、保持良好工作状态，运用操作人员需要掌握运用操作技能的技术性规范。

不同设备的结构不同，运用操作设备的要求存在差异。设备运用操作规程的编制，应该以制造厂提供的设备说明书内容要求为主要依据。设备运用操作规程根据设备的运行特点，以及安全运行等要求，对操作人员在全部操作过程中必须遵守的事项、程序及动作等做出规定，一般包括操作设备前对现场清理和设备状态检查的内容和要求、操作设备必须使用的工器具、设备运行的主要参数、常见故障的原因及排除方法、开始的操作程序和注意事项、停止的程序和注意事项、安全防护装置的使用和调整要求等内容。

② 维修规程

维修规程是对设备检修的要求和规定，一般包括检修类型和内容、检修计划和备品配件、检修的准备和组织工作、检修报告主要内容、主要设备检修周期等内容。

③ 验收规程

验收规程是对设备是否满足使用要求所作的规定，一般包括验收方法和设备应该达到的主要参数等内容。

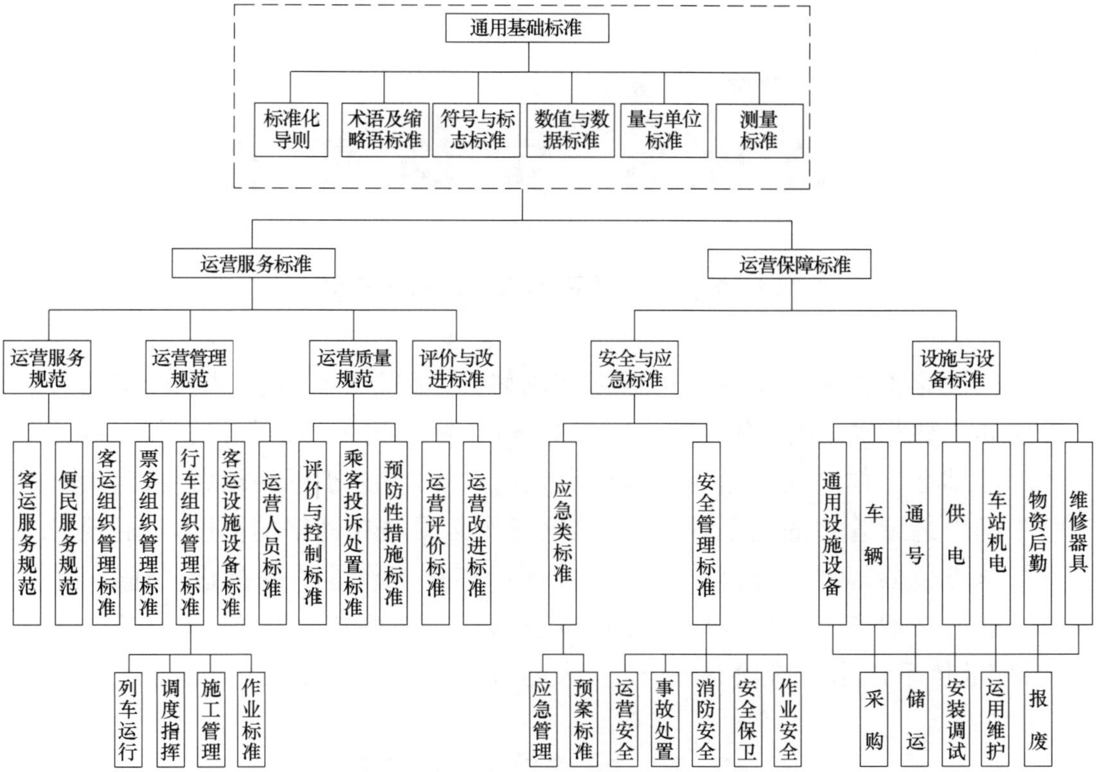

网络运营管理标准体系结构图

第29章 实施要点

29.1 标准化工作策划

标准化工作的主要任务包括标准制修订、标准实施、监督检查、奖罚等管理事项和与此相关的标准化机构、职责等事项，标准化工作是任何一级组织进行生产的基础性工作。网络运营管理标准化的过程，贯穿于网络运营生产的全过程。鉴于网络运营管理的复杂程度，标准化工作必须站在网络的高度，对标准化工作进行全方位的筹划，分阶段实施，以保证标准化工作的顺利推进。通常，城市轨道交通网络运营管理标准化工作可以分为标准体系规划阶段、标准集中编制阶段、标准体系试运行阶段、标准体系认定和持续改进阶段等不同阶段。

29.2 标准体系总体规划

网络运营管理标准体系具有多种标准体系的结构可供选择。标准体系规划阶段，各个城市轨道交通运营管理部门，需要对标准化工作进行大量的前期调研，基于现状明确标准体系的目标和总体原则，编制完成总体规划，明确标准体系的总体结构以及各个层次的标准子类；同时，需要在运营管理部门内部以及向当地标准化工作主管部门广泛征求意见，保证总体规划的严肃性和可实施性。

29.3 标准化组织机构

网络运营管理标准化过程需要一个强有力的标准化组织机构负责各项标准化工作的推进与落实，为了便于运营管理与标准化管理的扁平化和有效性，标准化组织机构通常应与运营管理的组织机构相一致。以上海城市轨道交通网络运营管理标准化工作的实际经验为例，上海申通地铁集团有限公司专门建立了标准化组织机构，成立了以集团总裁为主任委员、集团副总裁为副主任委员、各部门和直属单位主要负责人为委员的标准化委员会，设置标准化室作为标准化委员会的常设机构，代表标准化委员会负责集团公司的各项标准化工作。同时，上海申通地铁集团有限公司在直属单位还设置了标准化委员分会，以负责该直属单位内部的各项标准化工作，初步形成了分级管理的标准化组织机构。

29.4　标准化工作机制

完善的标准化工作机制是开展标准化工作的重要保障，标准化工作应该明确运营管理各部门在标准化工作中的职责与权限，确保标准化工作各项任务的落实。标准化工作机制，应以管理标准的形式加以固化；以该标准化的管理标准作为运营管理标准化各项工作开展的根本制度。以上海申通轨道交通地铁集团有限公司为例，集团专门制定的标准化工作管理规定，明确了集团标准化的组织机构、各部门的职责、标准的制修订程序、标准的实施、标准化工作奖惩等要求，以该管理规定作为集团标准化工作的根本大法，指导集团标准化各项工作的开展。

29.5　标准化培训

网络运营管理标准化工作是一项系统工程，涉及面广、程度深、任务重，需要运营管理各参与部门高度重视，安排专人，落实责任，精心组织。标准化工作对于运营管理部门是全新业务，工作的顺利开展除了离不开领导的重视外，培训工作显得尤为重要。

积极拓展标准化培训的渠道，采取多种形式相结合的方式推进标准化培训，并加强宣传引导，营造良好的标准化工作氛围。一、通过加大标准化工作的宣传力度，利用各类内部宣传渠道、各种宣传形式，对标准化工作的意义、目的、作用、目标、内容、方法等进行深入广泛地宣传，形成人人“知标、学标、执标”的浓厚氛围。二、对运营管理决策层、管理层、执行层进行广泛的标准化培训，对标准编制采用集中培训、现场指导等多种方式，提高运营管理部门的标准化意识，形成一支标准化专业队伍，营造积极的标准化工作氛围。

29.6　标准体系的持续改进

网络运营管理标准体系对网络运营管理业务进行了全面覆盖，既体现了网络层、线路层和车站层的层次性，又符合业务模块化运作的特点，将行车组织、客运组织、票务组织和客运服务类标准分别纳入运营服务标准的子类运营管理规范与运营服务规范中，并将维护保障和应急安全类标准纳入运营保障标准。

网络运营管理标准体系构架相对稳定，但内部标准则是动态变化的。一方面，标准体系内标准的数量不断变化，随着网络运营管理业务的深入发展、对网络运营管理的认识逐步提高，需要持续进行标准的废除与新编工作。另一方面，标准的内容不断更新，需要根据网络运营管理业务的发展要求，及时更新相关标准的内容。

网络运营管理标准体系遵循 PDCA 持续改进程序的同时，通过对乘客和内部运营管理两个方面的不断分析，促进标准体系的逐步完善与持续改进。

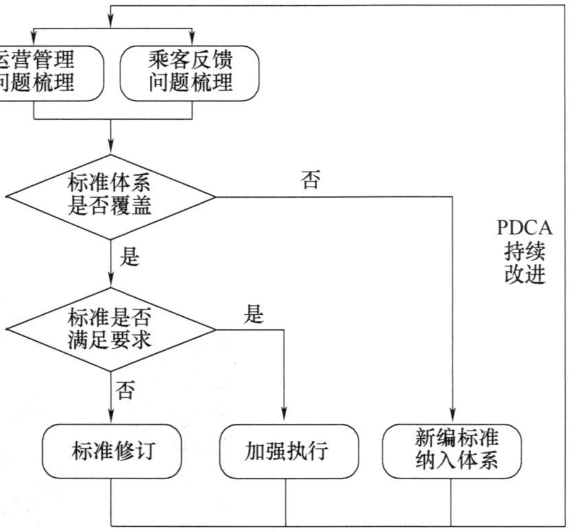

网络运营管理标准体系持续改进循环

第8篇　创新体系

第30章 构建目标

30.1 作用与重要性

30.1.1 提升城市管理科学化水平

随着网络规模的扩大，轨道交通在城市公共交通系统中的地位逐渐增强，增加轨道交通运行是否有序将对整个城市的稳定运行起到至关重要的影响。城市轨道交通必须始终贯彻落实“安全第一”的理念，在创新发展中实现管理理念与政府要求相呼应；以流程化、社会化的网络制度创新实现企业制度和政府制度的无缝顺畅衔接；逐步完善应急处置机制，融入城市应急管理体系，提高应急处置能力。最终，通过运营管理创新，实现城市轨道交通与城市管理的融入、融合、融洽，提升城市管理的科学化水平。

30.1.2 突破瓶颈引领行业发展

从行业发展角度来看，上海城市轨道交通率先进入大规模的网络化运营阶段，相比其他城市较早的面临了网络化发展过程中出现的一些问题，遇到了网络化转型发展的瓶颈。例如，如何保障超大客流条件下的运营安全，如何建立大规模网络条件下的运营管理架构，如何充分发挥网络化条件下的运营效能，如何实现轨道交通系统综合节能等。因此，作为网络化发展的先行者，无论是从自身发展的需要，还是从行业发展的需要，上海城市轨道交通都有责任也有义务去创新和实践新形势下运营管理的方式，探索新技术与轨道交通发展相结合的方法，站在行业的高度，以自身运营实践经验来服务行业的整体发展。

30.1.3 培育企业可持续发展能力

城市轨道交通企业的发展既要考虑当前的要求，又要考虑未来的需要，是一个长期利益和短期利益、公益性和盈利性、企业成长和员工成长相互平衡的过程。管理创新的构建，“上应”城市公共管理，“中和”行业与网络趋势，“下领”企业可持续发展，体现了网络集约化管理和社会化管理、专业化管理和系统性管理、设备管理和人本管理的有机结合，理念、体制、制度、科技、管理和服务六个方面的管理创新构成一个综合性创新系统，为可持续健康发展提供了强有力的支撑。

30.2 目标要求

30.2.1 基本目标

形成企业文化：形成“时时有思考、处处有发现、人人都参与”的创新性企业文化氛围。

成为发展动力：尊重创新在企业发展中的核心地位，以创新驱动网络管理能级的提升，为企业的良性发展提供源源不断的强大动力。

30.2.2 建设要求

创新管理协同：自上而下建立完整的运营管理创新体系，在不同单位、不同层次设置专门负责科技创新管理工作的部门或岗位，按照不同层次、不同类别的创新主题开展创新工作，通过协同管理，形成企业创新合力。

创新人员协同：建立柔性化创新人员流动机制，突破工作岗位、工作单位的束缚，按照创新工作需要，灵活配置创新人员，通过创新人员协同，为创新工作配备最优化的人员结构。

创新过程协同：通过信息共享平台、分层协作机制，合理规划项目进程，合理安排人员分工，合理组织创新活动，通过创新过程协同，确保创新方向及创新内容实现既定目标。

创新成果协同：遵循城市轨道交通系统工程的特点，由注重单项创新成果的转化转变为更加强调多种创新成果的系统集成转化，由一般成果的转化变为重点推进重大战略成果的转化，将创新成果以标准化的形式进行推广应用。

30.3 构成要素

创新体系由理念创新、制度创新、体制创新、管理创新、科技创新、服务创新六个部分构成，贯穿整个创新发展历程。其中理念为统领，指导运营各项工作的开展；体制和制度为保障，为理念的落实营造基础环境；科技和管理为抓手，为理念的落实提供必要手段；服务为结果，是理念落实的最终表现形式。

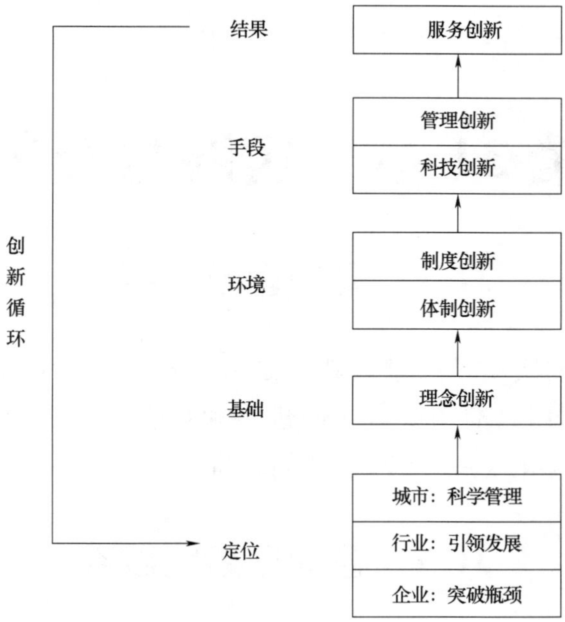
结果
服务创新
手段
管理创新
科技创新
创新循环
环境
制度创新
体制创新
基础
理念创新
定位
城市：科学管理
行业：引领发展
企业：突破瓶颈

创新体系要素构成

第31章　实践与发展

31.1　管理创新的实质

运营管理创新的实质是通过创新满足乘客对美好出行体验的追求，实现城市交通一体化综合服务，推动城市文明进步和社会协调发展。由于乘客、公众、社会的需求在不断变化发展，运营管理创新将是一个永恒的主题。

31.2　管理创新的层次

根据我国轨道交通的行业发展阶段、上海城市轨道交通在行业所处的地位以及企业自身发展的诉求，上海城市轨道交通的创新内容分为三个层次，即服务行业的战略性创新、服务企业的实效性创新、服务一线生产革新的基层性创新。

31.2.1　推动行业进步的战略性创新

战略是行业和企业发展的航标。上海城市轨道交通作为国内行业中率先进入网络化运营的企业之一，在运营过程中积累了较为丰富的经验，也遇到了不少的问题。因此，需要将同行业未来可能面临的宏观性、政策性、普适性问题，站在行业的高度进行剖析研究，通过成果推介、标准制订等形式服务行业发展，这类创新性研究往往具有普遍性和前瞻性，对行业发展具有较强适用性指导意义。

31.2.2　推动企业发展的实效性创新

轨道交通企业的管理体制、管理制度、管理内涵等随着网络发展而不断变化。在网络化发展的新形势下，整合网络资源、提高网络效率、优化网络体制成为亟需解决的问题。而突出创新研究的及时、有效是这个层次创新的特点，要求成果应用能够切实突破企业发展的瓶颈，为轨道交通网络运营管理提供系统性支持。

31.2.3 推动一线革新的基层性创新

相较于整个企业的发展，城市轨道交通运营生产一线的技术革新往往有着“随风潜入夜，润物细无声”的效果。通过在运营生产一线的基层班组或是专业公司建立创新平台，对难以满足实际需要的老旧技术以及现场临时发现的问题，及时研究、及时解决，实现人人创新、时时创新、处处创新的基层创新氛围。这个层次的创新在整个创新体系中体量最大且最活跃，成果的应用也最直接。

31.3 创新阶段及内涵

31.3.1 网络运营管理转型阶段

城市轨道交通的发展必然会经历运营线路“由少到多、由线到网”的转变，随着换乘节点的增加、服务范围的扩大，客流总量增长迅速且不同线路的客流相互影响加强，运营管理也将由线路式运营向网络化运营进行过渡和转型。

这个阶段的创新内涵是“以统筹整合驱动网络化管理转型”，即适应单线运营向网络化运营的转变要求，构建网络上层管理体系，统筹网络管理职能，整合各线专业系统及人力资源，搭接各线运作流程，初步建立上下贯通的以“集中、集约、统筹、联动”为特色的运营管理模式，并逐步完善基础服务，形成较为统一的一体化运作模式。

31.3.2 网络运营管理提升阶段

随着轨道交通网络化向纵深发展，城市与交通的进一步融合，社会、公众、乘客对城市轨道交通提出了更新、更高要求，企业自身基于可持续发展要求必须要在效率提升、服务扩大、安全强化、管理精细等方面谋求新的突破，这也是上海城市轨道交通所处的发展阶段。

这个阶段的创新内涵是“以突破提升树立网络化运营管理品牌”，以树立服务品牌为目标，从根本意义上突破线路式运营管理模式，从网络层面重新构建基于网络业务模块的网络运营管理架构，以完善的网络运营管理标准为抓手，进一步整合各线业务流程，提升网络的管控能力，并尝试建立面向社会的开放性平台，借助社会力量来突破企业资源和能力瓶颈。

31.3.3　网络运营管理社会化阶段

随着未来的社会持续发展，一方面乘客文明素质不断提高，运营员工技能不断加强，服务意识深入人心，行业技术水平整体上升，社会服务资源极大丰富。另一方面，乘客、公众、社会将对城市轨道交通提出更高要求，包括对乘客需求的反应更加迅速、服务标准更加精细等，以运营主体为主导的全覆盖、全过程的直接运营管理将会向社会化管理阶段过渡。

这个阶段的创新内涵是“以开放融合助力网络管理社会化”，通过建立健全与网络化发展相适应的运营管理体制、标准、政策，规范管理流程，从企业独管向社企共管转变，不断提升社会力量在城市轨道交通运营管理中的比重，让更多的专业化服务机构进入运营服务队伍，使城市轨道交通与城市社会呈现融合发展态势。

31.4　现阶段创新要点

31.4.1　理念创新

“以人为本”是贯穿上海城市轨道交通运营管理发展全过程的基本理念，并随着网络的不同发展阶段进行深化调整。

在关注的对象方面：深化乘客人本、拓展社会人本、并兼顾员工人本。在不断深化分析乘客人本需求的同时，积极关注城市轨道交通对社会、公众的人本服务，并在此前提下满足员工的人本需求。

在蕴含的内涵方面：不断满足乘客、公众、社会的综合需求，实现员工的全面发展。在满足乘客“安全、可靠、高效”的出行需求的基础上，不断拓展综合服务；通过实施节能降耗、减振降噪、综合服务等策略，推进城市轨道交通与社会、环境和谐发展；以员工心理健康、职业健康、环境健康以及员工的全面发展为关注对象，提升员工的职业满足感与企业归属感。

在形成的品质方面：从不同角度关注对象意识、情绪、感官等，进行综合分析考虑，多维度、多方位、多角度营造城市轨道交通人本氛围。

31.4.2　体制创新

致力于公益性管理体制和适度市场化管理体制相结合：在完成城市轨道交通企业公益性服务职能的同时，积极探索现代企业管理体制。一方面强化成本效益管理，降低政府财政的压力。另一方面推进运营、维护服务适度市场化，借助外部专业化力量帮助企业达到更高的服务水平。

致力于网络管理体制和企业管理体制相结合：通过建立运营管理、维护保障、资产管理、资金管理、信息管理、培训管理、技术研究七大中心，将网络管理的

职能进行锚固，将企业管理体制融入网络管理框架下，在网络管理体制下设计企业管理的体制。

致力于系统安全管理体制和城市公共安全管理体制相结合：致力于将城市轨道交通安全融入城市公共安全管理体系，通过城市轨道交通安全管理体制的完善来提高城市管理科学化水平。

31.4.3 制度创新

制度体系化：以《服务业组织标准化工作指南》为指导，建立融服务标准、管理标准、技术标准为一体的标准化制度体系。

制度明晰化：从制度的可操作性出发，建立起一套格式统一、分工合理、职责清晰、流程顺畅、操作性强的规章制度。

制度法规化：强化制度在运营管理中的保障地位，明确不同层次的规章制度的"立法"和"执法"主体，形成制度执行的监管考评机制，实现"有章必循、有法必依"。

31.4.4 科技创新

集中与开放相结合："集中"体现在致力于对行业研发资源进行统筹，集中优势力量建立了行业第一家国家级企业技术中心，着力网络发展过程中的全局性、战略性、标准性的技术创新研究；针对现场一线产生的技术问题，以技术创新工作室为基础，以项目制方式集中研究力量开展技术创新研究。"开放"体现在加强与国内外科研机构、高等院校及相关企业的联合与协作，广泛吸收先进实用的外部科研成果，借助全社会力量为城市轨道交通科技发展服务。

重点与亮点相结合："重点"体现在致力于深入认识网络化运营的规律，立足解决网络集中控制、专业系统接口、安全管控体系、大客流组织等网络运营管理中的实际难题和制约网络化运营管理转型的若干瓶颈，注重前瞻性储备技术的研究，形成有序衔接、滚动发展的态势。"亮点"体现致力于在通过引进、消化、吸收国内外先进技术与自主创新研究的双重手段，在安全监控、模拟仿真等方面取得重要突破，形成引领行业发展水平的创新亮点。

服务企业和服务行业相结合：一是建立行业共享的技术服务体系，组建AFC检测中心、轨道交通仿真中心等技术机构，充分发挥共性技术开发、中间试验、产品测试等方面的机构性作用，同时服务企业与行业。二是建立行业共享的技术标准体系，总结上海城市轨道交通网络化运营的经验和实践，建立网络运营管理技术标准体系，为运营管理提供规范化的技术支撑，并积极推进成为国家级标准体系。三是建立行业共享的技术交流体系，建立轨道交通行业科技创新交流平台，通过联席会议、技术沙龙 、技术杂志等形式，服务行业运营技术创新，努力发挥行业龙头的导向作用。

31.4.5　管理创新

管理体系化：努力形成层级分明、网络联结、接口明晰、关口前移的管理体系，强化统筹管理在管理思路中的核心地位，强化数据分析在管理测评中的应用，并形成自我优化完善功能的 PDCA 管理循环，实现过程监视，事后评价，自我改进，自我完善的良性发展态势。

管理信息化：努力通过信息管理系统将网络运营管理业务的信息流进行梳理整合，提升网络信息传递、网络物资管理、网络运营调度等的工作效率，促进企业管理工作规范化。

管理人性化：客运服务管理注重发挥一线运营服务员工的积极性，引导员工努力提高高质量的服务，满足乘客不断提升的运营需求；设施设备管理注重设备管理和人本管理的有机结合，实现人员对设备的“依赖”向“依靠”的转变，切实提高运营安全保障能力。

31.4.6　服务创新

服务内涵外延化：致力于打破城市轨道交通作为城市交通系统组成部分的简单定位，在原来单一运营服务的基础上，延伸出问讯服务、购物服务、银行服务、信息服务等综合性服务模式；通过艺术规划设计和公益活动策划，引入“地铁壁画系列”和“中外诗歌进地铁”等公益宣传广告等，形成公共文化艺术空间。

服务品质精细化：从乘客角度对服务过程以及处理乘客要求的过程进行设计，将服务品质做到细致入微。例如，世博专线国庆阅兵姐妹花范晶瑾、范晶莹精心打造的“晶”诚所至、“晶”耕细作、“晶”益求精的“晶心”服务法。

服务手段现代化：以科技助力服务应用，强化创新服务手段为突破，持续推出方便乘客的信息化服务举措，促使城市轨道交通信息服务从空间和时间上不断延伸，建立信息互通的乘客服务系统、“1+6”网络运营信息发布系统、地铁热线平台、乘客导乘系统、客服查询系统、服务援助系统等全方位、智能化、信息化服务系统。

第32章　实施方法与要点

32.1　创新实施方法

32.1.1　创新管理机制

创新管理机制由创新循环路径和创新保障体系构成。

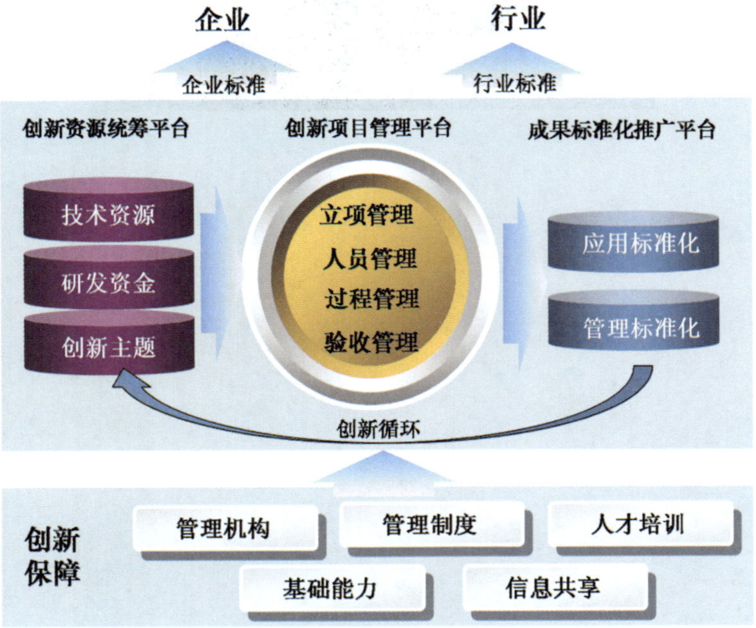

创新管理机制

创新循环路径通过三个平台实现，即创新资源统筹平台、创新项目管理平台和成果标准化推广平台。创新资源统筹平台负责对企业、行业、社会的技术、资金、主题进行统筹，通过开放式的平台形式尽可能提供创新基础条件；创新项目管理平台通过项目制的管理模式，从立项管理、人员管理、过程管理、验收管理四个关键方面进行监管；成果标准化推广平台通过企业标准化方式将项目成果转化应用于一线运营生产，并对具有普适意义的标准进行更新、升华，提升为行业标准服务全行业。

创新保障体系由管理机构、管理制度、人才培训、基础能力及信息共享系统构成。管理机构承担创新活动的监管功能，管理制度规范创新活动的内容和要求，培训体系为持续创新提供创新人才，基础能力为持续创新提供试验检测条件，信息共享系统保障创新活动协同及延续性。

32.1.2 创新循环路径

1. 以开放性平台统筹创新资源

开放性是克服自身资源、能力、经验等瓶颈束缚的最有效手段，要通过利用全行业、全社会、全公司的资源，为运营管理提供创新支持，同时借助各方力量共同完成创新内容的选定、创新目标的确定等活动。上海城市轨道交通通过搭建以国家级企业技术中心为核心的创新平台，实现对技术资源、研发资金与创新主题的统筹利用。

1)技术资源统筹

根据涵盖专业多、范围广的特点，上海城市轨道交通牵头联合职能管理部门、高等院校、企事业单位、研究机构建立"轨道交通科技创新联席会议"制度，形成行业科技创新的基本组织体系和总体运作框架，并按照产业装备、设计咨询、运营管理等技术专业门类设立相应的科技创新工作小组，由城市轨道交通运营企业提供研发平台和依托项目，形成行业"产、学、研、用"联动的技术创新合作机制，充分发挥企业作为科技创新主体的作用，创造更为开放的创新环境，整合了不同行业、部门、单位的科技研发资源和技术力量，包括研发人才、技术成果、研发设备等，既为城市轨道交通建设发展提供有力保障，也为相关产业形成自主研发和生产体系提供服务支撑。

2)研发资金统筹

在确保经营性利润对科研经费投入比例的同时，上海城市轨道交通依照政府的科技发展政策导向，对于包括网络化、运营安全、节能环保、减振降噪等的重大复杂问题或关系社会民生的问题，积极争取国家、市级、省部级政府专项扶持激励资金，开展专项研究。这些研究成果在服务企业的同时，也对行业进步、社会和谐、城市发展起到十分积极的作用。

同时，上海城市轨道交通积极探索如何充分发挥业主优势，积极引导设计施工企业、设施设备供应商等投入资金研发出适应网络发展需要的设施设备，以实际需求指导设计、建设和物资供应，探索与行业上下游企业共建研发基金的模式，撬动社会资金对城市轨道交通的研发投入。

3)创新主题的统筹

在创新主题征集方面，通过建立三个渠道来统筹确定创新思路及创新导向。

一是解决日常生产过程中遇到问题的创新需求：通过建立自上而下的监察机制和自下而上的信息反馈渠道，及时发现和搜集日常运营问题。监察机制要求城市轨道交通运营管理企业必须具有专门的职能部门通过考核、监管等手段，调查发现与企业战略愿景或阶段性发展目标不相匹配的过程环节进行研究改进;信息反馈机制主要是建立一线员工反映问题与想法的渠道,包括金点子行动、合理化建议、员工创新论坛等方式,强化一线员工的主动性,及时获取相关信息。

二是为更好满足企业对城市和社会责任所提出的创新需求:通过建立论坛、微博、热线电话、居民访谈等形式,强化企业与社会、政府和行业的多元化沟通渠道,让社会期待成为城市轨道交通创新发展的动力。

三是致力于推动行业发展所提出的创新需求:加强社会综合性研究,特别是社会、公众、政府、行业、供应商等相关主体的研究,并与国际先进运营管理绩效指标体系进行比较,通过对比明晰优势与劣势,明确创新方向。

2. 以项目制管理统筹创新过程

通过开放性创新平台获取相关创新资源,采用集中管理的方式,由技术中心统一负责计划、立项和使用管理。科技开发的人、财、物的集中使用,使科技管理的线条更为清晰,为统筹安排技术攻关课题的人员组合、试验设备使用、资金的投入、项目的协调提供便利,有效提高科技开发的进度、降低科技开发的成本,使研发工作更有成效。

1)立项管理

通过制订科技创新发展规划,对未来城市轨道交通发展趋势和目标进行研究和预判,以破解网络发展瓶颈、提升网络运营效率和保障网络运行安全为目标,围绕装备制造、运营管理、维护保障、安全与应急管理、信息化建设等关键性的课题,提出重点研究方向,明确关键技术,以主要专业领域达到国内领先水平、部分专业领域达到国际先进水平为要求,为创新发展提供阶段性要求和战略发展目标。

在科技创新发展规划的指导下,通过发布年度科技创新科研项目征集计划,广泛征集行业、社会和企业内部的科技创新意见和建议,通过技术中心对创新建议或方向进行初步梳理整合,形成项目清单及项目建议书初稿,邀请行业内专家从立项必要性、研究目标及技术路线的可行性、成果应用前景、项目实施人员、设备及组织管理等方面进行评审把关,再由技术中心进行二次进行系统性梳理、归并、完善、整合,形成年度科技创新项目计划,统一发布,并将计划任务书发布至项目承担单位,委外研究项目同时开展项目研究合同的签订工作。

2)人员管理

对于涉及网络统筹、网络资源优化、网络安全、网络效率、节能环保等内容的重大问题,不仅技术复杂、系统性强、研究水准要求高,而且研究成果往往对网络发展起着至关重要的作用,必须成立专门的研究团队,甚至是专职的研究团队,立足于网络层面,系统性开展研究工作,而且从项目立项、研究过程、成果验收、推广实施等方面接受严格的监督和管控。在研究团队成员的选取方面,不仅要求具有扎实的专业知识技能，而且必须具备网络的视角和多专业接口知识，能够系统性把握问题，探究解决问题的实质。

对于普通的现场问题，由业务管理部门组织相关专业技术人员开展项目研究，适当的简化操作流程，力争现场问题现场解决。在研究团队人员选取方面，则强调具备扎实的专业技术能力，对现场作业具有深入的了解和丰富的经验。

3）过程推进

项目中期检查：项目进行过程中，由计划管理部门对计划执行情况每年进行一至两次的检查，对重点计划项目则按季度定期检查，纵向课题则依照上级主管部门要求进行检查。检查方式采取自查和专项检查相结合的方式。自查由项目承担单位填写项目中期检查表，提交计划管理部门。抽查则由计划管理部门组织专项会议，听取项目承担单位的专项汇报，邀请专家进行技术把关和技术指导。

项目变更：在研究过程中，根据实际需要，存在研究方案、研究经费、研究人员进行重大变更或延期的情况，由项目承担单位及时提交书面报告，计划管理部门审核批准后，变更项目计划。

对于现场创新问题，项目研究过程则由项目承担单位自行灵活掌控，仅需在计划部门进行备案。

4）验收管理

根据项目的不同特征和来源，建立多维度的项目成果评价体系。对于生产应用型研究项目，从项目为企业自身发展、企业为社会发展、企业为城市发展带来的直接或间接效益等方面进行评价。对于前瞻性、概念性研究项目，则着重从技术本身和成果未来的潜在应用需求方面进行评价，包括研究的技术性与完整性、取得的知识产权、论文以及技术与城市轨道交通未来发展的适配度等内容。

在成果应用的管控方面，对于重大的、系统性的科技创新成果以及涉及运营安全的创新成果，需要严格按照试验、试点或示范工程等方式进行安全论证，论证合格后方能予以通过验收。

3. 以标准化推进统筹创新成果

1）成果应用标准化

努力将创新成果以标准化的形式进行推广应用，对于工艺工法类成果可形成操作标准规程，对于技术装备类成果可形成安装、操作、维护等标准规程。

2）成果管理标准化

形成自主创新成果推广目录及应用指南，每年定期发布，通过各类激励政策，积极鼓励研究成果在工程建设、运营管理中的推广普及，并在应用中不断完善和提高。由企业自主创新的设备、材料，经论证评估，可在城市轨道交通项目中直接应用。对引进的重大技术装备，可经消化吸收再创新形成成熟、适用的技术装备，在后续相关项目中优先采用。

此外，通过建立成果应用反馈机制，由创新成果应用落实的部门或单位实时跟踪成果应用情况并做出总结，定期向管理部门反馈成果实际应用情况，同时结合项目开展做好新成果推广应用的后评估工作。

32.2 创新体系的实施要点

32.2.1 管理层高度重视

管理层在各项工作中往往起到引领和示范作用，管理层的思路在很大程度上决定了所辖部门的工作作风，因此创新工作的核心需要得到企业各级领导的支持和关注，尤其是直接管理运营生产的中层领导。一个具有创新素质的领导需要具备不断学习的能力、善于创新的气质和敢于承担风险的气魄，并以自己的实际行动带领员工、感染员工和激励员工。

32.2.2 全员广泛参与

创新激励的核心是营造全员创新的企业文化氛围，将创新思想和创新意识植根于全体员工、植根于日常工作，尤其要加强班组创新文化的建设。周期性举办城市轨道交通专业技术研讨沙龙、技术论坛等形式的技术交流活动，参与者既要有专业的技术人员，也要包括一线运营生产实践的操作人员，使各种思想认识在相互交流、相互启迪、相互激荡中迸发出创新的火花。同时，可以定期举办创新立功竞赛、创新事迹宣讲、科技大会等活动，宣传创新事迹，倡导科技成果、分享创新经验，激发创新斗志，进一步增强参与科技创新人员的荣誉感和自豪感。

此外，在创新过程中，既要鼓励成功的探索，又要宽容一时的失败，还要正确对待创新人员的特性，使创新人员始终能够拥有勇于创新的锐气，尤其是一线工作人员。城市轨道交通作为公共服务性行业，现场一线人员数量比重最高，虽然不一定都具备较高的学历和知识素养，但却是最直接、最了解现场的体会者和参与者，在创新活动中要以更加宽容的态度积极引导，发挥出广大群体最大的智慧。

32.2.3 数据持续积累

日常运营管理的基础数据信息是创新工作的基础，是总结经验、发现问题、验证成果的宝贵财富。运营基础数据信息从类别上包括客流数据信息、设备运行数据信息、设施结构数据信息等，从形式上包括静态的档案信息、位置信息以及动态的维护信息、变化信息等。

为便于基础数据信息管理，必须建立完善的运营基础信息数据库和完备的设施设备档案库，并注重数据信息的深度挖掘。对部分数量大、变化快、影响大的专业数据，还需要配备专职人员进行经常性分析提炼，发现行车管理、客运管理、设施设备运转等活动的内在规律与变化趋势，为运营管理工作持续改进及制定应对措施提供依据。

32.2.4 创新循环应用

创新工作开始于需求，结束于成果的应用推广，但在推广过程中往往会遇到成果本身与现实环境存在偏差，或环境变化影响成果适用性等情况，这就决定了创新工作不是一个简单的单项流程，而是需要周而复始、不断往复的循环过程。因此，创新成功的关键不仅在于初始阶段能够发现问题，还要能够从结果中发现问题，建立成果反馈和跟踪机制，这样才能保证创新工作始终能够紧跟现实需求，紧跟环境不断发展。

32.3 创新保障体系

32.3.1 创新管理机构

规范创新活动、监督创新过程，必须建立专门的创新管理服务机构，统筹创新活动开展所需的技术资源，为创新过程提供把控和指导。因此，创新服务机构不仅要有创新管理人员对创新活动进行计划、组织以及专利奖项的申报，还需要具有专业完善、技术齐全、能力较高的专家团队，准确把控研究方向，提出具体可实施的技术意见。在机构设置方面，可在企业层面设置独立机构，对企业整体创新活动进行管理。同时，在各生产部门设有专职的岗位或部门进行管理，并做好与企业总体创新的衔接工作。

32.3.2 创新人才培训

以上海城市轨道交通学科研究发展中心为基地，通过组织科技合作，组建若干科技创新团队开展关键技术研究，培养一批学科带头人和科技领军人物，并逐步形成城市科研中心与人才培养紧密结合的创新实践平台。通过加强技术人才队伍管理，推行专业技术人才挂职交流，发挥专业研究基地人才培育功能，与高等院校联合办学等措施，来促进科技人才骨干队伍建设。以科研课题项目为载体，大胆探索柔性流动等开放灵活的人才引进方式，吸引和集聚特殊、高层次人才服务于城市轨道交通建设与运营。

在教育培训体系建设方面，一是创新培训课程，在强化传统教育的同时，更加注重模拟培训和实战演练。二是建立培训教师队伍，以专职教师队伍为核心，积极拓展具有现场丰富实践经验的兼职教师和企业外知名学者的外聘教师队伍，建立完善的培训教师梯队。三是增强培训效果评估，评估知识和技能的掌握程度，评估知识和技能在实际工作中应用效果，评估培训对企业经营结果的影响程度。

在教育培训手段拓展方面，积极研发模拟仿真教学设备，实现与现场环境、现场设备接近的操作环境，模拟维修、操作等实际生产活动，包括车辆维修模拟平台、列车司机驾驶平台等。

32.3.3 创新信息共享系统

及时、全面传达技术创新工作的有关政策和要求，发布各项技术创新工作的最新动态，研究探索进一步促进创新工作的好思路、好经验和好办法，促进创新活动参与方更直接、更便捷、更有针对性地沟通与交流。

通过共享实验室、试验基地、技术中心、科技人才等条件信息资源，促进相关单位间的合作，提高资源利用率。

集中展示已取得的科研成果、专利技术等创新成果，通过系统分类提供便捷的查询检索，促进技术转移和技术交流，避免重复开发和引进。

及时提供国内外科技最新动态，特别是一些前沿技术，为技术创新提供前瞻性信息服务，方便研发人员跟踪技术发展动向。不断完善创新信息共享系统的功能，促进创新工作的高效运转。

32.3.4 创新基础能力

加强科研基础能力建设，完善创新基础设施设备，尤其是包括车辆、轨道、供电、信号等专业在内的涉及运营安全的关键领域，建设试验基地或实验室，开发试验、仿真设备等，为研发提供必要的试验支持，为新产品上线提供实证支持，提高产品的稳定性和可靠性，降低创新成果应用的风险。

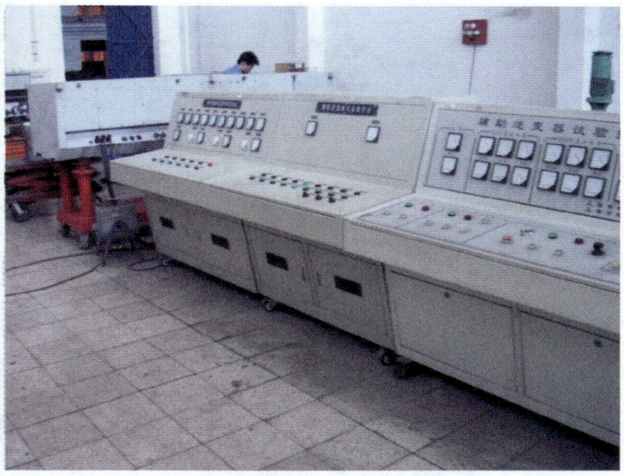

32.3.5 创新管理制度

完善有利于创新活动开展的政策制度，形成创新政策体系。从创新要素角度上，形成针对资金、技术、人才、环境的创新政策制度；从政策功能角度上，制定激发创新动力、增强创新能力、提高创新活力、形成创新合力的政策；从创新流程角度上，建立创新计划、创新活动、创新验收、创新推广的制度；从创新层次角度上，健全针对企业、部门、班组等各类层次及管理、技术等各类人群的创新制度。

第33章 能力评估

科技创新能力的量化指标主要是反映创新投入或产出的数量、质量、速度、效率等方面的关键指标，定量反映企业创新能力水平，可以从基础能力、创新投入、创新成果、创新效益四个方面进行评价。

基础能力是创新必须具备的基础条件，虽然不直接反映创新活动，但是代表创新活动的环境条件，良好的创新基础能力能够有效的帮助创新活动的开展。创新投入反映创新活动开展的力度和创新结构形式，从数量和结构方面反映企业对创新活动的投入。成果质量是从成果的内在价值反映创新的整体水平。创新效益是从成果的外在作用反映成果的整体价值。

运营管理创新能力评价指标

创新能力评价指标	基础能力指标	人才队伍
		研发设备
		知识管理
		创新管理
	创新投入指标	经费投入
		人员投入
		项目投入
		创新交流
	成果质量指标	成果水平
		学术论文
		获奖情况
		知识产权
	创新效益指标	应用范围
		经济效益
		社会效益
		安全效率

33.1 基础能力指标

33.1.1 人才队伍

人才是创新活动的主体，高素质的人才队伍和良好的人才结构是创新高质高效开展的前提。评价指标涵盖从管理者到基层全员的素质结构情况，包括专业人才的学历结构、知识技能、创新修养等方面。

33.1.2 研发设备

研发设备是创新活动开展的必要支持工具，是创新活动的设施硬件基础，包括仿真设备、检测设备、试车线等。

33.1.3 知识管理

评价指标涵盖知识管理基础建设能力和知识管理流程能力两个方面。基础建设能力可以从文化建设、知识管理库结构和信息技术应用等方面进行评价，知识管理流程能力主要从知识获取、知识转化、知识应用和知识保护能力等方面开展评价。

33.1.4 创新管理

创新管理代表企业为创新活动营造的创新氛围以及为创新活动制定的各项机制，包括创新文化氛围、创新管理体制、创新活动制度、创新能力培训体系、激励机制、人才引进机制等内容。

33.2 创新投入指标

33.2.1 经费投入

由直接经费投入和间接物力投入组成，主要从投入总量、方向和强度三个角度进行评价。投入总量以创新活动相关的所有投入价值来评价。投入方向指对城市轨道交通各个系统、专业的投入比例。投入强度以创新投入经费占年度总支出费用的比例来评价。

33.2.2 人员投入

主要评价人员投入的规模、力度、组织，可以从创新活动全员覆盖率，创新项目投入乘次、工时、创新活动组织形式等方面开展评价。

33.2.3 项目投入

项目投入包含所投入的项目数量、项目类型、项目研发周期、项目研发成功率等。其中，项目类型包括在全员范围内开展的各类、各层次项目，从层次角度上包括技术革新项目、科研项目等，从类别角度上包括技术项目、管理项目等。

33.2.4 创新交流

从创新交流活动的组织形式、全员参与率、举办周期和取得的效果等方面开展评价。

33.3 成果质量指标

33.3.1 成果水平

通过成果在国际、国内、行业所处的水准进行评价，包括国际领先、国际先进、国内领先、国内先进等不同级别。

33.3.2 学术论文

通过全员创新活动过程中，在行业期刊、学术期刊和会议中发表的论文数量和质量开展评价，关注科技创新、管理创新、实践创新和行业研究创新等多方面创新活动的深化程度和总结过程。

33.3.3 获奖情况

评价创新成果获得的各级、各类奖项数量和水平，侧重反映创新成果的价值和专业认可度。

33.3.4 知识产权

评价科研成果专利等知识产权的获取情况，在一定程度上能够代表创新成果的原创性和专业性。

33.4 创新效益指标

33.4.1 应用范围

通过创新成果在城市轨道交通的业务领域的应用范围开展评价，重点关注应用的广度和深度，包括科研成果的覆盖面、推广应用的创新成果所在领域是否为关键技术领域，推广应用后对行业、企业和既定项目的贡献等内容。

33.4.2 经济效益

评价创新成果推广应用后的经济价值，从绝对指标或相对指标进行评价，绝对指标对规模推广应用后产生的经济价值总额进行预估，相对指标从投入成本和总经济效益的比值进行效益评价。

33.4.3 社会效益

创新成果推广应用后的社会价值，属于预估值。从社会公众的角度出发，评价技术对社会相关方带来的效益是否满足社会、公众、乘客和企业等不同主体的多样化需求。

33.4.4 安全效率

安全和效率是城市轨道交通运营所关注的两个基本点。因此，不仅需要将安全提升和效率提升单独抽取出来，进行专项评价，而且由于安全和效率往往存在较强的相互关联性，也需要将两个指标融合进行综合性评判。

术 语 解 释

1. AFC——自动售检票系统，是 Auto Fare Collection 的缩写。

2. APP——主要指手机 IOS、Mac、Android 等系统下的应用软件，是 Application 的缩写。

3. CCTV——闭路电视监控系统，是 Closed Circuit Television 的缩写。

4. COCC——网络运营协调指挥中心，是 Comprehensive Operating Coordination Center 的缩写。

5. EDCU——电子门控单元，是 Electrical Door Control Unit 的缩写。

6. EMCS——环境与设备监控系统，是 Equipment Monitorand Control System 的缩写。

7. EPS——应急电源系统，是 Emergency Power Supply 的缩写。

8. ETC——网络应急指挥中心，是 Emergency Treatment Center 的缩写。

9. MSCP——网络物资供应系统，Material Supply Chain Plan 的缩写。

10. OCC——线路控制中心，是 Operating Control Center 的缩写。

11. PLC——可编程控制逻辑器，是 Programmable Logic Controller 的缩写。

12. PIS——乘客信息系统，是 Passenger Information System 的缩写。

13. PSL——就地控制盘，是 Local Control Panel 的缩写。

14. QC——质量控制，是 Quality Control 的缩写。

15. SCADA——电力监控系统，是 Supervisory Control And Data Acquisition 的缩写。

16. STS——静态电源转换开关，是 Static Transfer Switch 的缩写。

17. TOS——专指上海城市轨道交通网络客流信息实时显示系统，是 Tricolor Operating Status 的缩写。

18. UPS——不间断电源，是 Uninterruptible Power System 的缩写。